融合型·新形态教材
复旦学前云平台 www.fudanyun.cn

婴幼儿托育·早期教育系列教材

U0730631

托育机构环境创设

主　编　曹惠容　郭　殷

编　委　任　磊　韩飞艳　李　舜　王　菲

　　　　庄　鸣　俞佳敏　张欣佳　盛含英

　　　　陈　萌　黄子洋　李怡斐

复旦大学出版社

内容简介

教材共分为七大模块，重点对婴幼儿与环境的关系，婴幼儿生活的不同类型环境如家庭环境，托育机构的环境，婴幼儿的阅读环境、心理环境，所在社区的环境等创设的意义、要求、遵循的原则以及策略等进行探讨。每一模块配有视频、案例、拓展知识和课后习题，以期学生学习后，对托育机构环境创设有整体了解，掌握托育机构不同区域环境创设的要求、创设原则及创设措施等相关知识和技能，为婴幼儿创设安全、健康的环境。

本书配有课件，可登录复旦学前云平台(www.fudanyun.cn)查看、获取。每一个模块后配有在线测试题，学习者可以及时检验自己的学习情况。

本书理论与实践相结合，既可以作为婴幼儿托育服务与管理专业、早期教育专业的教材，也可供托育机构工作者、0~3岁婴幼儿的父母、家庭照护人员阅读参考。

复旦学前云平台
数字化教学支持说明

为提高教学服务水平，促进课程立体化建设，复旦大学出版社学前教育分社建设了"复旦学前云平台"，为师生提供丰富的课程配套资源，可通过"电脑端"和"手机端"查看、获取。

【电脑端】

电脑端资源包括 PPT 课件、电子教案、习题答案、课程大纲、音频、视频等内容。可登录"复旦学前云平台"（www.fudanyun.cn）浏览、下载。

Step 1 登录网站"复旦学前云平台"（www.fudanyun.cn），点击右上角"登录 / 注册"，使用手机号注册。

Step 2 在"搜索"栏输入相关书名，找到该书，点击进入。

Step 3 点击【配套资源】中的"下载"（首次使用需输入教师信息），即可下载。音频、视频内容可通过搜索该书【视听包】在线浏览。

【手机端】

PPT 课件、音视频、阅读材料：用微信扫描书中二维码即可浏览。

扫码浏览

【更多相关资源】

更多资源，如专家文章、活动设计案例、绘本阅读、环境创设、图书信息等，可关注"幼师宝"微信公众号，搜索、查阅。

平台技术支持热线：029-68518879。

"幼师宝"微信公众号

【本书配套资源说明】

1. 刮开书后封底二维码的遮盖涂层。

2. 使用手机微信扫描二维码，根据提示注册登录后，完成本书配套在线资源激活。

3. 本书配套的资源可以在手机端使用，也可以在电脑端用刮码激活时绑定的手机号登录使用。

4. 如您的身份是教师，需要对学生使用本书的配套资料情况进行后台数据查看、监督学生学习情况，我们提供配套教师端服务，有需要的老师请登录复旦学前云平台（官方网址：www.fudanyun.cn），进入"教师监控端申请入口"提交相关资料后申请开通。

前言

中国共产党第二十次全国代表大会报告（简称"二十大报告"）指出，要"实施科教兴国战略，强化现代化建设人才支撑"，教育、科技、人才是全面建设社会主义现代化国家的基础和战略性支撑。要坚持教育优先发展，坚持为党育人，全面提高人才自主培养质量。明确提出，要办好人民满意的教育，深入实施人才强国战略，培养造就大批德才兼备的高素质人才，引导广大人才爱党报国、敬业奉献、服务人民。引导大学生悟透二十大精神，建立正确的道德观念。将党的二十大报告精神融入课程思政，融入教材建设，有助于大学生对党和国家的大政方针形成深切认知。本教材紧密围绕二十大报告最新精神，坚持立德树人，坚持党的方针政策，旨在使学生习得专业知识与树立正确、崇高的理想信念并举。

近年来，我国政府越来越重视0～3岁婴幼儿的托育服务，不仅调整了生育政策，而且还先后出台了诸如《关于促进3岁以下婴幼儿照护服务发展的指导意见》等多个政策文件。在这样的时代背景下，我国婴幼儿入托需求日益增长，入托要求也日益规范，全国各地的托育机构如雨后春笋般地出现。这些机构不仅应在选址、建筑、室内外环境、所在社区环境等方面符合国家安全标准，同时还要精心为婴幼儿创设符合他们身心年龄特点的环境。

本教材重点对婴幼儿与环境的关系，婴幼儿生活的不同类型环境如家庭环境，托育机构的环境，婴幼儿的阅读环境、心理环境，所在社区的环境等创设的意义、要求、遵循原则以及举措等进行分析。在撰写过程中，本教材从内容对象、编写体例、内容安排以及使用群体等方面进行了诸多思考，具有如下特点：

第一，本教材内容对象包括全日制托育机构、半日制托育机构、计时型托育机构等不同类型托育机构的环境创设，力图让学习者学习本教材后，了解我国不同类型托育机构环境创设的实际情况。

第二，本教材在编写体例上新颖独特。通过"模块导读""学习目标""内容结构""案例导入""任务要求""思考与练习"等模块紧扣婴幼儿托育服务与管理专业的培养目标，并突出了"课程思政"的目标，使学习者能够在学习前准确地了解目标要求以及学习内容的框架结构，在学习后可以进行针对性的思考与练习，巩固复习所学章节的内容；同时通过"聚焦考证"部分相关试题的练习，"课-岗-证"融合，学习者可以更好地检验自己学习的成果。

第三，本教材秉持"理论知识""拓展阅读""案例分析""图片分析""视频观看"五位一体的编写理念，为理论知识部分配备了与托育机构环境创设密切相关的案例分析、拓展阅读、环创图片及视频。以期通过大量素材，有效地帮助学习者将专业知识融入0～3岁婴幼儿的环境创设中，深化对理论知识的理解，更熟练地运用托育机构环境创设的相关知识和技能。

第四，本教材在关注不同类型托育机构室内外环境创设的同时，也关注婴幼儿生活的家庭、小区、社区和公共场所的环境创设。具体内容既考虑到安全环保，也考虑到美观温馨。我国目前大部分婴幼儿生活的家庭及周围环境缺乏符合其身心特点的玩耍环境，或者缺少相应的设备设施，这就需要托育机构的保教人员指导婴幼儿生活的家庭、小区和社区等相关人员，努力为孩子们创设符合其年龄特点的游戏环境并提供相应的设备设施与器材。

全教材分为七大模块，其中第一模块为婴幼儿与环境，主要讨论了婴幼儿生长发育概况、婴幼儿生活的环境以及环境对婴幼儿发展的影响。第二模块为托育机构安全环境创设，对托育机构整体环境的安全要求、托育机构室内安全环境的创设、托育机构室外安全环境的创设、托育机构所在社区的安全环境的创设等进行了较为详细的阐述。第三模块是托育机构区角环境创设，主要包括了托育机构区角环境创设的概念、区角环境的创设措施等。第四模块为婴幼儿家庭环境创设，详细介绍了家庭环境创设的必要性、家庭环境创设的措施等。第五模块为婴幼儿心理环境创设，具体涉及托育机构心理环境创设和社会心理环境创设两方面的内容。第六模块主要介绍了婴幼儿阅读环境创设的相关内容，包括婴幼儿阅读环境创设的概念，托育机构、家庭以及公共阅读环境创设的特点、原则及具体措施等。第七模块主要就国内外比较典型的托育机构区角和国内托育机构整体环境创设的案例进行分析。

《托育机构环境创设》的撰写主要由学科专家、专业教师、托育机构管理者及一线骨干教师完成，本教材编写具体分工如下：第一模块由海南热带海洋学院的曹惠容负责撰写，第二模块由内蒙古民族幼儿师范高等专科学校的王菲负责撰写，第三模块和第四模块由舟山蒙特梭利儿童之家的任磊和上海震旦职业学院的李舜合作撰写，第六模块由内蒙古民族幼儿师范高等专科学校附属幼儿园的韩飞艳负责撰写，第五模块和第七模块由湖南民族职业学院的郭殷负责撰写。庄鸣、俞佳敏、张欣佳、盛含英、陈萌、黄子洋为本书提供了大量图片及视频。在此感谢以上各位老师及其托育机构管理者等人员的大力支持与协助。本书的统稿工作主要由曹惠容负责完成。本书参考了国内外专家、学者的研究成果及资料，在此一并表示感谢。

本书具有较强的实践性和可操作性，既可以作为婴幼儿托育服务与管理、学前教育、早期教育等专业的教材，也可供一线托育机构工作者及广大0～3岁婴幼儿的父母、家庭照护人员阅读参考。由于编者水平有限，本教材的编写难免存在一些不妥之处，恳请同仁及读者不吝赐教，以便在今后的修订中不断改进、完善与提高。

编　者

目录

模块一
婴幼儿与环境

模块导读

　　婴幼儿是指0～3岁的儿童。人的最初3年所处的环境，对他一生的发展至关重要。婴幼儿生长发育的环境主要包括物质环境和精神环境，其中物质环境是指托育机构和家庭内外以及周围的硬件设施，精神环境是指托育机构和家庭等场所中的各种人际关系、文化氛围等。

　　本模块主要阐述婴幼儿成长及其与环境之间的关系，通过案例、理论及视频等帮助学习者掌握婴幼儿身心发展与环境之间的关系。在理论学习的基础上，学习者要对婴幼儿所生活的环境类型有总体意识，清楚地了解各种不同类型的环境对婴幼儿成长发育产生的不同影响。学习本模块后，学习者可以熟练地掌握婴幼儿发展与环境之间关系的理论知识，并能根据所学知识选择合适的材料为婴幼儿创设适宜的成长环境，同时还能对婴幼儿生长的环境进行评价，发现其存在的问题，提出改进或完善的建议等。

学习目标

　　1. 熟悉婴幼儿生长发育的特点。
　　2. 了解环境的概念、类型及作用。
　　3. 掌握婴幼儿生活的各种环境类型及其对婴幼儿的影响。
　　4. 能根据婴幼儿身心发展特点创设符合其健康发展的环境；能够理解环境中各种因素的相互影响与制约，并运用所学知识帮助婴幼儿树立健康成长的基本意识。

内容结构

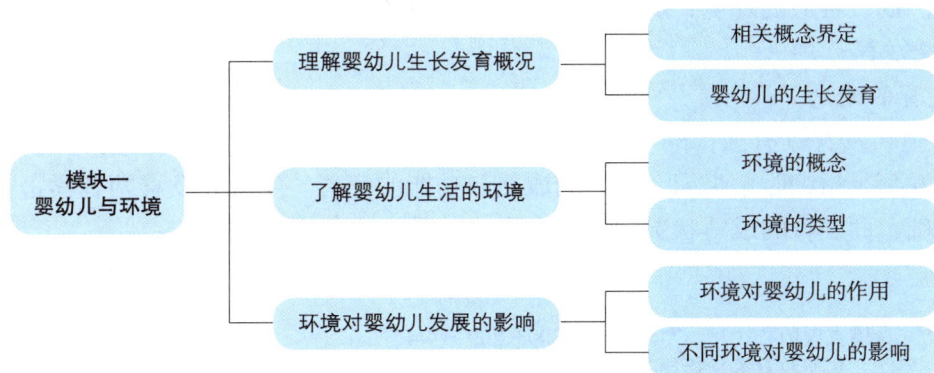

任务一　理解婴幼儿生长发育概况

案例导入

　　婴儿出生的第一年是身体快速生长发育的时期。这个时期是人一生中身高、体重增长最快的时期。第一年，婴儿的身高增长约25厘米，体重增加约7千克。脑和神经系统也得以迅速发展，新生儿脑重约350～400克，到6、7个月时可达650克左右，到第一年末可达到出生后需要发展的50%。[1]

任务要求

　　1. 了解婴幼儿及托育机构的概念。
　　2. 掌握婴幼儿生长发育的相关知识。

　　婴幼儿的生长发育特点与其他年龄段的孩子不同，了解胎儿及婴幼儿身心发展的特点，可以更好地为他们创设符合其年龄特点的环境，帮助他们健康发展。

一、相关概念界定

　　婴幼儿是对3岁以下孩子的统称。托育机构是指专门为婴幼儿提供相关护理和早期教育的机构。

　　1. 婴幼儿

　　婴幼儿是指胎儿及其出生后到3岁的孩子。0～3岁的婴幼儿根据不同月龄段，可以将其划分为0岁的胎儿、出生后到1岁的婴儿以及1～3岁的幼儿。其中0岁胎儿是指从受精卵形成到胎儿分娩的这段时期。孩子出生后的第一年，被称为婴儿期，出生后的第二年到3岁为幼儿前期。

　　2. 托育机构

　　有关托育机构的概念界定很多，本书中的托育机构主要是指通过全日托、半日托、临时托、计时托以及亲子活动等方式为0～3岁婴幼儿及其家长提供早期保育与教育服务和指导的组织机构。

二、婴幼儿的生长发育

　　婴幼儿的生长发育特点与其他年龄段的孩子不同。只有掌握婴幼儿生产发育的基本规律，才能更好地为他们创设合适的环境，从而对他们实施有效的护理和早期教育。

（一）生长发育

　　1. 生长发育的概念

　　婴幼儿的生长发育具有独特的规律和特点。生长一般指形体数和量的增加，也称为体格生长或体格发育。发育是指细胞、组织、器官的成熟与功能的完善。生长和发育两者紧密相关，生长是发育的物质基础，而发育的成熟状况又反映在形体的数量变化上。[2]

---

[1] 潘月娟. 婴幼儿身体发育历程［J］. 家庭教育，2003（09）：44.
[2] 本书编写组. 婴幼儿早期教育家长指导手册［M］. 福州：福建人民出版社，2010：10.

2. 生长发育的特点

0～3岁婴幼儿的发展特点具有连续性和阶段性、头尾发展顺序性、各系统发展不平衡性和个体差异性等特点。首先，连续性是指婴幼儿的各种生理和心理机能连续不断地发展；阶段性是指婴幼儿的发展在某个阶段呈现出比较快或发育得比较好的特点。如出生后的头3个月，婴幼儿的体重和身高发展很快；出生后的第一年是婴幼儿生长高峰期，然后逐渐减慢；青春期是人第二个生长高峰期。其次，头尾发展顺序性是指婴儿出生后，头部发育明显快于躯干的发育，四肢和躯体比较短小，头部约占整个身长的1/4。之后，躯体和四肢的发育就逐渐快于头部。再次，婴幼儿的各个系统发展不平衡。有的系统发展比较早，如中枢神经系统；有的系统发展比较迟，如生殖系统在青春期才迅速发展；有的系统发展比较快，如大脑和淋巴系统在出生后发展比较快；如呼吸、循环、消化、泌尿、运动等其他系统与体格发展速度差不多。最后，由于婴幼儿受到遗传、环境、教育以及个体主观能动性等因素的影响，其发展也呈现出显著的个体差异性。有的婴幼儿在某些方面发展得很快且比较好，有的却在某些方面发展得比较慢或不够好。比如，有的婴幼儿身体高出同龄孩子很多，这是由于受到营养及父母身高等遗传因素的影响。

3. 生长发育指标

体重是指人体的总重量。它是衡量婴幼儿体格生长及近期营养状况最灵敏、最实用的指标。计算婴幼儿体重的公式如下：3～12个月体重=（月龄+9）/2（kg）；1～6岁体重=年龄×2+8（kg）。身高是指婴幼儿头顶到脚底的长度，常用的身高计算公式为：2～12岁身长=年龄×7+77（cm）。头围反映头颅和脑的大小及发育情况。婴儿出生时头围为33～34 cm，6个月时约为43 cm，1岁时约为46 cm，2岁时约为48 cm，3岁时约为52～53 cm。婴儿出生时的胸呈圆筒状，此时胸围比头围小。随着年龄的增长，胸围逐渐大于头围。婴幼儿大脑前囟门的长度在出生时为1.5～2.0 cm，然后随着颅骨发育而逐渐增大，6个月后逐渐变小，在1～1.5岁时闭合。婴幼儿的牙齿在出生后的5个月开始钙化，1岁完成钙化，出生后4～10个月开始出乳牙，到2.5岁时乳牙出齐，共20颗。[1]

知识拓展1.1

婴幼儿运动系统的特点

第一，婴幼儿的骨骼具有如下特点：骨骼韧性大，易变形；骨膜较厚，损伤后再生快；骨髓全为红骨髓，造血功能强；颅骨发育不完全部分未闭合；脊柱未定型，易弯曲；髋骨未融合，易错位；腕骨未骨化，腕部力量弱等。第二，婴幼儿的关节具有活动范围大、易脱臼、足弓不结实、易塌陷等特点。第三，婴幼儿的肌肉具有易疲劳、恢复快，大肌肉群发展早、小肌肉群发展晚的特点。因此，婴幼儿时期，要注意平衡膳食，合理搭配营养；培养正确的坐、立、行姿势，预防骨变形；科学合理安排户外活动，重视体育运动。[2]

（二）婴幼儿动作发展

1. 粗大动作发展

婴幼儿粗大动作发展的总体趋势是从整体到分化、从身体上部动作到下部动作、从大肌肉到小肌肉、从无意动作到有意动作。婴幼儿的动作发展，最初是整体、笼统的逐渐发展，再到局部

---

[1] 本书编写组.婴幼儿早期教育家长指导手册［M］.福州：福建人民出版社，2010：15.

[2] 赵青.0～3岁婴幼儿卫生与保育［M］.北京：北京师范大学出版社，2021：5.

的、准确的动作发展，如婴幼儿从2个月时的全身活动发展到5个月时的双手活动，再到8个月时的准确运动。婴幼儿的动作还体现了俯卧、翻身、坐、爬、站、走的过程，体现了从上部运动到下部运动的发展过程。婴幼儿最初的动作都是无意的，6个月后才表现出有意识。

婴幼儿粗大动作发展，还体现了从头部、躯干再到手脚的过程。婴幼儿最初从头部、胸部开始发育，然后再发展双臂、双腿、双手等的过程。头部是婴幼儿最先发展的部位，0～1个月的婴儿能有意识地控制头部，其5个月俯卧时能高高抬头看前面或周围，6个月时能自己坐立并保持头部竖直。躯干的发展也体现了从上到下的趋势，比如2个月时的婴儿能在俯卧时撑着手臂挺胸，到了8个月时便可以坐直身体，用手去摆弄物体。婴幼儿在1岁左右会走，在1.5岁时走得比较稳当。

2. 精细动作发展

婴幼儿精细动作的发展主要是指手、手指以及手眼协调的动作。婴幼儿手部精细动作的发展会先表现出手和手指的抓握动作：刚出生时能用手触摸物品，1个月时能够双手攥拳，触碰时能够伸缩；2个月时可以握住塞在自己手中的长柄物；3个月时偶尔能够把手或手里的东西送到嘴里；4～5个月时能够主动伸手够物；6、7个月前后可以利用尾三指及掌心抓握物体；8、9个月左右可以利用前三指抓握物品，之后才开始手眼协调的发展；10个月时拇指与食指能够对捏，利用拇指和食指去拾起如面包屑等小物件。[1]接下来，婴幼儿便能用双手端碗吃饭，会用筷子、勺子，可以进行系鞋带、扣纽扣、戴帽子、穿衣服等动作。如1岁的婴儿，能配合父母穿衣服，能根据父母的指令伸左右手、左右腿或左右脚等，能自己摇晃着用勺子吃饭，2岁后能真正独立吃饭，直到5岁时幼儿手部的精细动作发展才算真正完成。此外，婴幼儿还会表现出涂鸦绘画的行为，这对婴幼儿精细动作的发展至关重要。因此，家长及托育机构的保教人员应为孩子提供抓、握、捏、抠、套、抱、穿、撕、舀、拼、切、翻、贴、揉、插、剪、垒、夹、敲、钓、扣、拧以及涂鸦的场地和器材等。

知识拓展 1.2

婴幼儿的触觉

婴幼儿能抓握物体时，触觉就成为其探索周围世界的一种主要途径。当我们观察几个月大的婴儿玩玩具时，会发现婴儿很喜欢用口唇接触玩具。他们也会更多地把玩具拿在手里转来转去，用手拍打，皱起眉头，详细观看。心理学家发现，新生儿和成人的身体接触有助于婴儿身体的发育，这种接触对情绪发展也非常重要。对学前儿童来说，触觉在其认知活动中的地位是不容忽视的。皮亚杰认为这种对物体的触觉和视觉相配合、完成对物体的操控是婴幼儿早期认知发展的基本要素。

（三）婴幼儿的认知行为发展

认知行为包括感官识别、图像识别、颜色识别、几何形状识别、语言识别、空间识别等多个方面。认知行为的出现源于父母对婴幼儿身体、心理、智力和学习能力发展的要求。[1]婴幼儿的感知觉经历了从无条件反射到被动感觉运动阶段和主动运动阶段的过程。在这个过程中，婴幼儿逐渐识别身边周围事物的颜色和形状，然后再慢慢理解和领悟其空间概念，在此基础上，婴幼儿才开始学习数字和字母等。而且，婴幼儿的空间知觉具有恒常性的特点，所谓恒常性是指即使感觉刺激在变化，但个体对物理世界的知觉仍保持不变，如对物体大小和形状方面保持恒常性。一般而言，婴

---

[1] 钱国英，杜媛，杨丝婕. 婴幼儿身心发展特点在益智玩具设计中的应用［J］. 包装工程，2020，41（10）：39.

儿在8个月大时才开始理解物体的恒常性，视线不会因被遮挡而转移，他们会继续注视或去寻找被遮挡的物体。此外，婴幼儿还有深度知觉能力，具体是指判断不同对象之间高低远近距离的一种能力。空间知觉在人与周围环境的相互作用中有重要作用，如果人们不能认识物体的形状、大小、距离、方位等空间特性，就不能正常地生存。[1]

婴幼儿的空间能力是指他们对客观世界中物体的空间关系的认识，主要包含空间知觉与空间想象能力。婴幼儿的空间知觉能力主要是指他们对物体形状、大小、深度、距离、空间分布等方面的认识及其在他们大脑中的反映，而空间想象能力则是空间知觉在大脑中再现与重组。[2]婴幼儿喜欢动的玩具而不是静的玩具，喜欢大而清晰的玩具而不是小的玩具，喜欢新奇的玩具，而不是呆板的玩具，因而保教人员或家长为婴幼儿提供的玩具最好是由大到小、能够做动作或发声音的玩具。比如各种色彩鲜艳的球类玩具或布偶，这些玩具不仅符合婴幼儿的身心发展特点，也有助于激发他们玩玩具的好奇心和兴趣。

（四）婴幼儿的心理发展

1. 注意发展

注意力是婴幼儿心理活动指向和集中于某种事物的能力。婴幼儿注意力是从"无意注意"发展到"有意注意"的。婴幼儿出生3天后便已具备一定的注意力了，比如他们会注意汽车喇叭发出的声音。注意有助于婴幼儿认识到环境中潜在、重要或危险的事情，同时也让婴幼儿不在无意义的事情上耗费更多的时间和精力。1～2个月的婴儿，开始注意周围的环境，这时可以通过玩玩具来促进他们注意力的发展。随着年龄的增长，婴幼儿管理注意力的能力逐渐增强。注意力是婴幼儿学习和生活的基本能力。但总的来说婴幼儿的注意力持续时间较短。因此，保教人员或家长在陪伴婴幼儿阅读和玩耍时，应注意控制时间，否则会给婴幼儿带来不适以及反感等不良反应。婴幼儿期是培养婴幼儿注意力的关键期，父母及托育机构的教师可以关注这段时期婴幼儿感兴趣的物品，以培养他们持续保持注意的能力。

2. 记忆发展

研究表明，胎儿已具备记忆力，出生后其记忆力不断发展。出生几天的新生儿，能辨别母亲的气味和声音，这是胎儿期学习记忆的较好证据。婴儿出生后的第2周，当妈妈以固定的姿势喂奶，就开始与婴儿逐渐建立起一定的条件反射，当母亲解开纽扣准备喂奶时，哭泣的婴儿便停止啼哭，这说明2周的婴儿已具有了一定的记忆能力。1岁的孩子能再认相隔10多天的事物，3岁时能再认几个月前的事。研究表明，婴幼儿对大部分事情保持记忆的时间较短，如果没有"提示物"，那么记忆痕迹几天之内就会消失。[3]婴幼儿的记忆特点是记得快也忘得快，其记忆的内容和效果在很大程度上依赖于事物外部的特点，他们尤其能记住感兴趣的、鲜明的、生动形象的以及新奇的事物。因此，为婴幼儿提供各种色彩鲜艳的实物、标本、模型、图画以及操作器材，有助于发展他们的记忆力。婴儿具有一定的回忆能力，且回忆能保持较长时间。但同时，婴幼儿也具有健忘的特点，比如他们无法回忆出生初期出现在生命中的事物，但婴幼儿的语言能够帮助其很好地记忆或回忆一些事物。因此，家庭或托育机构可以为婴幼儿创设良好的阅读环境并提供相应的读物，平时应注意及时回应婴幼儿的问题或需求，与婴幼儿经常说话以发展其语言能力，可以较好地促进婴幼儿记忆力的发展。

3. 思维发展

思维是客观事物在人脑中概括、间接的反映。婴幼儿的思维发展总共有三个阶段：0～3岁婴

[1] 谢渊.3—6岁幼儿知觉推理能力发展的研究［D］.河南大学，2016（05）：03.
[2] 金明霞.建构区对幼儿空间知觉能力发展的研究［J］.2020年教育信息化与教育技术创新学术论坛（贵阳会场）论文集（四），2020（05）：34.
[3] 李洪燕.怎样培养孩子的记忆力［J］.读与写（上，下旬），2015（20）：503.

幼儿处于思维的低级阶段——感知动作思维阶段；到学龄阶段就进入具体形象思维阶段；再逐步发展到高级思维阶段——抽象逻辑思维阶段。婴幼儿期是其感知动作思维发展的关键期，这个时期的婴幼儿在思维过程中，离不开直接的感知和动作，思维往往在动作中进行。0～3岁婴幼儿只有在感知各种物品、进行某种动作或操作各种器材时，才能进行思维，也就是说，他们可以边做边想。因此，在为婴幼儿创设不同环境的时候，要注意他们的思维发展特点，提供符合其发展特点的教玩具，比如绘画、夹豆子等。

任务二　了解婴幼儿生活的环境

案例导入

瑞典的首都斯德哥尔摩为婴幼儿和儿童保留了充足的开放空间作为公园和绿地。虽然城市发展趋势高密度化，游乐场兴建数量减少，但单个游乐场面积和设施却在增加。一些私人公园转化为公共公园，公共公园中的游乐场面积有所扩大，公园和社区里的游乐场也不断更新和升级。在瑞典，常规的游乐场设有沙坑、秋千、滑梯和攀爬装置等。一些游乐场还有水景、石块、灌木以及可移动的材料，这种环境对激发儿童的想象力与创造力非常重要。[1]

任务要求

1. 了解环境的概念及环境类型。
2. 掌握胎儿及婴幼儿生活的不同环境及其对他们生长发育的影响。

人出生的最初3年，对他一生的发展至关重要。婴幼儿早期保育和教育环境的创设是其发展的核心。婴幼儿发展和神经科学的有关研究表明，早期养育的环境对婴幼儿的生长发育有非常紧密的关系，一些习俗卫生或者育儿方式对婴幼儿运动能力的发展有很大影响[2]。因此，为婴幼儿创设适宜的环境，为他们提供充满爱意和自由选择机会的环境，让婴幼儿通过丰富的感官体验以促进其发展是非常必要的。

一、环境的概念

国内外学者对环境概念的界定有很多种，比如我国学者林崇德等在《中国成人教育百科全书》中指出，"环境"是指围绕着人群的空间及其中可以直接、间接影响人类生活和发展的各种因素的主体，包括自然环境和社会环境。[3]本书的环境是指对婴幼儿生长发育产生影响的空间中一切人、事、物的总称。

[1] 荆晶.童之镜：斯德哥尔摩体验［M］.上海：上海远东出版社，2016：126.
[2] 宋娟，等.婴儿早期养育方式和环境与婴幼儿生长发育关系研究［J］.中外医学研究，2004，12（02）：46.
[3] 林崇德，等.中国成人教育百科全书［M］.海口：南海出版公司，1994：514.

二、环境的类型

人们生活的环境有很多类型。根据不同的分类标准，可将环境分成不同的类型。

（一）按环境内涵划分

按照环境的内涵，环境涵盖了物质、社会和文化三个层面。其中物质环境主要由人造的物质环境和自然环境组成，自然环境是环绕生物周围的各种自然因素的总和，如大气、水、其他物种、土壤、岩石、矿物、太阳辐射等，这些都是生物赖以生存的物质基础。[1]社会环境有广义和狭义之分，广义的社会环境是指对人类所处的社会政治环境、经济环境、法制环境、科技环境、文化环境等宏观因素的总和。社会环境对人的一生发展都有重大影响。狭义的社会环境指人类生活的直接环境，如家庭、劳动组织、学习条件和其他集体性社团等。社会环境对人的形成和发展进化起着重要作用，同时人类活动也深刻影响着社会环境，而人类本身在适应改造社会环境的过程中也在不断变化。[2]文化环境是指一定历史条件下，由人类主体所创造并影响主体活动的精神性成果与文化条件状况的总和。[3]

物质环境、社会环境和文化环境之间是相互渗透、相互转化和相互联系的。物质环境中的自然环境由地球表层中无机和有机的、静态和动态的自然界各种物质和能量组成，自然环境具有地理结构特征并受自然规律控制。[4]与自然环境不同，文化环境则为一种人工环境或人造环境。物质环境是社会环境和文化环境的基础，而社会环境和文化环境又促进物质环境的发展。文化环境需要一定的物质环境作为空间，才会烙下不同的地理环境、地域环境的特征。文化环境本身就是一种特殊的文化成分。广义的社会文化环境即"人化"，是指人类改造自然、社会和人本身的一切历史活动及其结果，是人类通过社会实践协调人与自然的关系和人与人的关系，为实现人的本质力量和满足人的需要而进行的创造性活动及其成果。[5]物质环境和社会环境都受文化传统、政策、规则、制度、价值、意愿和期望等因素的影响。

（二）按生态系统划分

从生态系统角度来分，人们生活的环境包括微观系统、中间系统、外层系统和宏观系统。其中微观系统是指发展着的人在具有特定物理和物质特征的情境中所体验到的活动、角色和人际关系的一种样式。对于婴幼儿而言，他们生活的家庭环境以及婴幼儿与父母或托育机构老师等之间的关系，是其最核心的微观环境。中间系统是指由发展的人积极参与的两个或多个情境之间的相互关系。对于婴幼儿而言，该系统是指婴幼儿的家长与托育机构教师之间以及婴幼儿与兄弟姐妹和邻里之间的关系，家庭和托育机构的氛围和文化等。[6]布朗芬布伦纳认为，中间系统有四种不同的类型，其中环境之间的相互交流是指为了特定的目的，一个环境向另一个环境中的人们进行的信息传递。这种交流可通过各种形式，如用面对面的方式直接交流，也可以打电话、发短信等。环境之间的知识，是指在某一环境中存在的有关其他环境的信息或经验。这种知识可以通过环境间的相互交流而获得，也可以通过其他途径（如图书或网站）了解到。外层系统是指那些个体并未直接参与但却对他们的发展产生影响的系统。如地方政府、学校董事会、父母的工作地等。宏观系统是指人们生活的国家或区域的传统文化、各级政府颁布的法律条文和规章制度、风俗习惯等。以上这四个系统相互渗透、相互联系，共同构成人们生活生长的多层环境系统。

---

[1] 沈菊，李三汉.论绿色生态住宅自然环境的塑造［J］.中国住宅设施，2008（01）：60.

[2] 李继华，江洪.社会环境对体育教师发展的影响［J］.当代体育科技，2013（31）：102.

[3][5] 蔡红燕.关于文化环境概念的再辨析［J］.保山学院学报，2019，38（06）：37+39.

[4] 伍光和，等.自然地理学［M］.北京：高等教育出版社，2008：2.

[6] 贾月明，蓝益平.家庭教育学［M］.长沙：湖南师范大学出版社，2020：67-69.

（三）按其他标准划分

此外，按照不同的维度，还可以将环境分划分为宏观环境和微观环境两大类。对于婴幼儿而言，宏观环境包括自然环境和社会环境；微观环境包括托育机构环境、家庭环境和社区环境等。从构成因素来划分，可以分为物质环境和精神环境。其中，物质环境主要是指影响人身心成长的物化状态的教学基础，物质环境能够为人们学习、活动与生活提供各种设施。[1]物质环境通过物理的、化学的或生物的方式作用于人。托育机构的物质环境具体包括园所建筑设施、活动空间、装饰布置、设备设施、物理空间的设计与运用、室内外环境创设以及对材料等资源的选择利用等，是促进婴幼儿发展的重要教育资源。[2]精神环境是指由人际关系、文化观念等无形因素交织在一起形成的心理氛围。[3]精神环境对婴幼儿的影响是潜移默化且深刻长久的。精神环境通常以语言、表情、行为的方式作用于人。

知识拓展 1.3

新生儿的居住环境

新生儿居住环境和周围环境的温度、相对湿度、光照强度等应相对适宜，新生儿室温最好保持在25℃～28℃，同时保证室内通风良好、空气流通。盛夏季节要注意适当降温，冬天时则要保温。新生儿居住的室内光线不能太暗或者太亮，要让新生儿在自然的光线下学会适应，但是要避免阳光直射到眼睛以避免对视力的伤害。此外还要注意新生儿室内的声音音量，避免刺耳的声音或高分贝噪音，以防止对新生儿的听觉造成损害。[4]

任务三　环境对婴幼儿发展的影响

案例导入

我国学者万国斌通过研究指出：家庭环境与婴幼儿的智力发展密切相关。家庭拥挤程度是一个与婴幼儿智力发展有关的重要物质环境指标，一般认为居住环境比较宽敞或婴幼儿个人活动空间越大，对其智力发展越有利；家中环境的安定程度和安全性也与婴幼儿的智力发展有关，高频噪声等的过度刺激，如整天大声开着婴幼儿看不懂的成人电视，以及家中流动人口多等非安定性的混乱刺激等都不利于婴幼儿的智力发展；在亲子相互作用过程中，母亲对婴幼儿的情绪反应性也是影响其智力发展的重要因素，这包括母亲对婴幼儿的关爱程度、情感的表露以及鼓励和表扬。[5]

---

[1] 张霞. 浅析幼儿园物质环境创设对幼儿教育的影响［J］. 内江科技，2021，42（09）：156.

[2] 武玮. 幼儿园物质环境创设的问题与对策探析［J］. 教育教学论坛，2020（27）：327.

[3] 袁爱玲，廖莉. 幼儿园环境创设理论与实操［M］. 上海：华东师范大学出版社，2017：195.

[4] 赵立平，等. 新生儿护理技巧［J］. 临床合理用药杂志，2014，7（08）：64.

[5] 万国斌. 家庭环境对婴幼儿智力发展的影响［J］. 国外医学·精神病学分册，1998（01）：21-22.

任务要求

1. 了解环境对婴幼儿的作用。
2. 掌握胎儿和婴幼儿生活的环境类型。
3. 理解不同环境对 0 ～ 3 岁婴幼儿的影响。

我国《幼儿园教育指导纲要（试行）》指出："幼儿园应为幼儿提供健康、丰富的生活和活动环境，满足他们多方面发展的需要，环境是重要的教育资源，应通过环境的创设和利用，有效地促进幼儿的发展。"蒙特梭利曾经说过："在教育上，环境所扮演的角色相当重要，因为孩子从环境中吸取所有的东西，并将其融入自己的生命之中。"[1] 我国古代有"孟母三迁"的教育故事，就是环境对人成长有影响的典型案例。

一、环境对婴幼儿的作用

婴幼儿通过其周围环境建立他们的精神世界。环境对婴幼儿的生长发育非常重要，它不仅影响婴幼儿的身高、体重、骨骼、躯干等生理发育，而且还影响婴幼儿的心理发展，比如性格、习惯、气质、情绪等。因此，为婴幼儿营造符合其身心发展特点的各种良好环境，十分必要也具有重要的现实意义。

（一）奠定人一生发展的基础

0 ～ 3 岁的婴幼儿，对其生活的环境、成人对他们的护理以及他们与环境及护理人员之间的关系都非常敏感。在生命的最初几年，婴幼儿的个体生长和心理发展受到神经系统尤其是脑发育的支配和制约，脑发育的最终完成是在出生后与环境相互作用中实现的。[2] 因此，这段时期也是婴幼儿大脑最灵活、对周围环境的适应性最强的时期。通过与父母及其他照顾者和环境的日常互动，婴幼儿获得最初的社会、情感和认知技能，这些技能是他们后来发展的基础。

（二）对婴幼儿习惯培养影响深远

婴幼儿的经历受制于周围的环境，婴幼儿经常生活的家庭和托育机构室内外的环境，有助于其发展。婴幼儿有大量时间待在家庭和托育机构，家庭和托育机构室内外环境的布置、文化氛围、保教人员或家长与婴幼儿的关系等构成的物质环境和精神环境，对婴幼儿的生理和心理发展有重要作用。比如为婴幼儿精心创设的干净、整洁、富有秩序的优美物质环境，能促进婴幼儿培养良好的审美情趣，激发其创造美好事物的愿望，养成做事有条不紊、讲卫生等良好的行为习惯。

（三）对婴幼儿性格发展作用巨大

婴幼儿获取知识经验，发展各种能力，以及婴幼儿的情感、气质和社会性等个性品质获取的主要途径，也是从其生活的环境中直接感知的。因此，家长或保教人员为婴幼儿营造宽松、愉快的氛围以及对待婴幼儿的情感、态度、观念是否恰当就显得尤其重要。比如，夫妻关系和谐、家庭成员之间和睦相处，托育机构的保教人员温和地对待每位婴幼儿，为婴幼儿创设他们喜爱的玩耍环境等，有助于婴幼儿情绪与性格的平稳发展。

二、不同环境对婴幼儿的影响

不同年龄段的婴幼儿，生活的环境类型有所不同。其中，胎儿生活的环境主要包括母体及其外部环境，1 ～ 3 岁婴幼儿生活的环境主要是指外界环境。

---

[1] 王卡兰.《幼儿园教育环境创设》实践教学［J］.文学教育（下），2015（08）：152.
[2] 范果叶，王文丽，张瑞芳.婴幼儿智能发育影响因素研究进展［J］.内蒙古医学杂志，2016（03）：305.

（一）胎儿生活的环境类型及其影响

0～3岁婴幼儿生活的环境有很多类型，不同类型的环境及其构成因素共同构成婴幼儿成长的环境，婴幼儿从中获得生长发育所需的各种养料，同时也对不同类型的环境及其构成因素产生一定的影响。

1.胎儿生活的环境

胎儿生活的环境是指孕妇为胎儿健康成长提供的内部环境和外部环境。其中，胎儿生活的内部环境是指母亲体内环境如身体健康状况、母亲情绪及精神状态、胎儿生长发育的子宫环境；胎儿生活的外部环境是指孕妇生活的家庭环境、自然环境和社会环境。

📄 **知识拓展 1.4**

孕妇的生活环境

妊娠期的妇女所处的生活环境对其胎儿的健康发育有很大的影响。孕妇住房的类型、室内烟雾及不良气味、高层建筑闭塞的环境、狭小的活动空间、必要活动的减少以及现代社会快节奏的生活，都会给孕妇造成心理压力和负担，会使她们烦躁、焦虑、恐惧，从而降低自然分娩的信心，导致剖宫产率提高。比如，孕妇长期处于吸烟的环境中，容易发生胎儿宫内窘迫，不利于顺产。因此女性如有吸烟的嗜好，在孕前应戒除，男性也不应该在家中吸烟，孕妇应尽量不去有香烟污染的公共场所，以减少对胎儿及其自身的危害。[1]

2.母体环境对胎儿的影响

（1）母亲体内环境

母亲体内环境对胎儿的健康发育产生很大的影响。母亲身体的内部环境，塑造了胎儿未来的食欲、新陈代谢的能力、对疾病的抵抗力、智力甚至是脾气。胎儿在母体内吸收的食物、药物和感染源等物质都将影响胎儿出生和成长。因此，母亲一定要为胎儿提供一个健康的体内环境，才能保证胎儿的良好发育。健康的体内环境主要是指母亲身心健康且体重达标，没有偏瘦或偏胖状况，也没有其他各种疾病如精神病、糖尿病、肝炎、牙疼、甲状腺功能低下、心肺功能不全、贫血、高血压病、妊娠中毒症以及抑郁、情绪低落等。健康的体内环境还包括母亲子宫发育正常，子宫内没有肌瘤、息肉以及子宫内膜炎症等。若有这些疾病，需要治疗后才能怀孕。因此，怀孕前，建议夫妻双方都要体检，并按照医生的意见有计划、有准备地怀孕。

（2）母亲精神环境

母亲怀孕时的心情、情绪等精神状态对胎儿的发育也有很大的影响。母亲情绪和胎儿情绪之间在强度上存在着联系。有研究表明：心律、呼吸、血压、皮肤传导、体温等自主活动水平高的母亲，其胎儿活动水平也相应较高，但胎儿情绪活动的时间较其母亲要长些。这意味着，在消极情绪状态下，当恐惧过后，母亲的精神已开始放松，但婴儿并不知道恐惧的对象已经消失，仍在继续对情绪活动产生的化学物质进行着反应。[2]另有研究表明，孕期的焦虑及抑郁等负性情绪无论出现在产前还是怀孕中期，均易导致胎儿早产、出生体重低、胎儿精神不正常等不良妊娠结果。长期处于抑郁、焦虑状态的孕妇产出低体重儿的概率明显较高，母亲的负面情绪状态成为限制胎儿在子宫内生长的高危因素。孕期母亲的不良情绪对婴幼儿的负性影响结果既体现在婴幼儿自身包括脑生理

---

[1] 张惠，薛晓玲，刘晓江.居住环境与分娩方式的关系［J］.中国妇幼保健，2005（16）：2117.

[2] 张琳.母亲情绪对胎儿的影响［J］.心理科学通讯，1983（01）：48.

结构功能及其发育方面，也体现在母婴之间包括亲代之间基因遗传及母婴互动质量方面。在大脑结构功能变化方面，孕妇处于焦虑、紧张状态可能会影响胎儿大脑的最终发育，且存在远期持续性效应。孕期有焦虑情绪的母亲，其婴儿的情绪比正常母亲分娩出的婴儿更易发怒，睡眠不佳和喂养问题发生率高。焦虑症可以从母亲遗传给后代。[1]家庭氛围以及家庭成员之间的关系对胎儿及其出生后生长发育的影响也很大。比如，夫妻之间产生矛盾而引起妻子生气、伤心、难过等不良情绪，都可能会引起胎儿的不良反应，增加胎动次数而消耗过多能量，导致胎儿体重偏低或自我保护能力较低等。而且，也易导致新生儿的认知、情感发育迟缓、行为功能低下，这些因素对婴幼儿以后的生长发育、心理健康等都将产生不良影响。

3.母体外的环境

孕期母体外的环境主要指孕妇生活的家庭环境和外部环境，其中外部环境又包括工作环境、自然环境和社会环境。这些环境既涉及物质层面的环境，也包含精神层面的环境。

（1）家庭环境

家庭环境包括物质环境和精神环境。孕妇生活的家庭物质环境有助于胎儿的发育和发展。胎儿的发育受母体的营养状态、内分泌代谢环境、合并症和社会环境等的影响。[2]经济条件较好的孕妇家庭可以购买各类对孕妇和胎儿有营养的食物；可以考虑购买或置换比较大的房子；购买孕妇装以及孩子出生后的各种生活用品、玩具、书籍等。另外，孕妇经常活动的家里，温度和湿度应适宜，家具摆放整齐，房间干净整洁，家居布置简单、温馨、高雅且无污染。有条件的孕妇还可以请相关专家为自己设计怀孕期间的居住环境，比如将墙面刷成浅蓝色或浅绿色，同时拓印一些树叶之类的图案，孕妇待在这样的环境，心情愉悦，情绪良好，有利于胎儿的健康成长。

值得注意的是，孕妇还需要有良好的饮食习惯，否则也会对胎儿造成不良影响。比如孕妇如果抽烟，其烟草中的尼古丁和烟雾中的氰化物、一氧化碳，都可能导致胎儿的缺血和缺氧，出现胎儿营养不良、发育迟缓，还可能造成胎儿的中枢神经系统发育异常，出现胎儿智力障碍等。孕妇如果喝酒，酒精会通过胎盘进入胎儿体内，而酒精的代谢会阻止胎儿对于营养物质的吸收，影响胎儿的正常生长发育，甚至停止发育，酒精还会影响胎儿的中枢神经系统，使智力发育受损，有可能引起胎儿畸形。怀孕期间，准妈妈也尽量不要喝咖啡。因为咖啡中含有咖啡因，母体吸收之后会通过胎盘的血液循环进入胎儿的体内，影响胎儿的生长发育。大量的咖啡因还容易刺激胎儿的神经发育，刺激子宫收缩，导致血液循环增加，容易引起胎儿流产或者早产的可能。[3]

孕妇生活的家庭精神环境也很重要。除了孕妇需要有乐观开朗、积极向上的情绪外，孕妇的家庭成员之间关系应尽量和谐。比如夫妻关系和睦，丈夫体贴妻子在孕期的种种不适等症状，并给予及时的安慰与理解，都能有助于缓解孕妇的烦躁、焦虑等不良情绪；与此同时，丈夫经常陪伴怀孕的妻子在家听听音乐，贴着肚子对胎儿说说话、念儿歌等，陪怀孕的妻子到居住的小区或附近风景优美的地方散步，这既是胎教的有效方法，也有助于孕妇形成良好的心情。再者，家中其他成员也应随时关注孕妇的情绪变化，并提供必要的安抚或安慰，为孕妇营造健康和谐的家庭氛围。

（2）外部环境

孕妇生活的外部环境包括自然环境、社会环境和工作环境。孕妇工作岗位的类型以及孕妇所在的自然环境和社会环境都将对胎儿的各个器官发育产生影响。要确保外部环境安全、无任何污染。孕妇应远离放射性辐射的环境，否则容易影响胎儿的大脑、眼、耳、鼻等器官的正常发育。孕妇的

[1] 王婷雪，徐秀.孕妇情绪对胎儿及婴幼儿影响的研究进展［J］.中国妇幼卫生杂志，2015，8（05）：71-74.

[2] 彬山阳一，村田和平，马怀珂.子宫内发育迟延（IUGR）的胎儿和内分泌环境［J］.国外医学·妇产科学分册，1987（02）：92.

[3] 郭彦君.咖啡因暴露对胎儿生长发育的影响［J］.中外医学研究，2012（36）：151.

工作环境、周围环境等还应无空气、水、烟尘、噪声等污染，否则将对胎儿的大脑神经系统、血液循环系统、听力系统等的生长发育带来不良影响，比如，孕妇应尽量避免吸二手烟，不能待在有人正在吸烟或曾吸烟的环境中。总之，怀孕期间，孕妇要注意自己生活的外部环境是否有影响胎儿生长的不良物体或污染源等，尽量选择适合自己和胎儿生长发育的良好外部环境。

（二）1～3岁婴幼儿生活的环境类型及其影响

1～3岁婴幼儿生活的环境类型主要有家庭环境、托育机构的环境和社会环境等。

1. 家庭环境对婴幼儿发展的影响

婴幼儿生活的家庭物质环境和家庭精神环境对其身心健康发展具有重要的影响。

一是家庭物质环境影响婴幼儿的健康发育。比如父母的经济收入，父母及婴幼儿居住的小区及周围环境，父母及婴幼儿的住房，为婴幼儿提供的家具、服装、婴儿车、玩具、学习和生活用品，为婴幼儿创设的活动场所及其设备设施等。这都需要父母提前考虑并准备。

二是家庭精神环境影响婴幼儿的个性特征。家庭精神环境主要是指父母的文化水平、家长的教育理念以及教养方式、家庭文化氛围、家人之间的关系、家长的为人处世等都对婴幼儿的个性发展产生很大的影响。家庭成员之间关系和谐，家庭氛围良好，家人之间的交流与互动等，会时刻影响婴幼儿感知觉的发展。研究表明，从家长教育素养来看，家长的家庭教育观念、家庭教育知识、家庭教育能力均对儿童问题行为有显著负向影响，也就是说家长教育素养越高，儿童问题行为相对较少。而家长的教育素养影响其教养方式，不同家长的教养方式对孩子的行为影响较大，比如，生活在温暖、包容、平等家庭中的孩子会潜移默化地将家人之间的友善内化到自身的行为中，而过分严格、惩罚、控制的家庭教养方式导致儿童出现问题行为的概率更大。当然，孩子的性别、年龄、认知水平等个体特征也会影响父母对教养方式的选择。[1]因此，家庭教养方式的选择需要考虑不同年龄段婴幼儿的发展需求和特点。

2. 托育机构环境对婴幼儿的影响

托育机构的保教环境是保教人员根据婴幼儿身心发展规律和特点精心设计和创造的，是最有利于婴幼儿健康成长和潜能开发的物质和精神条件的总和。[2]托育机构可以为婴幼儿提供集体生活的环境，有利于婴幼儿社会性的发展。

环境作为一种"隐性因素"，对0～3岁婴幼儿的发展扮演着相当重要的角色。《上海0～3岁婴幼儿教养方案》指出：环境是有生命的，托育机构的环境是经过精心设计与创设的。托育机构的环境由机构的活动空间、范围和场所、玩具设备、人际关系、园所氛围等组成，这些环境既包含了物质环境，也涉及精神环境。托育机构的精神环境和物质环境是婴幼儿日常生活中对他们产生影响最大的因素。因此托育机构的保教人员应为婴幼儿创设安全健康的物质环境，同时为他们营造轻松愉悦的精神环境，这对于婴儿的身心发展来说都是极其重要的。

建构主义者认为，婴幼儿各方面的能力是其与环境相互交往的过程中发展起来的。为婴幼儿创设有目的且能系统影响婴幼儿的托育机构环境，可以为婴幼儿与环境持续不断地进行互动提供机会。婴幼儿需要保教人员为他们提供丰富多彩、造型可爱、色彩鲜艳、温馨和睦、自由但有秩序的环境。保教人员精心创设的环境，是促进婴幼儿身心和谐发展、加强依恋关系最强的纽带，能较好地促进婴幼儿智力、个性、社会性等方面的发展。保教人员为婴幼儿营造安全宽松的环境，能使他们放松身心，养成良好的生活习惯，培养和谐的人际关系等。托育机构中人员之间平等和谐的关系，装修设计简洁、温馨且以柔性"原木色"为主调的像"家"一样的环境可以让婴幼儿感到亲切。

---

[1] 向蓉，雷万鹏.家庭教养方式如何影响儿童问题行为？［J］.教育与经济，2021，37（05）：50-52.

[2] 李丰.保教知识与能力［M］.北京：光明日报出版社，2016：263.

婴幼儿的发展主要依靠他们自己主动与外部世界联系。因此，保教人员在创设卫生安全、结构合理，有利于婴幼儿德、智、体、美、劳诸方面发展的物质环境和精神环境的同时，应紧紧围绕教育目标和教学内容，注意给婴幼儿留有想象创作的空间，以便更好地调动他们参与的积极性，充分发挥他们的主体作用，激发他们主动参与创设他们所喜爱的环境，从而促进婴幼儿的全面发展。因此，保教人员应营造既能满足婴幼儿发展需要、又能将环境创设与教育目标有机结合，促进婴幼儿主动与环境互动的环境。而且，托育机构环境对婴幼儿的影响是在潜移默化的过程中产生的，透过形象化、教育化的环境，可以让婴幼儿在与环境接触中认识各类事物。托育机构可以在每个区角为婴幼儿提供可操作的空间、富有童趣的设备设施、稳定的生活作息制度等物质与管理环境，让婴幼儿切身体验亲身操作带来的愉悦和成就感，以便能更好地激发婴幼儿的探索兴趣和欲望。

托育机构环境对婴幼儿的影响主要包括以下四个方面。

（1）有助于婴幼儿良好习惯的养成

托育机构干净整洁的环境，和保教人员按时引导婴幼儿清洗手部、脸部以及身体卫生，有助于培养婴幼儿讲卫生的良好习惯。托育机构的布局科学合理，区角材料的投放符合婴幼儿的兴趣爱好，且摆放的各种器材整齐有序，有助于培养婴幼儿良好的秩序感。在区域中投放合适的材料，并让婴幼儿亲身操作这些器材，有助于培养他们积极主动、认真专注、敢于探究和尝试的良好习惯。托育机构为婴幼儿设计的符合其身心发展需求的各种规章制度和活动规则，有助于培养他们遵守公共秩序的意识。

（2）有助于婴幼儿智力的开发

首先，为婴幼儿创设安全健康的环境，可以让他们切身感受到来自成人的关爱，在这样的环境中他们会充满自信，敢于探索未知世界，有助于拓宽他们的视野，促进思维的发展。安全温馨的托育环境能给婴幼儿带来舒适的体验，这是对托育环境最基本的要求。托育机构的保教人员不但要保证婴幼儿的基本安全，也要考虑他们是否能够辨别环境中的"风险"，为今后的成长做好准备，这就需要保教人员在日常生活中为婴幼儿创设真实体验的机会。其次，还应为婴幼儿创设体验其他丰富多样环境的机会，以此促进他们智力的发展。因此，有必要为婴幼儿创设符合其身心发展特点的区角环境，并在不同的区域投放相应的器材。婴幼儿操作材料的过程也会不同程度地促进他们认知、情绪、情感、社会性、语言等领域的发展。在操作这些材料的过程中，婴幼儿之间还会不断交流、讨论和合作，这也能促进他们智力的综合发展。

（3）有助于婴幼儿各种能力的发展

托育机构的保教人员有计划、有目的地训练婴幼儿，有助于培养其肢体能力、审美能力、语言表达能力和逻辑思维能力。比如，保教人员引导家长竖着抱婴儿及训练抬头，以及训练12个月的婴儿独自站稳，有助于他们肢体能力的发展，同时也为他们更复杂的动作发展提供一定的基础。保教人员训练婴儿参与进食活动以及引导他们独自捧奶瓶喝奶，有助于婴幼儿抓握技能的掌握，这些技能为他们以后灵巧地抓取物品、搭建积木、握笔等奠定良好的基础。[1]托育机构创设的适宜环境，能较好地激发婴幼儿的操作欲望，比如在区角提供串珠子、叠衣服、舀水、夹豆子等操作活动，在益智区提供磁铁钓鱼、穿扣子、扦插等活动，能较好地锻炼婴幼儿的手眼协调、手部精细动作以及手部控制能力；而托育机构提供的诸如敲击乐鼓、色卡配对、翻绳游戏、益智七巧板等综合活动，以及保教人员引导婴幼儿进行的手指点画、树叶粘贴画、创意折剪、撕纸等各种手工活动，在让他们的手部肌肉和手部力量得到锻炼的同时，也促使他们形成基本的审美意识。托育机构为婴幼儿提供融合音乐和舞蹈的韵律操或肢体操，可以较好地培养婴幼儿的韵律美

---

[1]　徐秀，等. 婴幼儿抚育环境和动作发展的研究［J］. 中国儿童保健杂志，2007（05）：455-456.

感。我国儿童教育专家孙瑞雪曾经说过："手是人类最高的智性工具。"保教人员可以为婴幼儿提供更多动手活动，让婴幼儿在灵巧双手的同时促进大脑潜能的开发。保教人员还可以为婴幼儿创设谈话环境、阅读环境等，这样可以较好地培养婴幼儿的语言表达能力。比如保教人员引导婴幼儿说说自己操作器材的方法、绘制作品的体会、聆听或阅读故事后的感受等活动，可以激发婴幼儿逻辑思维和语言能力的发展。婴幼儿自己阅读图书，不断欣赏优美的图画、了解新鲜事物，可以较好地丰富其心灵并满足其好奇心，发展观察、判断、记忆等能力。托育机构可以色彩明快的装饰品装修墙面，同时辅以海洋、绿地、天空等具有远观视觉效果的景物，不仅能使婴幼儿身心愉悦、引发兴趣，还能激发婴幼儿的想象力。托育机构为婴幼儿创设的户外活动环境，并带领他们在花草树木之间进行各种游戏或体育活动，可以较好地训练他们的钻、爬、走、跑、攀等运动能力以及肢体的灵活性。

（4）有助于婴幼儿社会性的发展

良好的托育机构环境有助于保教人员组织婴幼儿开展集体、小组或个别化活动，并引导他们在活动中相互学习、讨论、交流或合作。比如，保教人员可以在不同的区角为婴幼儿提供充足的器材，让他们选择自己喜欢的器材开展集体或小组活动，有利于培养婴幼儿的团队合作意识，进而与保教人员和其他伙伴建立起良好的关系。环境对婴幼儿的气质形成也有较大的影响。气质是婴幼儿出生后最早表现出来的一种较为明显而稳定的个性特征，它让婴幼儿的行为和反应带上独特的个人色彩，影响他们的亲子关系、早期社会交往、个性形成、认知发展以及早期教育等各个领域。个体因素和环境的相互作用决定气质的表现，在人类生活的早期，气质特征或许更多受先天因素的制约，但随着孩子与环境交往的日益增多，环境在气质的影响因素中所占比重日益增大。[1]因此，托育机构中的物质环境，以及保教人员的年龄、性别、性格特点、文化水平等精神环境对婴幼儿的气质有很大影响。

3.社会环境对婴幼儿的影响

婴幼儿所生活的时代背景和社会条件对婴幼儿发展有很大的影响。具体来说，社会经济状况、政治制度、文化传统、风俗习惯等可以直接或间接地影响婴幼儿发展。而且，环境有助于婴幼儿的认知启蒙和个性发展。随着婴幼儿的成长，生活环境中一切物质刺激和人际互动都在自发地对婴幼儿的认知产生作用。比如，婴幼儿的父母如果经常带他们去动物园、博物馆、商场等，这些环境会让婴儿视野开阔，知识丰富。很多发达国家建设的儿童友好型城市，为婴幼儿提供专门的步行道以及不同类型的游乐场或街头公园，让婴幼儿有更多的户外活动，有效地增强了婴幼儿的体质和各种运动技能。与此同时，这些国家和城市中建有婴幼儿专用图书馆、书店、电影院，同时还提供符合婴幼儿身体高度的便池、洗手池或食堂等配套设施。这为婴幼儿的认知与个性发展提供了更舒适的环境。

总之，环境是重要的教育资源，一方面保教人员及父母等应为婴幼儿创设不同的、符合他们身心发展需求的物质环境，为他们提供丰富多彩的器材并引导他们进行各种活动；另一方面，还要为婴幼儿创设健康和谐的精神环境，充分发挥不同类型环境的隐性教育功能，更好地促进他们的身心健康发展。

视频

社区中的儿童玩乐设施

---

[1] 黄春香，等.婴幼儿气质与家庭环境的关系［J］.中国临床心理学杂志，2001（03）：184-186.

知识拓展 1.5

适合儿童生活的城市环境

　　根据2021年公布的第七次全国人口普查数据显示，我国0～14岁人口为2.53亿人，占17.95%；城镇化率约为64%，也就是约有1.62亿的儿童居住在城市中。我国正处于人口结构变化的时期，加强对儿童权益的关心和重视，建设符合不同年龄段儿童生活的城市环境，让儿童能够在其中健康快乐地成长，是值得全社会重视的话题。只有这样，适合儿童的生活空间才能得到有效的保障与实施。

小　结

　　婴幼儿的生长发育具有独特性。0～3岁婴幼儿在胎儿期、出生后到1岁的婴儿期、1～3岁的幼儿期，其生理和心理发展都具有不同的规律和特点，家长和托育机构的保教人员应根据其发展规律和特点，为他们提供不同的环境。环境是指对婴幼儿生长发育产生影响的空间中一切人、事、物的总称。根据不同的划分标准，可以将环境划分为不同的类型。婴幼儿生活的环境主要包括家庭环境、托育机构环境和社会环境。环境对婴幼儿的生长发育有极其重要的作用，而且不同的环境对婴幼儿的作用不同。因此，要根据婴幼儿的身心发展规律和特点，为他们创设适合其生长发育的环境。

在线练习

思考与练习

一、单项选择题

1. 通常所说的婴幼儿是指（　　　）的孩子。
   A. 0～3岁　　　　　　　B. 1～3岁　　　　　　C. 3～6岁　　　　　　D. 0～6岁

2. 按照生态系统划分，环境可分为（　　　）。
   A. 小系统、中系统、大系统和超大系统
   B. 微观系统、中间系统、外层系统和宏观系统
   C. 核心系统、中间系统、大系统和外围系统
   D. 自然环境、物质环境、精神环境

3. 婴幼儿大动作训练要做到（　　　）。
   A. 时间短，次数少　　　　　　　　　　B. 时间长，次数少
   C. 时间长，次数多　　　　　　　　　　D. 时间短，次数多

4. 婴儿的精细动作技能发展越好，标志着（　　　）越好。
   A. 婴儿手眼协调能力
   B. 人的大脑神经、骨骼肌肉和感觉组合的成熟度
   C. 设计和选择精细动作游戏与婴儿手部肌肉的发展匹配得
   D. 婴儿的认知能力随两手动作发展得

5. 培养婴儿思维能力的有效方法是（　　　）。
   A. 概括思维教育　　　　　　　　　　　B. 抽象思维教育
   C. 想象思维教育　　　　　　　　　　　D. 用实物、声音、色彩和感觉等直观方法

二、简答题

1. 婴幼儿的生长发育指什么？
2. 婴幼儿生长发育的一般规律是什么？

三、实训任务

案例：从镜子中认识自己

在某早教机构的自我认知区中，李老师经常抱着婴儿照镜子，边照镜子边问婴儿："你看，镜子里的孩子是谁呢？是宝宝在镜子里呢！"然后拿起镜子旁的帽子给婴儿戴上，再继续照镜子，并告诉他："看，宝宝戴上了帽子。"

考核一：为什么李老师要抱着婴儿照镜子？

考核二：带着孩子照镜子的注意事项是什么？

聚焦考证

一、单项选择题

1. 婴幼儿胸廓的特点是（　　　）。

   A. 胸廓较短 　　　　　　　　　　　B. 前后径相对较长、呈圆筒状

   C. 肋骨呈水平位 　　　　　　　　　D. 以上都是

2. （　　　）阶段的婴儿，随着自己手动作的发展，会用手指出听到名称的物和卡片。

   A. 0～6个月 　　　　　　　　　　　B. 7个月至1岁

   C. 1岁1个月至1岁6个月 　　　　　　D. 1岁7个月至2岁

3. 根据婴幼儿不同的年龄特征为其提供适宜的发展环境，并促进每个孩子全面、和谐地发展，这体现了环境创设的（　　　）原则。

   A. 开放性 　　　　　　　　　　　　B. 参与性

   C. 教育目标的一致性 　　　　　　　D. 发展适宜性

4. 婴幼儿环境创设主要是指（　　　）。

   A. 购买大型玩具 　　　　　　　　　B. 安装塑胶地板

   C. 合格的物质条件和良好的精神环境 　D. 选择较清静的场所

5. 环境有利于教育目标的实现，是说环境的创设要体现环境的（　　　）。

   A. 目的性 　　　　　　　　　　　　B. 优美

   C. 教育性 　　　　　　　　　　　　D. 多样性

二、判断题

1. 托育机构、亲子园、家庭、社区是创设婴儿全面发展的社会环境所需整合的教育资源。（　　　）
2. 婴儿新陈代谢旺盛，易出汗，皮肤易受损害。（　　　）
3. 怀孕期间的女性尤其要注意其居住环境、办公环境是否安全、环保。（　　　）
4. 婴幼儿期消化功能尚未成熟，婴幼儿易患消化紊乱、腹泻、营养不良，上呼吸道感染等疾病。（　　　）
5. 家长与婴幼儿交谈时，要选择与家长生活相关或自己感兴趣的话题进行交谈。（　　　）

模块二
托育机构安全环境创设

模块导读

　　本模块主要阐述托育机构室内外及其所在社区的安全环境创设的相关知识和技能，通过案例分析、理论知识学习及图片等帮助学习者掌握托育机构环境创设的原则、要求及内容。要求学习者在理论学习的基础上，把握托育机构安全环境创设的总体原则，明确托育机构安全环境创设的基本要求。通过对本模块的学习，以期学习者能清楚地了解托育机构安全环境涉及的各个领域，理解安全创设环境的原则，能根据所学理论知识独自创设安全的托育机构环境，同时还能就现实生活中托育机构的环境进行评价，明辨其存在的安全隐患并提出改进或完善建议等。

学习目标

　　1. 了解托育机构的选址及建筑要求。
　　2. 掌握托育机构室内外和所在社区的安全环境创设的相关知识和技能。
　　3. 运用所学知识分析托育机构安全环境创设的优缺点，并提出改进措施。
　　4. 树立安全的环境观和育人观，将所学安全环境创设的相关知识和技能融入托育机构内外环境设计和创设中，充分发挥安全环境在婴幼儿成长过程中的有效作用。

内容结构

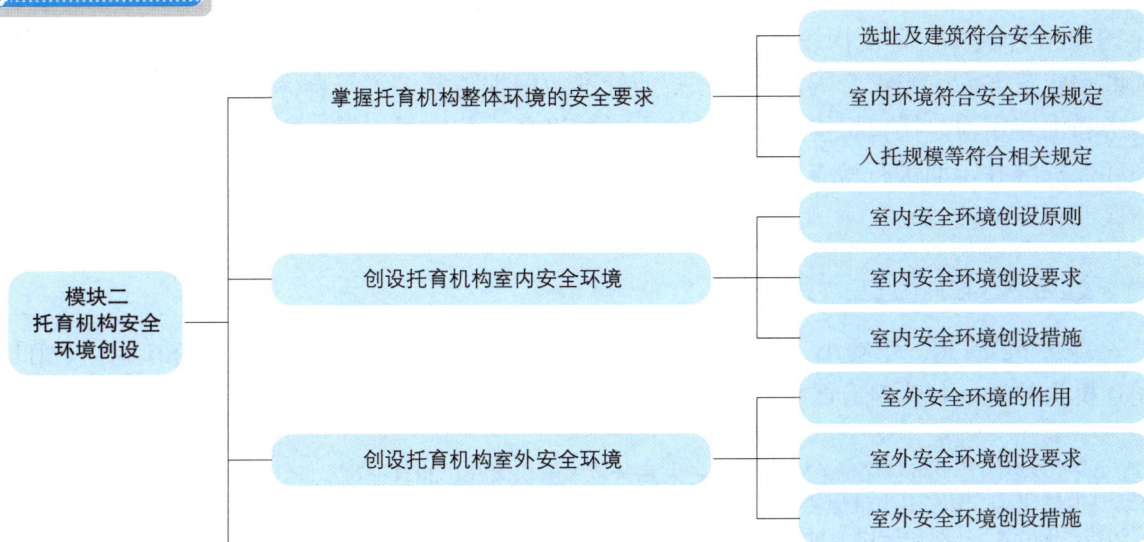

模块二 托育机构安全环境创设
- 掌握托育机构整体环境的安全要求
  - 选址及建筑符合安全标准
  - 室内环境符合安全环保规定
  - 入托规模等符合相关规定
- 创设托育机构室内安全环境
  - 室内安全环境创设原则
  - 室内安全环境创设要求
  - 室内安全环境创设措施
- 创设托育机构室外安全环境
  - 室外安全环境的作用
  - 室外安全环境创设要求
  - 室外安全环境创设措施

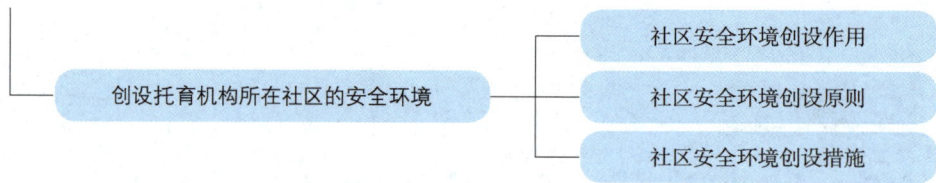

```
                                                      ┌─── 社区安全环境创设作用
                                                      │
       创设托育机构所在社区的安全环境 ─────────────┼─── 社区安全环境创设原则
                                                      │
                                                      └─── 社区安全环境创设措施
```

任务一 掌握托育机构整体环境的安全要求

案例导入

托育机构为婴幼儿提供的文具的规格与造型应在最大限度上符合婴幼儿的生理特点，且使用方便，不会增加视力负担。比如，油画棒、水彩笔、蜡笔、铅笔及绘画颜料等均不能含有有毒色素或其他有毒物质。笔杆上所涂颜料应有不易脱落、不溶于水和唾液的透明漆膜，笔杆粗细应适中，过粗或过细的笔杆会引起婴幼儿手腕部的疲劳。婴幼儿书写和绘画时所用的纸张以白色或浅色为宜，要求质地结实、坚韧。[1]

任务要求

1. 了解托育机构的选址及建筑安全标准。
2. 熟悉托育机构内各个区域环境的安全要求。
3. 了解入托规模及师幼配备的相关知识。

托育机构主要是指通过全日托、半日托、计时托、临时托以及亲子活动等方式为0～3岁婴幼儿及其家长提供早期护理和教育服务或指导的组织机构。托育机构的环境主要包括室内环境、室外环境和所在社区的环境。

园舍内外安全是托育机构关注的重点，创设安全的托育机构内外部环境需要考虑很多因素。2019年国家出台的《托育机构设置标准（试行）》和《托育机构管理规范（试行）》规定，托育机构在选址和建筑方面应当符合国家标准和行业标准，根据需要设置符合标准要求的生活用房、服务管理用房和供应用房。托育机构的房屋装修、设施设备、装饰材料等，应当符合国家相关安全质量标准和环保标准并定期进行检查维护。[2]机构内的各种房屋及室外活动场地、温度湿度等都需要考虑其环保性和安全性。

一、选址及建筑符合安全标准

0～3岁的婴幼儿，年龄小，能力弱，需要在高度安全的环境中生活、学习和运动。因此，我国对托育机构的选址和建筑有严格的规定。

---

[1] 赵青.0—3岁婴幼儿卫生与保育［M］.北京：北京师范大学出版社，2021：247.

[2] 国家卫生健康委.国家卫生健康委关于印发托育机构设置标准（试行）和托育机构管理规范（试行）的通知［R/OL］.（2019-10-16）［2022-01-18］.http://www.gov.cn/xinwen/2019-10/16/content_5440463.html.

（一）选址符合国家安全标准

托育机构的选址要符合国家标准。对于0～3岁的婴幼儿来说，生命安全尤为重要，托育机构的选址必须把事关安全的因素放在首位，杜绝或避免意外伤害事故的发生。2019年国家卫生健康委印发《托育机构设置标准（试行）》和《托育机构管理规范（试行）》，明确规定：托育机构周围150米范围内没有加油站、加气站、输气和输油管道、高压供电设施、通信基站、医院、垃圾和污水处理场地等。[1]

而且，托育机构是实施婴幼儿护理和早期教育的场所，应当为孩子们提供健康、安全，环境优美的生活和活动环境。托育机构的选址还应考虑舒适性，托育机构应选址在地质条件好、环境适宜、风景优美、治安环境良好的地方。

（二）整体建筑符合安全要求

首先，托育机构的建筑必须在坚持依法依规的前提下，整栋楼房设计符合婴幼儿生理和心理成长规律，确保安全卫生第一，做到功能完善、配置合理、绿色环保。由于婴幼儿身体尚未发育成熟，抵抗力弱，对外界环境适应能力差，因此，托育机构的整体环境首先必须确保婴幼儿安全、卫生、适用，其整体建筑设计应满足婴幼儿护理和早期教育的日常使用要求，整个环境有益于婴幼儿的身心健康成长。[2]《托育机构设置标准（试行）》和《托育机构管理规范（试行）》两个文件明确规定，托育机构的整体建筑应符合国家工程建设标准和行业标准。比如，整体建筑物的楼高与楼间距、活动场地面积与环境创设设计、不同区域配备的设备设施等，都应按照国家相关规定进行合理规划和科学布局。在建筑设计方面还应遵循节约土地、能源等国家准则，符合环境保护的基本方针。

其次，托育机构的整体建筑设计应具有防御各类重大意外灾害的能力和应对措施，各类新建房屋应严格按照抗震防震标准进行规划、设计、建造、施工和验收。比如整体建筑必须符合国家《建筑设计防火规范》的要求。我国规定儿童用房只有防火等级达到一、二级时才可以设置在三层，但不得超过三层；如果防火等级属于三级的，则不能超过二层，如果防火等级属于四级的，则不应设置在二层。因此，托育机构最好设在底楼。设置在二、三楼的托育机构，楼下应没有油烟较大的餐饮机构以及污染、噪声比较大的汽车维修店等；从三楼到二楼和底楼的左右两侧应均有消防安全通道等。托育机构最好选择交通方便如私家车、公共汽车、地铁或城际铁路方便到达以及交通不太拥挤的地方，机构附近最好有停车场、停车位以及不太容易堵车的地方。[3]机构整栋楼的每个楼层采光应较好，房间至少一面有窗，日光照射充足，具备通风换气条件；室外有阳台或露台的，应设置遮阳棚或遮雨伞。每层楼的楼层间隔需要在3.5米以上，整栋楼至少承载80千瓦电负荷量。

再次，托育机构的整栋建筑最好独立设置，整栋建筑相对封闭，周围应设有围墙并使其不受外界影响。独立建筑的托育机构，要重视围墙的设计，通常高度不得低于2米，围墙上方应设有红外感应报警电子围栏，这样可以防止不法分子和盗贼进入托育机构。托育机构的建筑不宜与其他建筑合建。若不得不合建的，可与居住、养老、教育、办公等建筑合建，但应符合相关规定。如已有建筑经有关部门验收合格，应符合抗震、防火等安全方面的规定；应有独立的疏散楼梯和安全出入口，出入口处应设置人员安全集散和车辆停靠的空间；有独立的室外活动场地并采取栅栏隔离；建筑出入口及室外活动场地范围内有防止物体坠落的设施。合建的托育机构办园建筑规模应确保每

---

[1] 国家卫生健康委.国家卫生健康委关于印发托育机构设置标准（试行）和托育机构管理规范（试行）的通知［R/OL］.（2019-10-16）［2022-01-18］.http://www.gov.cn/xinwen/2019-10/16/content_5440463.html.

[2] 深圳市卫生健康委员会.市卫生健康委关于印发深圳市托育机构设置指南的通知［R/OL］.（2021-04-22）［2022-03-08］.http://wjw.sz.gov.cn/wjtz/content/post_8714766.html.

[3] 国家卫生健康委.国家卫生健康委关于印发托育机构保育指导大纲（试行）的通知［R/OL］.（2021-01-12）［2021-09-30］.http://www.nhc.gov.cn/rkjcyjtfzs/s7785/202101/deb9c0d7a44e4e8283b3e227c5b114c9.shtml.

个年级在三个班及以下，不能超标。

二、室内环境符合安全环保规定

托育机构室内环境应保证其安全健康，即没有污染和安全隐患。此外，托育机构应建立安全的管理制度。

（一）内部环境安全健康

托育机构的相关人员有责任为婴幼儿创建安全、环保且富有童趣的内部环境。这样的环境不仅有益于婴幼儿的身心健康发展，而且对他们的智力开发、性格养成以及良好习惯的培养都有很大的帮助。托育机构应当配备符合国家安全质量标准和环保标准以及婴幼儿月龄特点的各种设备设施。其中，机构室内空间应有较好的通风采光条件，配备日常照料和游戏活动所需的娱乐及玩耍设施、儿童陈列品等。休闲舒适的设施具体体现在：地上可以铺上地毯或其他较软的地垫、抱枕，入口处提供可以互动的机器人等；同时还要有针对保教人员和家长参与培训的环境创设，以提升环境这一隐形资源对保教人员和家长的教育意义。[1]

（二）建立健全安全管理制度

第一，托育机构应当建立并落实安全管理的主体责任制。托育机构要建立健全安全防护措施和检查制度，配备必要的安保人员及防暴设施。托育机构应当建立完善的婴幼儿接送制度，婴幼儿应当由其监护人或家长委托的其他亲朋好友接送。

第二，应建立伤害防控制度，制订伤害防控应急预案，可以通过四个方面开展。一是要根据现有法律和相关规定要求，落实安全管理的主体责任，健全细化安全防护制度，认真执行各项安全措施。二是要排查并去除托育机构内环境安全隐患，提升环境安全水平。三是要规范和加强对婴幼儿安全知识的教育和培训。保教人员应随时对婴幼儿进行安全教育，并将其渗透到一日常规活动之中，让每个婴幼儿都具备强烈的安全意识。四是要制订重大自然灾害、传染病、食物中毒、踩踏、火灾、暴力等突发事件的应急预案，定期对工作人员进行突发事件应急处理能力培训。五是要配备基本的急救物资。具体如下：① 消毒物品：碘伏或碘伏棉签，酒精或酒精棉片，生理盐水或生理盐水湿巾、消毒湿巾。② 包扎固定物品：纱布绷带，医用胶带，三角巾，有条件的托育机构可配备自粘绷带、止血带、网状弹力绷带、不同型号夹板等。③ 敷料：医用无菌纱布（大方纱、小方纱）、创可贴、干净方巾、棉签。④ 器械：医用剪刀、镊子、体温计、一次性无菌手套、安全别针。⑤ 常用药：退热药、抗生素软膏、补液盐、抗过敏药。⑥ 其他：手电筒、急救手册、急救电话卡、紧急联系卡、急救毯子、冰袋、退热贴；有条件可配备转运婴幼儿用的担架或平板。[2]

三、入托规模等符合相关规定

托育机构的入托规模主要是指机构及班级的规模、入托人数、班级人数、师幼比以及教职员工的配备等要符合国家相关规定。

（一）机构及班级规模合理

托育机构应根据场地条件，合理确定收托规模。《托育机构设置标准（试行）》中指出，目前我国的托育机构有小型、中型和大型三种类型。其中小型机构的班级数为 1 ～ 3 个，中型机构的班级数为 4 ～ 7 个，大型机构的班级数为 8 ～ 10 个。每个班级的入托人数，根据不同的月龄，有不同的人数要求。一般设置乳儿班（6 ～ 12 个月，10 人以下）、托小班（12 ～ 24 个月，15 人以

[1] 赵丹丹 . 保定市早教机构空间与设施现状研究［D］. 河北大学，2020（06）：11-12.

[2] 国家卫生健康委 . 国家卫生健康委办公厅关于印发托育机构婴幼儿伤害预防指南（试行）的通知［R/OL］.（2021-01-20）［2021-09-30］.http://www.nhc.gov.cn/rkjcyjtfzs/s7786/202101/1567222bc85843408693850915575885.shtml.

下）、托大班（24～36个月，20人以下）三种班型。18个月以上的婴幼儿可混龄编班，每个班不超过18人。保教人员与婴幼儿的比例合理，每班应配教师和保育员，且教师不得少于1名；18～24个月幼儿与保教人员的比例应不高于5∶1，2～3岁幼儿与保教人员的比例应不高于7∶1（见表2-1-1）。

表2-1-1　托儿所规模[1]

规　　模	托儿所（班级数）	班　　别		人　数	教师和保育员
小　型	1～3个	乳儿班（6～12个月）		10人以下	2
中　型	4～7个	托儿班	托小班（12～24个月）	15人以下	2
大　型	8～10个		托大班（24～36个月）	20人以下	3

（二）人员配置符合规定

托育机构的人员配备包括教师、保育员、保健员、营养员、财会人员、保安员等人员，这些工作人员应具备身心健康、品行良好、热爱儿童、热爱保育工作等素质。托育机构保教人员的专业素质、道德素养、人际交往能力等对婴幼儿的影响很大。国家对在托育机构工作的人员有相关的资质要求：一是托育机构专职负责人应当具有婴幼儿托育服务与管理等相关专业的大专及以上学历，具有相关的教师资格证或育婴员四级及以上的国家职业资格证书，而且还应具有一定年限的学前教育管理工作经历；二是教师应具有大专及以上学历，并取得四级及以上国家育婴师职业资格证书；三是保育员应当具有中等职业学校或高中及以上文化程度，经所在地妇幼保健机构组织的卫生保健专业知识培训并考核合格；四是保育员应取得保育员四级及以上国家职业资格证书；五是保健员、营养员等托育机构食品安全管理人员、关键环节操作人员应当在取得食品安全知识培训后，获得考核合格的证书；六是保安员应获得相关职业证书。此外，托育机构应重点训练所有员工具有强烈的安全意识；注重在对托育机构工作的人员进行职业道德教育；加强对托育服务工作人员职后教育培训，不断提高托育服务人员的素质；加强对托育服务从业人员管理，建立准入标准、评估监测和淘汰制度，加强过程性监管。[2]

任务二　创设托育机构室内安全环境

案例导入

某托育机构连通走廊与办公室的门是落地式透明玻璃。平时为了方便教师进出，玻璃门基本是开着的。某天，一位老师在离开办公室时顺手关上了玻璃门，办公室附近有一个全托班，孩子们

[1] 中华人民共和国住房和城乡建设部.托儿所、幼儿园建筑设计规范（2019年版）[M].北京：中国建筑工业出版社，2019：01.

[2] 上海市人民政府办公厅关于印发《上海市3岁以下幼儿托育机构管理暂行办法》的通知[J].上海市人民政府公报，2018（10）：53.

正在走廊上自由活动，追逐嬉戏，突然一位小朋友朝透明玻璃门猛冲过去，玻璃门被撞破，而孩子的脸部多处被碎玻璃划破，尽管无生命危险，但面部留下了许多瘢痕，给孩子造成了终身遗憾。这个案例说明了什么问题？

任务要求

1. 了解托育机构室内环境安全的相关要求、创设原则。
2. 掌握托育机构室内不同区域安全环境创设的基本知识和技能。
3. 能运用所学知识创设安全的托育机构室内环境，用实际行动表达对婴幼儿的关心和爱护。

托育机构是婴幼儿离开家庭进入的第一个接受公共护理和教育的场所，且托育机构的室内是婴幼儿在机构中停留时间最长的空间。因此，托育机构室内环境只有让婴幼儿产生在"家"一样的感觉，拥有如同与家人在一起的安全感，才能积极配合托育机构的保教人员。托育机构室内环境包括：楼房的建筑设计、生活用房、管理用房、供应用房、教学用房，室内的走廊、楼梯、墙面、屋顶、卫生间、洗手池、窗户及其护栏，室内各种设备设施，室内的通风采光、温度、湿度等指标都要符合安全标准。否则，就容易出现上文案例中的安全事故，给婴幼儿身心带来不良的后果。

一、室内安全环境创设原则

首先，要建立健全各种安全制度。托育机构应建立全天候的安全防护、检查和监督机制，婴幼儿接送制度，配备必要的安保人员和物防、技防等设施；建立应对突发事件的应急预案；加强消防设施的检查和维护；确保用火、用电、用水、用气安全；建立照护服务、安全保卫等监控体系，其监控报警系统确保24小时设防，婴幼儿生活和活动区域应当全覆盖。监控录像资料保存期不少于90日。[1]排查并及时消除托育机构内部环境的安全隐患，加强对全体员工的护理和教育的规范，针对性地对机构相关工作人员及婴幼儿家长进行安全及伤害预防教育和急救技能培训，定期组织相关人员进行演练，配备基本的急救物资，最大限度地保护婴幼儿生命安全和健康。

其次，内部器材摆放应安全合理。一是要充分考虑整个机构内各个场地的具体位置及其布局。托育机构中各班教室应保持相对独立以避免班级之间相互干扰。由于厨房等场所容易产生气味的飘散而影响婴幼儿的正常教学或生活秩序，因此厨房等供应用房和服务管理用房不应设在教室或生活用房的上面。二是要依据不同婴幼儿的年龄特点，在教室及其他活动场地的配置中尽量体现"以婴幼儿为本"的理念。年龄越小的孩子，其活动场所要尽量安排在最底层，这样方便他们自己或由父母带着进入；生活用房也应布置在底层，因为婴幼儿身体能力较弱，方向感较差，行走较困难，这个年龄的婴幼儿不方便上下楼梯进餐或洗漱。三是室内活动场地的每个角落都应保证在保教人员的视线范围之内。如在规划活动区域时，注意设计方案应确保保教人员能看到教室里每个区域的孩子，不能出现视线死角。

二、室内安全环境创设要求

托育机构室内安全环境创设主要涉及安全的物质环境和心理环境创设，其中安全的物质环境包括整体建筑设计、装修材料和室内设备设施等符合安全。安全的心理环境是指心理环境符合婴幼儿身心发展特点及认知水平。此外还要注意机构内外相关人员的安全意识培养。

---

[1] 国家卫生健康委.国家卫生健康委关于印发托育机构设置标准（试行）和托育机构管理规范（试行）的通知［R/OL］.（2019-10-16）［2022-01-18］.http://www.gov.cn/xinwen/2019-10/16/content_5440463.html.

（一）安全的室内物质环境创设

1.室内各区角设计安全

安全的环境有利于婴幼儿的身心健康发展，能够将伤害事件发生的可能性降到最低。托育机构应统一设计、同步施工，以安全、实用为总体设计思路，做到人性化和经济实用，同时还应考虑到柜子、桌椅凳子的移动性和扩展性，从而最大限度地保障婴幼儿的安全。机构室内环境的每个角落都应保障安全无危害。比如墙体、墙面、墙角、屋顶、门窗、窗台、通道、柱子、走廊、楼梯、台阶，各种设备设施如教玩具及其尺寸，其他物品如药品、清洁剂、灭蚊剂，各种装饰物如窗帘及其拉绳、画框、悬挂物等都要符合安全标准。对一些设备要配备安全装置如消防栓、水闸门、电表、气表、水表等都要有相应的防护和保护措施。[1]

2.装修材质符合环保标准

托育机构的室内装修材料如油漆、地砖、墙砖、地板、墙纸都要选择无污染、天然绿色环保的材料，同时还要注重材质的多样性、柔软性和舒适性。室内装修材料，吊顶的防火要求为A级，墙面、地面、隔断、窗帘等材料不应低于B1级，其他家具、教学、娱乐设施材料不应低于B2级。[2]地面装饰材料宜选用地毯、塑胶板、原木等材料；墙面的装饰材料应选用明亮、活泼、清新的暖色调，避免大面积使用较深颜色。

3.室内设备设施符合标准

托育机构在选购家具、设备、材料时，都必须符合国家法规和现行相关技术标准的要求，并经检验和认证合格，如装修材料、家具以及桌椅板凳的甲醛含量要检查是否超标。根据入托婴幼儿的不同月龄段要选购相应的物品，比如应当配备符合婴幼儿月龄特点的家具、用具、玩具、图书和游戏材料等，并符合国家相关质量安全和环保标准。[3]为婴幼儿配备的桌椅和玩具、教具柜以及其他家具以木质家具为宜，桌椅和玩具应安放平稳牢固而不易翻倒，所有家具必须靠墙牢固放置，不要配置带有滑轮的家具，严禁在吊顶或屋顶悬挂家具；摆放的家具外观良好、无螺丝松脱和掉漆现象，各种物品无毒、无味、无害；婴幼儿桌椅及手指可触及的隐蔽处，不得有锐利的棱角、毛刺及锋利的尖端，最好购置能根据婴幼儿身高，随时可调节高度的桌椅板凳，椅子高度与婴幼儿膝部到脚跟的长度相等，桌子最好配置4人方桌。

（二）安全的心理环境创设

第一，托育机构室内环境应符合婴幼儿身心发展特点，满足婴幼儿年龄特点的实际需要，只有这样才能切实保障每位婴幼儿的安全。婴幼儿的特点与成人不同：一是他们生性好动且稳定性差，有赖于环境为其提供安全行动的支撑，因而安全稳定的环境对他们尤为重要；二是婴幼儿对空间危险性和不安全性因素的体验较少，认知比较简单，无法认识到环境整体布局的不安全元素带来的伤害，因而在活动过程中容易不顾危险而贸然进入一些存在安全隐患的场地。因此，托育机构在设计机构室内环境时，要充分考虑婴幼儿活泼好动的特点，切实考虑其身心发展的特点。比如走廊外有护栏且高度、栏杆之间的细密度以及楼梯台阶的间隔距离都要符合相应的标准，地板或地砖等要注意防滑防潮防摔倒，楼梯扶手使用软质材料加以包裹，物品的直角都要改成圆角等。

第二，要符合婴幼儿的认知水平。苏联教育家苏霍姆林斯基说过："一所好的学校，连墙壁也能说话。"作为一种隐性的教育资源，环境对儿童的成长影响巨大。尤其对于婴幼儿来说，他们正处于发展的黄金期，良好的环境有助于他们形成正确的思想意识和良好的习惯。温馨高雅的环境有

[1]　林秀锦.婴幼儿托育中心的环境规划与室内设计［J］.保育与教育，2012（07）：40.

[2]　颜运才.幼儿园和托儿所建筑消防设计中应注意的问题［J］.山西建筑，2007（32）：53.

[3]　国家卫生健康委.国家卫生健康委关于印发托育机构设置标准（试行）和托育机构管理规范（试行）的通知［R/OL］.（2019-10-16）［2022-01-18］.http://www.gov.cn/xinwen/2019-10/16/content_5440463.html.

利于培养婴幼儿感知美、体验美和表现美的能力。婴幼儿的审美能力具有明显的直观性，所以干净整洁的优美环境对婴幼儿的影响远远大于其他环境对他们所起的作用。而且，婴幼儿感受环境的能力很强，他们通过视听觉和触觉观察并感知环境，能给他们带来心灵上的归属感、亲切感、舒适感和喜悦感，所以适当地变换环境物品也能激发婴幼儿的学习兴趣，使他们更愿意去探索未知。此外婴幼儿对事物的认知，主要通过自身的感知活动来获得，所以托育机构提供丰富多样的物品，能较好地激发婴幼儿主动自我探索并获得相应的知识和经验，从而能够更好地发展。

（三）相关人员的安全意识

1.培养机构内相关人员的安全意识

一是应培养婴幼儿的安全防范意识。保教人员可以结合各项活动，教育婴幼儿不能接近危险的地方，应探索总结寓教于乐又能提高婴幼儿自我保护意识的方式方法，将安全教育活动常态化。二是应定期培训托育机构全体员工，不断提升其安全意识。托育机构工作人员应当掌握急救的基本技能和防范、避险、逃生、自救的基本方法，在紧急情况下必须优先保障婴幼儿的安全。三是托育机构应指派专人兼职消防安全管理人员并明确其职责，加强消防设施维护管理，确保用水、用火、用电、用气的安全。如果保教人员缺乏安全意识或安全观念淡薄，在操作各种器材时顺序混乱，或有机构规章制度不健全等问题，那么婴幼儿发生意外事故的概率就比较大，这会给婴幼儿的身心带来极大的伤害。因此，托育机构要加强全园的安全责任管理以及全体员工的安全意识教育，全体员工要时时、事事、处处把安全工作放在首位。

2.培养园所外相关人员的安全意识

一是托育机构的保教人员应持续不断地指导家长培养安全意识，为家长发放"安全知识宝典"并组织他们学习，具体内容可以涉及婴幼儿在家中的饮食安全、窒息、跌倒、烧烫、溺水、中毒、异物伤害、意外伤害等，帮助家长提高安全防范意识。与此同时，应将托育机构的相关制度及时告知家长，如告诉家长本班婴幼儿的接送制度和入园探望制度，家长进入托育机构探望婴幼儿时需在门卫处填写登记表，若家长需临时或提前接走婴幼儿，务必填写登记表，并由当班保教人员签字后方能离开。二是托育机构应与周边社区相关人员建立密切的联系，将本机构相关的安全规章制度及安全防护措施及时告知他们，一旦发生婴幼儿的安全事故，他们可以及时予以帮助。

三、室内安全环境创设措施

托育机构室内区域主要有生活用房、服务管理用房、后勤保障用房及其他活动区域等。其中，生活用房主要包括婴幼儿的睡眠区、用餐区、盥洗区等；服务管理用房主要有教室、办公室、保健室、财务室、安保室，其他活动区如多功能活动室、大型感觉统合训练室、阅读区、艺术区、建构区、游戏区、角色扮演区、科学区，以及户外活动场地等多个功能区；后勤保障房如厨房、开水间、配电房、消毒室和储藏室；其他场所如楼梯、窗户、护栏、墙面、墙角、走廊、通道、吊顶等。在环境创设时，要考虑其安全性和环保性。而且，不同的区域，安全和卫生要求标准不一样，托育机构应根据相应的标准进行创设。

（一）生活用房

托育机构生活用房应当布置在底层，不得设在地下室或者半地下室。当布置在底层确有困难时，可将托大班布置在第二层并满足防火安全及疏散要求，并设独立的安全出口和疏散楼梯。同一层楼的婴幼儿人数不应超过60人，托育机构室内生活用房人均面积5平方米，具体应包括睡眠区、活动区、配餐区、清洁区、卫生间、储藏区等，其中乳儿班睡眠区面积应≥25平方米，活动区面积≥15平方米。托小班和托大班的睡眠区和活动区可合用，但按照不同月龄的婴幼儿，其教室的面积要有所不同，如托小班面积≥50平方米，托大班面积≥70平方米。托育机构生活用房最好朝向南方，冬季底层满窗日照不应小于3小时，单侧采光的活动室进深不宜大于6.6米，设置的阳台或室外活动平台要不影响生活用房的日照。[1]生活用房里配置的家具或其他生活用具，宜采用整体化设计，且保持风格、样式统一，色调协调，以增强整个机构内部空间的视觉美感。

知识拓展 2.1

营造温馨愉快的就餐环境

托育机构的保教人员为婴幼儿设置良好的就餐环境，有助于他们养成正确的就餐姿势和就餐习惯。比如奖励坐姿和餐具抓握姿势正确、能独立完成进餐的婴幼儿一颗漂亮的"小星星"，并将其贴在婴幼儿照片旁，比比哪位小朋友的"小星星"最多。在就餐的过程中，为他们营造家庭般温馨的氛围也是十分必要的。比如在就餐前保教人员亲切地称呼孩子的小名或乳名，或轻轻抚摸孩子的头部或背部。婴幼儿在这种充满爱意的环境中就餐，可以轻松自由地享受食物带给他们的满足感。[2]

1. 就餐区

婴幼儿就餐环境的优劣直接影响到他们的进餐质量。进餐环境包括物质环境和心理环境两方面。健康的物质环境要求就餐区光线充足、空气流通、温度适宜，餐桌与食具清洁美观，大小适宜，室内地面干爽且具有防滑功能（见图2-2-1）。而且，由于婴幼儿年龄比较小，在托育机构需要为他们冲泡奶粉或米糊等食物，因此，托育机构可以创设食品加工区域，并提供热水器、纸杯、冰箱以及微波炉等（见图2-2-2和图2-2-3）。

图2-2-1 教室内的就餐区   图2-2-2 食品加工区   图2-2-3 热水器

健康的就餐心理环境是指就餐时气氛和谐、轻松自如，成人不强迫婴幼儿进食，就餐时不体罚或批评他们，让婴幼儿保持愉快的进餐情绪。在进餐过程中，师幼之间可以有适当的眼神或语言交流，同时可以将知识教育、情感交流、行为习惯的训练融为一体。进餐环境中的噪声、喧闹、拥挤和污染会使婴幼儿大脑皮层抑制，影响食物的消化与吸收。因此，在就餐时，保教人员还可播放一些轻松、优美的音乐以促进其食欲。比如在万物复苏的春天可以播放充满生气的森林之声；在炎热的夏天可播放清爽柔缓的音乐；在收获的秋天，可播放节奏欢快的音乐；在寒冷的冬天，可选

---

[1] 深圳市卫生健康委员会.市卫生健康委关于印发深圳市托育机构设置指南的通知［R/OL］.（2021-04-22）［2022-06-04］.http://wjw.sz.gov.cn/gkmlpt/content/8/8714/post_8714766.html.

[2] 高慧琴.托班幼儿就餐习惯的培养研究［J］.考试周刊，2009（14）：231.

择音律浑厚的音乐。[1]

2. 睡眠区

睡眠区应与活动区设在同一楼层。而且，婴幼儿的睡眠区域，不得搭建阁楼或夹层，睡眠区应为每位婴幼儿选购一张便捷、易收纳、方便保教人员辅助午休的小床。不应为婴幼儿提供双层床，床位四周不宜贴靠外墙且应与外墙保持不小于0.6米的距离。[2]睡眠区应选在朝南、有窗、有日照及通风好的房间，但是入睡后风不可以直接吹在婴幼儿的身上。婴幼儿的睡眠区域，应避免装修造成的环境污染，严禁使用不符合标准的油漆、板材等装修材料，以免造成甲醛、苯、氨以及放射性物质带来的污染。室温不宜过冷或过热，夏季室温26℃～28℃、冬季19℃～20℃为宜。当然，将室内温度调得过于舒服是不可取的，不能过多使用空调，严禁用电热毯或火炉。婴幼儿入睡后应保持房间黑暗，采光好的睡眠区应配置遮光窗帘。[3]

托育机构若为婴幼儿提供床上用品，所购买的用品要符合我国于2017年12月1日正式实施的《机织婴幼儿床上用品》标准。婴幼儿床上用品色牢度技术指标应符合GB 31701的要求，其中优等品应符合GB/T 33734—2017标准；不能选用有害物质超标的以及带有能被婴幼儿拽下放入口中、塞入耳眼内或吸入鼻孔的小附件产品的婴儿床上用品；选购的带有装饰物的绳索、拉带、带裙等织物用品，其功能性绳带长度不应超过230毫米，装饰性绳带长度不应超过180毫米，可成圈绳带的周长不应超过360毫米；此外，所购买的床上用品其燃烧性以及纤维类和羽绒羽毛填充物都应符合相应的标准。[4]

3. 卫生间

无论哪种类型和性质的托育机构，在条件具备的情况下，都应为每班设置独立且符合婴幼儿实际需求的卫生间，并与其他区域隔开，尤其是全日制托育机构。卫生间应符合我国住房和城乡建设部发布的《托儿所、幼儿园建筑设计规范》规定：① 盥洗区应设淋浴区、尿布台、洗涤池、洗手池、污水池、成人厕位等设施，成人厕位与婴幼儿卫生间分开使用，不能混用。卫生间应由厕所、盥洗室和尿布间组成，应分间或分隔设置。② 卫生间洁具的型号、形状、尺寸都要符合《托儿所、幼儿园建筑设计规范》的规定。如婴幼儿使用的坐便器高度为0.25米以下。[5]③ 托小班和托大班的卫生间面积不宜低于10平方米。托小班的卫生间内应设适合婴幼儿使用的卫生器具如便盆；托大班卫生间应由厕所、盥洗室组成，并将其分间或分隔设置。乳儿班和托小班的卫生间需设置独立尿布间，提供单独配套使用的尿布台、水槽和专用垃圾桶。更换尿布的桌子或台子要符合相应的尺寸，这样可以增加婴幼儿的舒适度，每次使用后应清洁、消毒并及时更换桌面遮盖物，以确保其表面不会被液体渗透或弄脏。为了防止成人在这个过程中感染疾病，建议更换尿布时可以佩戴一次性手套。④ 卫生间便池可以采用感应冲洗装置，既方便使用又节约用水。无窗户的卫生间，应设置防止回流的机械通风设施。⑤ 为保障婴幼儿在如厕期间的安全问题，托育机构的厕所、盥洗室、淋浴室地面都不应有台阶，地面材质应满足易清洗、不渗水、防滑且易于清洁等要求。墙面边缘及洗手池边缘应做圆角设计，防止婴幼儿碰撞受伤。⑥ 卫生间应使用半门或半墙将其隔开，这样不但可以较好地保护幼儿如厕的隐私，也方便保教人员对他们进行近距离监管。盥洗室与厕所之间应有良好的视线贯通。⑦ 寄宿制托育机构应设置独立淋浴室。⑧ 托育机构的卫生间、公共洗衣房等地应设置地漏，其水封深度不得小于50毫米。洗衣机排水应设置专用地漏或洗衣机排水存水弯，

[1] 屈严.“幼儿园进餐流程细化及进餐环境营造的研究”实践系列活动的综合案例分析［J］.都市家教（下半月），2017（04）：226.

[2][5] 深圳市卫生健康委员会.市卫生健康委关于印发深圳市托育机构设置指南的通知［R/OL］.（2021-04-22）［2022-06-04］.http://wjw.sz.gov.cn/gkmlpt/content/8/8714/post_8714766.html.

[3] 张兴利.营造温馨、安全的婴幼儿睡眠环境［J］.早期教育（教育教学），2020（05）：24.

[4] 于龙.对《机织婴幼儿床上用品》标准的认识［J］.纺织标准与质量，2017（06）：18.

避免地漏水封破坏造成有毒有害气体窜入室内，影响婴幼儿健康。⑨ 托育机构每个班级的卫生间以及其他区域的公共卫生间，使用后均须及时清洗并消毒。卫生间应临近活动室或寝室，且开门不宜直面寝室或活动室。⑩ 卫生间整体设计要温馨，让婴幼儿感到舒适安全，配置盥洗台至少要有 4 个水龙头及配套洗手池，其高度要符合这个年龄段的孩子。而且，洗手池应力求美观、有趣，比如可设置不同形状的镜子、动物形象的水龙头、摆放一些绿色植物、张贴卡通图案等（见图 2-2-4）。在寒冷地区，还要确保冬季有适宜温度的热水使用。卫生间若有尿布台，尿布台的正上方可设置小镜子，以便婴儿进行自我观察，这些都有助于让婴幼儿产生愉快的盥洗如厕体验，为他们养成良好的卫生习惯奠定基础。⑪ 每个托育机构应依据婴幼儿年龄及其入托人数配备婴幼儿专用小马桶（坐便器）、小便斗或小便池。每班卫生间的卫生设施不少于相关规定数量，托小班每班至少设 2 个大便器、2 个小便器，便器之间应设较矮的隔断隔开。盥洗台至少设 3 个水龙头及洗手池，高度宜为 0.4 ～ 0.45 米，宽度宜为 0.35 ～ 0.4 米。托大班卫生间可配备一人一坑的蹲坑槽（3 个）、小便斗或小便池（2 个），蹲坑两边装有隔板，隔板处可加设扶手，便于婴幼儿如厕时使用（见图 2-2-5 和图 2-2-6）。

视频

托育机构卫生间

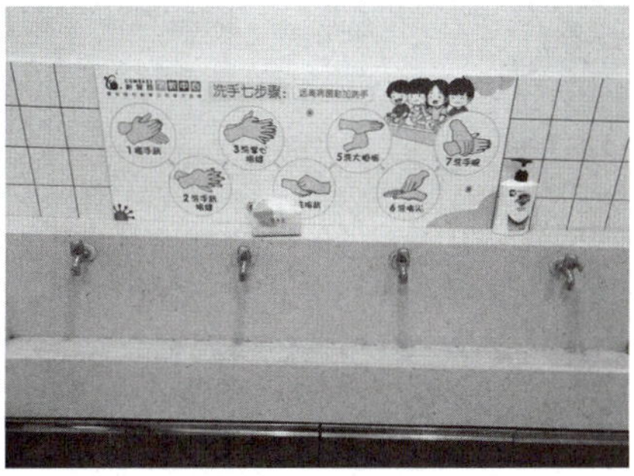

图 2-2-4　洗手池

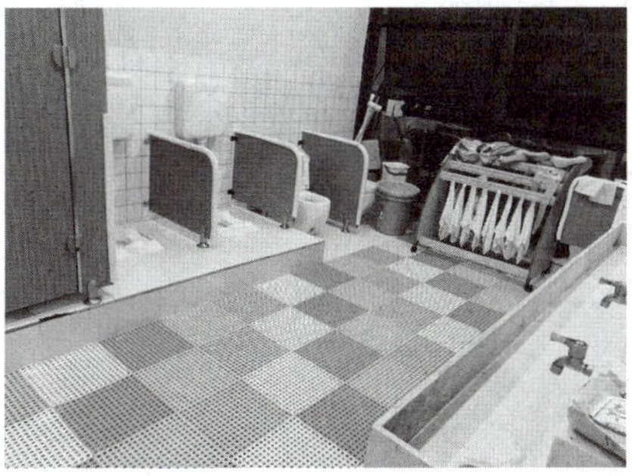

图 2-2-5　便池

图 2-2-6　抽水马桶

知识拓展 2.2

卫生间配套设施要求

卫生间所有设施的配置、形状、尺寸均应符合婴幼儿人体尺度和卫生防疫要求。卫生洁具选购应符合以下规定：① 盥洗池距地面的高度为 0.5 ～ 0.55 米，宽度为 0.4 ～ 0.45 米，水龙头的间距为 0.55 ～ 0.6 米；② 大便器宜采用蹲坑式便器，坐式便器的高度为 0.25 ～ 0.3 米。厕位的平面尺寸不应小于 0.7 米 × 0.8 米（宽 × 深）。[1]

（二）服务管理用房

1. 教室

托育机构的教室是婴幼儿经常活动的地方。作为婴幼儿长期停留的内部空间，教室应设置在通风、采光位置最佳处，房间尽量朝南。托育机构的相关人员还要消除室内污染和不安全的因素，合理摆放室内各种用具，如电线、开关等应布置在婴幼儿伸手不可及的地方，暖气片要安装防护装置等。室内的门窗、日光灯、桌子和墙角的转角等都应合理设计且符合安全标准，而且安放的器材要

---

[1] 中华人民共和国住房和城乡建设部 . 托儿所、幼儿园建筑设计规范（2019 年版）［M］. 北京：中国建筑工业出版社，2019：12.

确保其稳定性并经常检查其螺丝、按钮等是否牢固或破损。[1]比如，在选购桌子时，既要考虑材质也要考虑外形。有的托育机构选购有一定弧度的长条形圆角桌，这种桌子可同时容纳多位婴幼儿，方便保教人员在视线范围能同时看到多个孩子（见图2-2-7）。在教室里，保教人员可投放不同类型的收纳盒，在摆放时应考虑放在低矮、开放、带有标签的柜子上，方便婴幼儿取放。在教室的活动区，保教人员应为婴幼儿摆放小型玩具如平衡木、低矮的攀爬架、适合婴幼儿的双杠、各种玩具等（见图2-2-8）。但所配置的器材应无毒、无味，对婴幼儿无伤害隐患，同时还要安排专门的人员定期擦洗消毒并随时检修。对于不同月龄的婴幼儿，应投放不同的材料来发展他们不同层次的精细动作，如0～1岁的婴幼儿主要是发展双手的灵活性，因此可让他们进行撕纸、穿珠、夹珠、粘贴或抓握游戏，但不可购置很小的珠子以免婴幼儿将材料误食或塞入鼻腔而造成窒息。为婴幼儿提供平坦的地面或足够大的桌面供其操作各种器械也是必需的。但是，无论投放什么样的材料，不论是哪个月龄段婴幼儿使用，都必须考虑材料的安全和环保。

图2-2-7　教室　　　　　图2-2-8　活动区一角　　　　　图2-2-9　多功能室

2. 多功能室

多功能活动室是拥有多种功能的房间，通常也是托育机构最大的活动空间（见图2-2-9）。这类活动室既可供不同月龄段的婴幼儿集会、跳舞、唱歌、表演、召开家长会等使用，也可以用作多个班级的婴幼儿播放电影、录像、幻灯片的场地。在天气不好时还可以作为临时游戏室或体育活动室，因此多功能活动室应临近教室或寝室。与此同时，多功能活动室还可以有一些配套设施如衣帽区，用来存放婴幼儿的衣帽、书包、奶粉等个人物品。因此，在创设这个区域的环境时，其内部结构应布局合理、朝向适宜、日照充足；整个房间的面积不小于40平方米且生均使用面积不少于0.65平方米，室内墙面要具有展示教材、作品的空间。[2]不仅如此，室内摆放的家具或活动设施要符合绿色环保标准以及婴幼儿生理和心理特点。

3. 建构区

托育机构常见的建构区包括艺术区、积木区、沙水区。建构区摆放的各种操作材料和工具必须符合安全环保标准（见图2-2-10）。建构区要有充足的自然光或人造光，且选址安静避免打扰以便婴幼儿能专心玩耍或操作；建构区的空间要足够大，方便婴幼儿自由建构的同时也能较好地减少彼此之间的冲突。建构活动如果在桌面或地面上进行，摆放的桌面和铺设的地面都要易于清扫，尖锐的桌角需要用安全布料包裹。为了减弱积木掉落的噪声，可在桌面或地面上铺上柔软的桌布或地毯；如果在墙上进行，墙面的高度要适宜并易于清理。建构区的材料既可以购买，也可以是保教人员组织婴幼儿收集的其他废旧材料如旧鞋盒、废报纸、包装袋、塑料瓶、塑料碗、塑料杯等。保教

[1]　国家卫生健康委.国家卫生健康委关于印发托育机构设置标准（试行）和托育机构管理规范（试行）的通知［R/OL］.（2019-10-16）［2022-01-18］.http://www.gov.cn/xinwen/2019-10/16/content_5440463.html.

[2]　深圳市卫生健康委员会.市卫生健康委关于印发深圳市托育机构设置指南的通知［R/OL］.（2021-04-22）［2022-06-04］.http://wjw.sz.gov.cn/gkmlpt/content/8/8714/post_8714766.html.

人员应注意随时引导婴幼儿将各种操作材料分门别类地摆放在牢固的储物柜里，比如大积木放置在存储柜的最底层，体积小的器材放置在最上层，这样便于婴幼儿轻松安全地取放；每次操作后的材料保教人员要及时耐心地引导婴幼儿收拾整理并放回原处。

建构区既有地面的建构区，也有桌面建构区或拼插区（见图2-2-11和图2-2-12）。建构器械既有体积比较大的，比如大的长方形、正方形、三角形、圆形、正方体、立方体、圆柱体和圆锥体等；也有体积比较小的器械，比如拼插玩具、小型积木、薄薄的拼图卡片等。这些材料应符合安全环保的要求。

图2-2-10 建构区

图2-2-11 桌面建构区

图2-2-12 拼插区

4. 其他服务区

托育机构中的其他服务区包括中心门厅、晨检区（见图2-2-13）、保健室、母婴室。这些区域需要每天消毒，托育机构最常用的是84消毒液，该消毒液对细菌和病毒均有效且毒性较小，一般用于桌椅、家具、门窗、地面、楼梯的消毒。84消毒的常用配制剂量为1∶500，即一份原液兑水500毫升，传染病流行季节，浓度为1∶200。[1]每个区域需要定期清扫消毒，但不同的区域消毒时间间隔及其消毒方法有所不同。比如托育机构中心门厅的桌面或台面，需要每天用稀释后250毫升84消毒液停留10～15分钟后再用清水抹布擦拭干净，防止留有残余物；[2]晨检区的所有物品如用来装晨检卡的晨检袋等（见图2-2-14）需每周用84消毒液擦拭消毒一次；换鞋区的袜套同样需要清洁消毒，常用的消毒方法是将袜套放入稀释后的84消毒液中浸泡15～20分钟，再用清水漂洗至少两遍后捞起放在太阳下暴晒。

图2-2-13 晨检区

图2-2-14 晨检袋

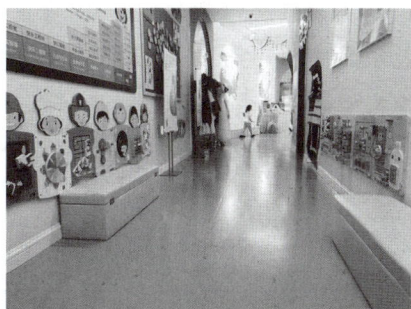

图2-2-15 等候区

中心门厅是托育机构室内外的过渡空间，是婴幼儿入园必须经过的空间，包括前台、婴幼儿或家长等候区（见图2-2-15）、换鞋区等，通常其面积不小于20平方米。为保证婴幼儿的健康安全，

---

[1] 黄欣欣.幼儿园的消毒方法［J］.早期教育，2003（11）：21.
[2] 仲军宏.幼儿园卫生保健管理质量提升的有效策略与路径分析［J］.文存阅刊，2020（01）：186.

婴幼儿出入门厅时需要洗手，因此在该处还应设置洗手台和消毒液。

晨检区是托育机构每天对婴幼儿进行常规检查的区域。晨检主要检查婴幼儿是否生病，是否携带危险物品如小珠子、玻璃片、尖锐玩具以及不宜食品如瓜子、口香糖、果冻等，因此晨检能有效地保证园内每位婴幼儿的健康和安全。晨检区应设置在门厅处的出入口处，以免漏查进入园内的任何婴幼儿，以保证患病婴幼儿以及危险物品不得入园，避免生病的婴幼儿之间交叉感染。晨检区最好设置单独的出入口，与婴幼儿生活用房有适当的距离，并应与婴幼儿的活动路线分开，在地上可张贴红色胶带加以标识，并注明"晨检区"。晨检区应设供水和排水设施及独立的厕所，厕所内还应设婴幼儿专用的蹲位和洗手池。保教人员在晨检前，需备好供婴幼儿使用的各种晨检物品如医疗物品。每天的晨检结束后，保教人员需检查晨检物品并及时清理补充并做到每周清洗消毒，一次性无菌用品须每周检查其有效期以确保其安全性。

保健室主要是为晨检时发现患病的婴幼儿提供的临时场所，其位置应靠近入口处，方便医务人员对患儿进行简单的医治。患儿的疾病极易传染其他婴幼儿，所以患儿至保健室的路线应与健康婴幼儿的路线分开，并设单独的洗手池和厕所。晨检区所使用的相关医疗用品应分类分层放在保健室内的专用柜子里，比如：感应洗手液机、消毒液、体温计、晨检记录本放在第一层；口罩放在第二层；急救箱放在第三层，且急救箱内的各种物品，如压舌板、手电筒、橡胶手套放在箱内最上层；消毒棉签、创可贴、纱布、头围尺、碘伏消毒片等放在下层。

此外，接受乳儿的托育机构，需要母亲定时喂奶，喂奶时应有独立的空间，因此接受0～1岁婴儿的托育机构，应为这些孩子及其母亲设置母婴室或喂奶室。母婴室或喂奶室的面积不小于10平方米。室内要铺设防滑地面，放置有安全扣的婴幼儿尿布台，提供洗手台并配有热水和洗手液；还可放置便于哺乳休息的座椅以及摆放哺乳用具的桌子，室内提供纸巾、湿巾、电源插座等物品以及成人专用厕所。乳儿由保育员抱到喂奶室交给母亲哺乳，因此母婴室应临近乳儿班。母婴室对外可设直接出入口，防止母亲经过婴幼儿生活或保教区域，造成不必要的污染，母婴室宜设成人厕所。

视频

保健室和母婴室

知识拓展2.3

移 动 母 婴 室

移动母婴室是一种微型的、可移动的公共母婴服务设施，可为母婴群体提供哺乳、换尿布等基本育婴服务。移动母婴室占地面积仅为2～3平方米，空间内部设有哺乳靠椅、脚踏凳、婴儿护理台、垃圾桶、电源插座、排气扇等设施，以满足母婴群体哺乳、换尿布等基本需求。因其建设成本低、周期短、投放自由，满足医院、火车站、地铁站、商场等人流密集场所使用，在一定程度上解决了传统母婴室建设困难等问题，目前已在杭州、上海、北京等地广泛投入使用。[1]

（三）楼梯等区域

婴幼儿具有活泼、好奇、好动且安全意识差的特点，为了确保婴幼儿的人身安全，在托育机构内部中的其他区域包括楼梯、通道、护栏、地面、墙角等，进行安全创设是极为重要和必要的。

1. 楼梯

婴幼儿开始学习直立行走时，会因害怕而寻求依靠，他们往往需要借助楼梯边的扶手。《托儿

[1] 郭铁军，刘思宁.基于用户行为的移动母婴室设计研究［J］.工业设计，2021（06）：102.

所、幼儿园建筑设计规范》（JGJ39-87）规定："楼梯除设成人扶手外，应在靠墙一侧设幼儿扶手，其高度不应大于0.6米。楼梯垂直栏杆之间的净距不应大于0.11米。"[1] 楼梯是婴幼儿进出教室及其他场所过程中经过次数最多的地方，因此，保障楼梯在材料、空间、高度等方面的安全是非常必要的（见图2-2-16）。首先，楼梯需设置在采光和自然通风条件好的地方，如果实在做不到自然采光，也要有随时可照明的灯光，比如采用声控之类的电灯以保证婴幼儿通过楼梯时光线明亮。其次，楼梯的台阶面应采用防滑材料，每个台阶之间的高度为0.15米，台阶表面宽度为0.26米，不宜采用扇形、螺旋形台阶，以免婴幼儿踩空摔倒。再次，上下楼梯的标志可以用婴幼儿脚丫形状的图案来表示方向，这样既明了又容易使幼儿接受，符合幼儿的认知规律。[2] 托育机构楼梯处的空间也可以充分利用，如设置安静的区角。楼梯走廊和墙面可以悬挂或张贴美观、高雅的装饰品，给婴幼儿一个赏心悦目的环境（见图2-2-17和图2-2-18）。

视频

托育机构室内楼梯

图2-2-16　楼梯	图2-2-17　楼梯下的空间利用	图2-2-18　楼梯墙面装饰

2. 通道

首先，托育机构要充分保障日常通道、安全出口和消防通道的畅通，这些通道主要用于婴幼儿和保教人员平时的出入及发生各种灾害时的逃生。其次，托育机构内部的各种通道比较多，若通道能保证婴幼儿不经过室外就可直接到另外的房间，可以避免婴幼儿意外情况的发生，因此有必要将不同区的通道打通。园内通道可以尽量做成透明的，通道上的窗户可以比较低，以方便婴幼儿往外看，从而产生一定的"安全感"。同时，保教人员也可通过玻璃通道观察了解婴幼儿的实时情况。不过，必须保证玻璃的安全性，建议选用破碎后没有尖锐棱角的钢化玻璃，也可选用由耐热有机玻璃制成的透明隔板代替。最后，通道不应设有台阶，如有高低差值时，应设置防滑缓坡且坡度不大于1∶12；通道要配有24小时照明灯及"停电照明灯"装置，以防停电时婴幼儿在过道内通行感到害怕或摔倒。

3. 护栏

托育机构内部的防护栏主要设置在外廊、室内回廊、楼梯、阳台、平台、看台等临空处。防护栏选用的材料要坚固耐用，每年定期对护栏进行检查，一旦有破损、老旧松动、掉漆、摇晃等现象，必须在第一时间进行维修。防护栏杆水平承载量应符合我国出台的《建筑结构荷载规范》（GB50009-2012）的规定。托育机构内部各区域的防护栏高度从地面计算的净高不小于1.5米；如果整体建筑有三层，每个房间或多功能厅的窗台距离地面的高度不超过0.6米；位于一层以上且无室外阳台时的房间，其窗户内侧要加设1.2米以上的护栏；为了防止幼儿攀登和穿过防护栏，若采用垂直杆件的防护栏从脚踏部位顶部算起，其高度不低于1.3米且栏杆间距不大于0.11米。[3]

[1]　张晓.幼儿园运动器械、设施设备安全防护——以防护栏栏杆为例［J］.教育与装备研究，2016（07）：37.

[2]　李曼曼.H市A儿童之家环境创设个案研究［D］.贵州师范大学，2017（09）：48.

[3]　住房城乡建设部.住房城乡建设部关于发布行业标准《托儿所、幼儿园建筑设计规范》的公告［R/OL］.（2016-04-20）［2022-06-04］.https://www.mohurd.gov.cn/gongkai/fdzdgknr/tzgg/201605/20160518_227480.html.

4. 地面

托育机构的乳儿和托小班的婴幼儿经常在地上玩耍，为了保证他们的安全与健康，地面可采取地热采暖、铺设木地板或富有弹性的柔软地垫及地毯等。在装修地板时，托育机构需考虑防滑、防潮、防水等因素。不同地区、不同的楼层及房间，其要求又各有侧重。南方气候温和潮湿，铺设地板时重在防滑、防潮，特别是在楼房的底层，除了要对地面以下进行防潮处理外，还要选用防滑地砖或塑胶地板。寒冷地区其建筑的底层房间可选用打蜡木地板，二、三层可铺地毯，这样既可防滑又能保暖。地面铺设要平整，避免出现台阶或凹凸不平的现象，同时可在不同区域，使用不同色彩或图案的地砖或地板将其加以区分，以增强空间的趣味性，方便婴幼儿及其家长识别不同的空间。

5. 墙面

托育机构的墙面装饰宜采用光滑、易清洁的材料，窗台、窗口等有边角和转角的部位应为流线型设计，不得出现折角或直角，若墙面为直角，需在转角处做安全防磕碰处理，墙面应保持平整，不应有凹凸不平的地方。墙面设计应简洁明了并配以简单图案，以产生舒适的空间视觉效果。墙面悬挂的宣传标识牌等物品须牢固，且材质不易破碎。在装修墙面时，还可以为婴幼儿提供创设展示其操作成果的展示板，材质最好是木屑挤压板等可重复使用的环保材料。墙脚踢脚线应选用柔软而富有弹性的材料，踢脚线要与整体墙面做防撞一体化处理。

6. 吊顶

托育机构内部的一些区域需要吊顶。若托育机构是新建的则可不做吊顶，但当托育机构是共享建筑，其房屋为改造过的且原有顶部空间管线较多时，室内及走廊等都应做石膏板吊顶，且吊顶应牢固平整，不宜有过多的线脚等装饰物；吊顶宜采用整体发光顶棚，保证其头顶空间更加明亮、简洁，这样的吊顶有利于集中婴幼儿的注意力。

7. 门窗

托育机构建筑的其他构成部分如门、多功能厅及保健观察室的窗要有遮光设施，窗户装有护栏，且护栏高度和宽度要符合托育机构的安全标准。其中，机构内部各区域的门是婴幼儿经常接触的物品，因此在设计中应特别注意门的安全性。托育机构选购的门，应双面平滑、无棱角。为了方便婴幼儿自己开关房门，应在距地面0.6米处加设婴幼儿专用拉手或门缝，门拉手可以参照婴幼儿及其成人使用的标准来综合考虑。在选用门把手时需考虑门的造型，通常选用垂直把手，门的两面都要安装，不要选用锐利或尖角的门把手。门下不应设门槛，平开门距离地面1.2米的下半部分应设置防止夹手的设施。托育机构不应设置旋转门、弹簧门、推拉门、金属门等；婴幼儿的生活用房门板应设观察窗并安装透明玻璃，这样方便家长或管理人员巡视观察。开向疏散通道的门均应向出口方向开启，开着的门不应阻碍疏散通道。[1]为了充分发挥环境在育人中的作用，托育机构的门可以适当张贴一些卡通图案或其他富有童趣的图片，悬挂一些装饰品（见图2-2-19和图2-2-20）；甚至还可以设置供婴幼儿出入的小门以及供成人出入的大门（见图2-2-21）。

（四）后勤保障用房

托育机构中的后勤保障用房包括厨房和储藏室等。

1. 厨房

托育机构若需自行加工膳食，应设置满足供餐需要的厨房，厨房面积应与供餐人数相匹配，食堂应实行明厨亮灶及色标管理。非自行加工膳食的托育机构可不设厨房，但应设置与供餐规模相适应的备餐间，备餐间应配有备餐台、开水壶、微波炉、洗手池等设施。

托育机构的厨房设计需要遵守商用厨房的一般规范和标准，严格遵守《餐饮建筑设计规范》

---

[1] 住房城乡建设部. 住房城乡建设部关于发布行业标准《托儿所、幼儿园建筑设计规范》的公告［R/OL］.（2016-04-20）［2022-06-04］.https://www.mohurd.gov.cn/gongkai/fdzdgknr/tzgg/201605/20160518_227480.html.

图2-2-19　教室门　　　　　　图2-2-20　活动室门　　　　　　图2-2-21　大小门

《冷库设计规范》（GBJ72-84）、《给水排水设计手册》等规定；厨房的设备设施需要遵守国家和地方卫生防疫和消防等相关要求，如符合《城市规则与食品卫生监督机构的要求》《燃气用具类标准》（GBIL/69-1996）、《餐饮业食用卫生管理办法》及所在地食品卫生管理标准，同时还需办理《食品经营许可证》。厨房内部设计应符合食品卫生规定，满足各种功能要求。

　　托育机构的厨房需设置配餐间、储存间、粗加工间、热加工间、主食间、凉菜间等。其中，配餐间应自成一室，与其他供应用房分开使用，并与婴幼儿生活用房保持一定的距离。厨房应距离污水池、垃圾场等污染源25米以上，并在粉尘、有毒有害气体、放射性物质和其他扩散性污染源的影响范围之外。厨房不得设在婴幼儿生活用房的下部，房屋为多层时宜设置食物运送电梯，其呼叫按钮距地面的高度应大于1.7米。

　　厨房应配备足够容量的冰箱、冷柜或消毒柜，自行加工膳食的托育机构还应配备电气式膳食烹饪设施，严禁使用明火和煤气设备。厨房应配备不同类型的清洗水池，如专用洗手水池、餐具专用清洗水池、水果专用清洗水池、消毒专用水池以及食品粗加工专用水池。所有清洗水池应具有足够容量，用不锈钢等易清洁材质制作（洗手水池可以是陶瓷材质），内部角落部位应避免有尖角或直角的设施。配餐间应为专用操作间，专门用于盛放原料、半成品、成品的容器以及切菜等工具，这些器皿或工具应有明显的区分标记，且在存放区域分开放置。厨房员工应熟悉操作和处理运输食品的流程，生的食物和熟的食物不能放在一起，食品存放时应做到冷热不交叉，干净和脏乱的蔬菜不混放；各种人员、物料出入口有明确的区分。厨房内各区域要及时清洁并保持干净，厨房地面应经常冲洗，地面要具有吸水和防滑功能。清洁操作区内不得设置明沟，地漏应能防止废弃物回流及污浊空气逸出等。

托育机构厨房

　　2.储藏室

　　有条件的托育机构，每个班可设有不小于9平方米的储藏室，封闭的储藏室还应设通风设施。储藏设施应结合家具一体化设计，同时摆放开放式储柜或货架，这样既可以用于放置班级物品也能充分利用空间。为了方便婴幼儿独自取拿所需物品，储藏区域还可放置低矮的货架，并在货架上分类贴上标签，引导婴幼儿将物品分类摆放。物品摆放整齐、整洁的储藏区有助于婴幼儿养成有序管理公共物品、私人物品，以及保持清洁卫生的良好习惯。

　　（五）水电气等设施

　　托育机构中内部还包括供水排水和用水、消防、供暖、供电及照明等设施。

1. 供水排水和用水

第一，供水排水系统是现代生活最基本的条件。托育机构是婴幼儿经常活动的场所，供排水系统必不可少，选购的设备型号及其配置应适合婴幼儿身心发展的需要。托育机构的供水系统、用水标准和水质均应符合国家出台的《建筑给水排水设计规范》（GB50015-2019）、《生活饮用水卫生标准》（GB5749-2006）、《饮用净水水质标准》（CJ94-2005）和《建筑给水排水及采暖工程施工质量验收规范》（GB50242）的相关规定。不具备以上供水条件的偏远乡镇的托育机构，可因地制宜安装净水和供水设施。与此同时，托育机构厨房中含油脂的洗碗水等排入污水管道时，在寒冷季节随着水温的下降，污水夹带的油脂颗粒很可能凝固并附着在管壁上，并逐渐缩小管道的空间，最后很可能将管道完全堵塞而回溢到厨房地面来，造成污染。因此，厨房应设置除油装置，厨房用水需处理后再排入户外污水管道。[1]

第二，安全用水。为确保婴幼儿的正常用水条件，供水水压应满足所用用水点最低工作压力，通常使用的配水器最低工作压约为 0.05 MPa。当压力不足时，应安装给水增压系统，二次加压供水设施不应产生噪声污染。婴幼儿生活区是婴幼儿长期停留的地方，为了保证这些房间安静舒适，托育机构内产生噪声的供水机房、换热机房及配电房等不得邻近生活用房等区域。[2]

婴幼儿洗手或洗浴需要热水。托育机构宜优先采用集中的热水供应系统。托育机构若使用集中热水供应系统时，应采用混合水箱单管供应定温热水系统。若采用太阳能、空气源热泵等加热水时，水温低于60℃的系统应安装辅助加热设施。

婴幼儿的生活离不开饮用水，最好的饮用水是白开水。托育机构内部最好安置电开水炉，开水炉应安装在专用房间内并有防止婴幼儿接触的保护措施。

2. 消防

托育机构的消防栓系统、自动喷水及气体灭火等设施应符合国家现行消防标准。安装消火栓灭火设施时应避免婴幼儿碰撞或触摸，须将消火栓箱隐藏在婴幼儿不易看到或触摸到的地方；若单独配置灭火器箱，应放在婴幼儿无法接触到的地方，不要放在通道上。

3. 供暖

从供暖质量、环保、安全、卫生等几方面考虑，托育机构宜采用以热水为热媒的集中供暖系统。具备利用可再生能源技术条件且经济合理时，应优先利用可再生能源为供暖热源。托育机构的建筑设施符合我国《民用建筑供暖通风与空气调节设计规范》（GB 50736）的规定时，也可采用电供暖方式。托育机构采用低温地面辐射供暖方式时，其地表温度不应超过28℃。热水地面辐射供暖系统供水时温度在35℃～45℃，不大于60℃；供回水温差在5℃～10℃之间。用于供暖系统总体调节和检修的设施，以及排水地沟的检修口都应设置在婴幼儿活动室和寝室之外，不要设置在活动室和寝室之内。采用散热器供暖时，散热器应装在隐蔽处，若采用壁挂板式散热器，在婴幼儿活动区域上方可明装。托育机构的供暖系统应设置热计量装置，并在末端供暖设施设置恒温控制阀进行室温调控。[3]托育机构房间的供暖温度设计见表2-2-1所示。

表2-2-1　托育机构房间的供暖温度设计

房间名称	室内温度（℃）
活动室、寝室、保健室、晨检室（厅）、办公室	20
睡眠区、活动区、哺乳室	24

[1] [2] [3]　住房城乡建设部.住房城乡建设部关于发布行业标准《托儿所、幼儿园建筑设计规范》的公告［R/OL］.（2016-04-20）［2022-06-04］.https://www.mohurd.gov.cn/gongkai/fdzdgknr/tzgg/201605/20160518_227480.html.

续　表

房 间 名 称	室内温度（℃）
盥洗室、厕所	22
门厅、走廊、楼梯间、厨房	16
洗衣房	18
淋浴室、更衣室	25

需要供暖的托育机构，其通风要求也很高，根据我国《民用建筑供暖通风与空气调节设计规范》（GB50736）中的相关规定，应适当增大最小通风量取值。托育机构的公共厨房、淋浴室、无外窗卫生间和通道通风是否良好，对室内空气质量产生很大影响。因此，这些地方可考虑设置排风竖井将有害气体从屋顶排出，并且竖井还要安装防止气味回流的设施。房间的换气次数和机构人员所需最新风量可见表2-2-2、表2-2-3。

表2-2-2　房间的换气次数

房 间 名 称	换气次数（次/h）
活动室、寝室、睡眠区、活动区、哺乳室	3～5
卫生间	10
多功能活动室	3～5

表2-2-3　人员所需最新风量

房间名称	新风量（m³/h·人）
活动室、寝室、活动区、睡眠区	30
保健观察室	38
多功能活动室	30

4. 供电及照明

婴幼儿的视力还没有完全发育好，不良的光源及光线对他们的视力发展也会产生不良的影响。因此，托育机构尤其要注重灯光设施的选用，比如机构内的教室、多功能活动室、寝室、阅读区、艺术区、建构区等是婴幼儿停留较多的场所，在灯光安装时要注意不能有频闪和眩光等问题。其中，婴幼儿教室、观察室、办公室最好采用细管径直管形三基色荧光灯，配用电子镇流器，也可采用防频闪性能好的其他节能光源。睡眠区、活动区、母婴室应采用漫光型防闪性能好的节能光源灯具。寄宿制托育机构的寝室宜配置夜间照明设施。[1]

而且，婴幼儿用房还应设置紫外线杀菌灯，市场上的杀菌灯有移动式和固定式两种，托育机

---

[1]　住房城乡建设部.住房城乡建设部关于发布行业标准《托儿所、幼儿园建筑设计规范》的公告［R/OL］.（2016-04-20）［2022-06-04］.https://www.mohurd.gov.cn/gongkai/fdzdgknr/tzgg/201605/20160518_227480.html.

构可根据实际需求选购安装；灯具应安装在空气容易循环对流的位置。紫外线杀菌灯的控制装置应单独设置，可在紫外线杀菌灯的开关上做出标记以防止误开乱开，也可把灯开关设在高处并做出标识。[1]

知识拓展2.4

紫外线杀菌灯的安全使用方法

根据《托儿所、幼儿园建筑设计规范》（2019年版）（JGJ 39–2016）要求，托育机构的活动室、寝室、卫生间等婴幼儿用房宜设置紫外线杀菌灯，也可采用安全型移动式紫外线杀菌设备。移动式紫外线杀菌设备适合规模较小、需要杀菌的面积很小的地方，否则工作量巨大，而且也不能保证杀菌时间及效果。因此，固定式紫外线杀菌灯平常使用较多。在安全使用方面，一是要把灯开关设置在门外走廊专用的小房间内并上锁，由专人负责，其他人不能操作；二是要采用专用回路并集中控制，把控制按钮设在有人值班的地方如门卫室，确定房间无人时由专人操作开启紫外线灯杀菌；三是有条件时采用智能控制，同时满足房间无人和固定的消毒时间两个条件时，自动开启紫外线灯杀菌。[2]

根据实际需求，托育机构的房间要安装符合婴幼儿安全标准的插座。其中，活动室插座不少于四组，寝室插座不少于两组，插座安装高度不低于1.8米。插座回路与照明回路要分开设置。婴幼儿活动室及公共场所等需要安装配电箱、控制箱等设备，但其底部距地面需高于1.8米。对于外形较大的配电箱和控制箱，应将其安装在专用配电小房间或在墙上的小空间处，再用阻止燃烧的非导电材料制作的木板将其围住并上锁。[3]

5. 监控

托育机构安装无死角的监控系统也是必要的。在规划设计安全防范系统时，应遵从人防、物防、技防等有机结合的原则。比如在园所大门、建筑物出入口、楼梯间、走廊、厨房等都要安装视频监控系统，建筑物出入口、楼梯间、厨房、配电间、园所周围及财务室要安装入侵报警系统、电子巡查系统，园所大门、厨房应安装出入口控制系统。

6. 网络信息

托育机构的教学离不开网络信息系统，大、中型托育机构应安装电话系统、计算机网络系统、广播系统、有线电视系统以及配置教学多媒体等设施。小型托育机构应设置电话系统、计算机网络系统及有线电视系统。

7. 防灾减灾

托育机构建筑内应有火灾自动报警、防雷与防台，预防各种地质灾害如地震、泥石流、洪水等系统，都应符合国家现行的有关标准。

（六）通风采光声音

托育机构中的室内空气质量、采光、隔音、噪声、家具和装修材质等要求应符合婴幼儿生活环境的安全标准。

1. 空气质量

托育机构室内的空气质量，应符合现行国家出台的《室内空气质量标准》（GBT18883）的规

---

[1] [3]　住房城乡建设部.住房城乡建设部关于发布行业标准《托儿所、幼儿园建筑设计规范》的公告［R/OL］.（2016–04–20）［2022–06–04］.https://www.mohurd.gov.cn/gongkai/fdzdgknr/tzgg/201605/20160518_227480.html.
[2]　谈建平.中小学、幼儿园配电及照明节能研究［J］.建筑电气，2020，39（01）：46–47.

定，所使用的建筑、装修材料和室内设施，应符合我国出台的《民用建筑工程室内环境污染控制规范》（GB50325）的规定。托育机构内消杀物品的浓度应控制在相关标准范围之内。不同的物品，其消毒浓度应不同。如室内教玩具和室外大型玩具，每日应用1：200的84消毒液擦拭一遍。

婴幼儿的活动室和寝室应具备可开启自然通风的设施以保证房间能随时通风，其通风口面积不应小于房间地板面积的1/20。不同地区的最小通风次数也不尽相同，例如，高温高湿地区的通风次数要求高，最小通风次数的取值范围可以根据建筑物所在地区的气候特点合理取值。位于夏季炎热地区的托育机构，在不能使用空调但仅靠开窗却又无法满足室内气温比较凉爽时，可以考虑在婴幼儿生活用房里安装有防护网且可改变风向的吸顶式电风扇。有的托育机构需要安装空调，则应留有空调安装的位置。使用空调的教室或其他区域，要安装空气净化消毒装置，以及供风管系统清洗、消毒用的可开闭窗口，空调设备的冷凝水应合理排放，空调外机应安装在距室外或通道地面2米以上婴幼儿无法接触的位置。[1]

2. 采光

为了保护婴幼儿的身体及视觉健康，托育机构内各个房间均应具备天然采光条件，要符合国家出台的《建筑采光设计标准》（GB50033）的有关规定，其采光系数最低值及窗地面积比应符合表2-2-4的规定。[2]

表2-2-4 室内采光系数标准

采光等级	场所名称	采光系数标准值（%）	窗地面积比
Ⅲ	活动室、寝室	3.0	1/5
	多功能活动室	3.0	1/5
	办公室、保健观察室	3.0	1/5
	睡眠区、活动区	3.0	1/5
Ⅴ	卫生间	1.0	1/10
	楼梯间、走廊	1.0	1/10

3. 声音

托育机构的建筑及其内部房间选用的墙壁、围墙结构和楼板等位置的建筑材料需要满足隔音标准，而且机构内外的环境噪声要符合国家《民用建筑隔声设计规范》（GB50118）的有关规定[3]（见表2-2-5）。

表2-2-5 室内允许噪声（dB是分贝的英文缩写）

房 间 名 称	允许噪声级（A声级，dB）
生活单元、保健观察室	≤45
多功能活动室、办公室	≤50

---

[1] [2] [3] 住房城乡建设部.住房城乡建设部关于发布行业标准《托儿所、幼儿园建筑设计规范》的公告［R/OL］.（2016-04-20）［2022-06-04］.https://www.mohurd.gov.cn/gongkai/fdzdgknr/tzgg/201605/20160518_227480.html.

案例导入

某托育机构的户外游戏场上，由于场地面积和设备限制，婴幼儿并不喜欢在这里活动。虽然教师很重视婴幼儿运动能力的发展，但这里却很少有户外活动设施，只有几个塑料的攀岩玩具，难以满足婴幼儿的实际需求。一旦到了雨雪天气，整个游戏场就会变成一片泥泞的小沼泽，根本无法使用。然而经过三年的改造，这里发生了巨大的变化。整个游戏场周围种上了鲜花和草坪，葱郁的树木移植到了小花园中，游戏场地铺设了不同材质的软垫，增设了攀爬架、攀爬网、平衡木、斜坡、沙坑、草地、栈道和建构区，以满足不同天气下不同年龄段儿童的需求，昔日的小沼泽变成了孩子们的乐园。

任务要求

1. 了解托育机构室外环境的作用。
2. 理解托育机构室外环境创设的基本要求。

托育机构的室外环境除了选址、建筑设计和整体布局应符合安全要求外，机构内的绿化、大门外墙、室外公共场地、设备设施及材料投放也要符合相关安全规定。我国相关标准规定托育机构应当设有室外活动场地，配备适宜的游戏设施，且配有相应的安全防护设施。在保障安全的前提下，可利用附近的公共场地和设施为婴幼儿创设合适的游乐场所。[1]

一、室外安全环境的作用

室外环境是婴幼儿户外活动的物质基础，是提升托育机构户外活动质量的基本保障。婴幼儿的室外活动有许多好处，室外活动场地能让婴幼儿享受自然，参与户外游戏并得到健康的发展。安全的室外环境能增加婴幼儿户外活动的频率，婴幼儿在户外，既可以玩沙玩水，也可以玩各种大型玩具；他们既可以单独玩耍也可以与同伴一起玩耍。在这个过程中，婴幼儿不仅能掌握基本的运动技能并发展其活动能力，而且还能发展其认知能力、语言表达能力、社会交往能力，提高保护环境的意识。

（一）促进婴幼儿基本动作的发展

婴幼儿期是其"基本动作"发展的敏感期。婴幼儿的基本动作包括行走、跑步、跳跃、抓握、攀爬、钻、穿等。婴幼儿掌握基本动作是他们开展各种活动的基础，也是后期各种能力发展的基础。室外环境是婴幼儿获取多种能力的最佳场所，室外布置的各种玩具和设施是激发婴幼儿参与各种活动的最佳媒介，他们在活动的过程中还可以接受保教人员的鼓励和指导，提升活动的效果，得到更好的发展。

（二）促进婴幼儿各种能力的发展

托育机构创设安全的户外活动环境，可以激发婴幼儿参与室外活动的积极性与主动性，这有

---

[1] 国家卫生健康委.国家卫生健康委关于印发托育机构设置标准（试行）和托育机构管理规范（试行）的通知［R/OL］.（2019-10-16）［2021-01-18］.http://www.gov.cn/xinwen/2019-10/16/content_5440463.html.

助于提高婴幼儿的活动水平和身体机能，婴幼儿如果能养成经常运动和锻炼身体的好习惯，可以为他们拥有良好的身体素质奠定基础。户外活动除了能增强体质外，还能减轻和释放压力，特别是对患有多动症的婴幼儿有明显的帮助和改善作用。而且，在婴幼儿参与各种户外活动的过程中，他们的观察能力、注意力、记忆力、描述能力、探究和解决问题的能力也可以不同程度地得到发展。因此，室外活动场地摆放的设施既要安全又要多样化，比如可以为婴幼儿提供穿越障碍、迷宫、缓坡、攀爬梯、攀爬网、钻筒、平衡木等。总之，增加玩耍设施的种类和数量可以较好地延长婴幼儿在室外活动的时间，激发婴幼儿玩耍的积极性和兴趣。

（三）促进婴幼儿社会性发展

婴幼儿在参与各种室外活动时，与同龄伙伴交往的机会明显增多。他们在组织游戏、制定游戏规则和解决各种矛盾和冲突时，都有助于他们学习与他人沟通、讨论、协商以及解决问题。在室外活动场地，婴幼儿还会遇到其他不同年龄段的孩子，他们之间也会进行合作、分工和交流，从而不断拓宽交际圈。因此，良好而安全的室外活动场地既能为婴幼儿提供充足的活动机会，也能满足婴幼儿积极社交的愿望。

（四）促进婴幼儿认知发展

在室外，婴幼儿可以获得独特的认知学习机会。比如，有的托育机构在花园里设有喂鸟装置，保教人员和婴幼儿一起在屋檐下制作一个小木屋并留有窗户，里面放上鸟儿的吃食。这种装置方便婴幼儿轮流为鸟儿添加食物，也培养了孩子的动手能力。在喂食鸟类的过程中，婴幼儿通过观察，认识了小鸟的种类以及不同鸟类的习性，逐渐形成保护小鸟、保护大自然的初步意识。而且，在此过程中，婴幼儿的责任和担当也随之培养起来了。当婴幼儿参与室外丰富多样的游戏活动时，也在不断学习以获取其他知识，并将数学、科学、音乐、艺术和语言等知识融入游戏活动中，而且，他们在玩耍过程中不断与同伴交流以及解决随时出现的问题，也有助于提高他们的认知水平。

（五）促进婴幼儿与自然的联系

托育机构可以利用户外环境对婴幼儿进行自然教育。丰富多彩的大自然为婴幼儿提供了宝贵的教育资源，给予婴幼儿很多感官刺激，他们会调动全身感官（视觉、听觉、触觉、味觉、嗅觉）参与自然活动，大自然丰富多彩的事物也能进一步激发婴幼儿探究的欲望并满足其好奇心。因此，托育机构应充分利用园所中的自然环境，创设安全有趣的自然角和开放性的区域，如为婴幼儿提供种植果园、花园、鱼池、动物饲养角等，以增强他们对大自然的探究欲，切身感受大自然的神奇与美好。与此同时，保教人员还可以经常组织婴幼儿及其家长到公园、景区、森林、花园、菜地、田野等地进行参观游玩。

二、室外安全环境创设要求

托育机构的相关人员必须把婴幼儿在室外活动时的安全放在第一位。在安全的环境中，婴幼儿的身体和心理处于放松状态，其身心健康和谐发展才能得到保证。托育机构室外环境、室外活动区以及周边环境都应安全、无危险。

（一）室外活动区的安全环境创设

1. 托育机构室外活动区及其设施要符合国家相关标准

托育机构生均室外活动场地面积应不小于3平方米。在人口密集地区改、扩建的托育机构，其室外活动场地的生均面积应不小于2平方米。相关人员还应对托育机构室外场地以及投放的设施设备定期进行维护与检修；室外活动场地周围应设置防止婴幼儿攀爬或穿越的安全隔离设施；户外场地周围还需采取安全防护栏等隔离措施，围栏高度不得低于1.2米，以防止婴幼儿走失、失足坠落等风险。室外活动场地应有1/2以上的面积在标准建筑日照阴影线之外。室外活动场所的地面应平整、防滑、无障碍、无尖锐突出物，最好采用软质地坪（见图2-3-1）。场地表面雨天无积水和污水，下水道排水通畅。室外游戏器械、沙坑、跑道、戏水池等设施应符合《托儿所、幼儿园建筑设计规范》的规定。机构内的戏水池、沟渠、水缸、鱼缸、鱼池、涉水景观等都需安装安全护栏和护网。在器材投放时需要考虑材料是否安全环保，是否无毒无害等因素。现在很多机构都在室外场地铺设塑胶、人造草坪、橡胶地垫等材料，这些材料在为婴幼儿提供安全保护的同时，也因为其化学添加剂等问题引发很多争议。因此，很多儿童教育专家建议托育机构的户外地面，应尽可能保留土质地面和自然绿化带等，他们认为向婴幼儿提供自然的环境才是最安全、最环保的环境，也是对婴幼儿最好的环境（见图2-3-2）。

图2-3-1 室外活动场所

图2-3-2 室外绿化带

2. 托育机构室外应布置一定的绿地

室外生均面积在3平方米以上的机构应优先设置绿化用地，且绿地率不小于30%。机构内的绿化植物不仅对提高环境质量有一定的作用，而且还能使园区环境生机盎然，起到净化、美化、保护和改善整个园区内空气质量的功能。而且，这种环境对于陶冶婴幼儿的情操、引发他们的联想、拓展他们的思维也有着良好的促进作用，有助于婴幼儿的身心健康发展。托育机构结合自身实际，设计绿化方案，要注意将绿化工作与保教活动、婴幼儿户外活动紧密结合。托育机构一方面可利用绿化带隔离噪声。在机构围墙或篱笆外围，可种植成行乔木或灌木以形成防尘、防噪声的隔音绿化带，使机构内环境安静、空气新鲜。隔音比较好的树有珊瑚树、龙柏、柳树、樟树、女贞等，但注意不应种植有毒、带刺、有飞絮、病虫害多、有刺激性的植物。[1]另一方面，在放置运动器械的公共场所种植一定面积的草坪，既能减少尘土飞扬对婴幼儿及员工身心健康的影响，又能较好地避免婴幼儿因奔跑、追逐、攀爬、翻滚跳跃等运动跌倒而带来的伤害。有条件的机构还可以在园所内种植几棵大树以便婴幼儿在炎热的夏季遮阴，在雨季躲雨。园所内种植绿色低矮的灌木可较好地将活动场所划分开来，如在室外场地的弯路和角落、分路与合路处可建造花坛或种植橡皮树、金叶女贞等植物，以形成红黄绿等彩色"屏风"。若绿化隔离带靠近生活用房，则要注意隔离带的植物要低于窗户，以免影响生活用房的通风和采光。

3. 园门与外墙创设

托育机构的园门与外墙给人留下的印象比较深刻，这两个地方的环境创设既要符合安全标准，又要符合婴幼儿的审美特点以引起婴幼儿的兴趣和喜爱，缓解他们的入园焦虑。园门是托育机构与外界相通的主要通道，因此，园门的造型、色彩和寓意都应与机构的整体环境、建筑风格及其文化氛围相互协调。园门是全封闭的且不能留有任何小的通道或者夹缝以免引发安全隐患。外墙与园门

[1] 深圳市卫生健康委员会 . 市卫生健康委关于印发深圳市托育机构设置指南的通知［R/OL］.（2021-04-22）［2022-06-04］. http://wjw.sz.gov.cn/gkmlpt/content/8/8714/post_8714766.html.

共同构成托育机构的外观整体，二者应相辅相成。托育机构外墙有封闭或半封闭的形式。如果托育机构在住宅区，其外墙大多采用通透的铁栅，这样不会让婴幼儿感觉与外界隔离（见图2-3-3和图2-3-4）。若邻近交通道路或较拥挤的居住区中，则可采用封闭或部分开敞的围墙，以减少干扰。

外墙的装饰要选用耐水性、耐碱性、耐污性的涂料。外墙的装饰物可以多种多样，比如张贴

图2-3-3　托育中心大门

图2-3-4　托育中心大门外墙栅栏

托育服务的相关资料或介绍机构托育理念等。

此外，托育机构出入口应设在次要道路一侧，并留有一定人员停留和停车的场地，防止堵塞城市交通，具体面积可根据每个机构的实际情况来确定。在机构的入口处应设大门和警卫室，警卫室应有良好的视野，同时配有相关防御设施（见图2-3-5）。

4. 游戏场地的环境创设

第一，托育机构在创设室外地表的游戏场地、运动设施、自然景观时，应该注意避开不可变更的排污、供气、供电、通信等公共地下管线和基础设施。戏水池、游泳池、喷泉、鱼

图2-3-5　托育中心入口处

池、沙池要方便接入水龙头。第二，活动场地要做相应的软化处理。比如游戏场地面可以铺上沙子或种植天然草坪，游戏活动的设施设备需定期检修、游戏材料无毒无害以及无尖锐线角等。第三，室外游戏活动空间应足够大且不易发生冲突和碰撞。托育机构应设专门的室外游戏场地，其面积不小于60平方米，共用活动场地的人均面积不应小于2平方米。第四，托育机构的室外游戏场地既可根据不同年龄段的孩子以班级为单位进行创设，也可以根据婴幼儿的不同活动方式来划分，如：在运动区可设置跑步、滑梯、吊杠、平衡、跳跃、爬绳、爬网、疾走和荡秋千等区域（见图2-3-6），表演展示区可划分为戏剧、游戏、搭积木、操作或艺术等区域，探究区域可以划分为种植区、饲养区、玩沙区、玩水区及自然草坪等（见图2-3-7）。设置功能不同的区域既可以提高场地的利用率，也可以减少婴幼儿之间的冲突。第五，托育机构还可以为婴幼儿建设环形封闭式跑道以及30米直线跑道等，在室外活动场所配备雨伞、遮阳伞或凉棚、洗手台、洗手间，洗手间可以有更换尿布的台子以及热水壶和水杯等设施，方便婴幼儿及其家长随时使用。

视频

室外活动环境及设施

图2-3-6　室外滑梯区

图2-3-7　室外玩沙区

5. 室外活动区域要安全卫生

室外活动投放的各种器械也要符合国家安全卫生标准。室外活动材料和设备在使用的过程中还要注意清理、检查、维修和消毒以随时保证器材的安全和卫生。婴幼儿玩耍的器械不能太细、太小或太锋利，以避免无意伤害行为的发生。若投放的是废旧材料，如各种外包装盒、外包装袋、旧轮胎、塑料瓶、废报纸等，这些材料在婴幼儿使用前，也要考虑其安全、牢固和完好性。在使用旧轮胎时，保教人员要注意轮胎不能太旧，不能有钢丝外露；若使用铝、铁材质的空易拉罐，需要经过一定的处理并将罐口封住才能投入使用；不宜回收使用瓷质或者玻璃质地的瓶子。

6. 活动器械种类和数量与婴幼儿人数匹配

托育机构在户外应投放不同种类的活动器械，数量上应同时满足一次30名婴幼儿玩耍的要求。运动器械上的装饰物不能遮挡保教人员和婴幼儿的视线。托育机构应配备不少于4种球类及与球类活动相适应的配套设置，其中小皮球数量不少于40个；应配备3～4种供婴幼儿骑行的小车，其数量至少应同时满足15名婴幼儿玩耍的需要。

7. 残障婴幼儿的室外活动

残障婴幼儿是指残疾或因早产、难产、病菌感染等引起的脑部发育不良或受损而造成的智力障碍婴幼儿。由于残障婴幼儿需要更多的室外锻炼机会以促进身体康复，因此，托育机构在创设室外安全环境时，还应考虑残障婴幼儿户外活动时的特殊需求。托育机构可为残障婴幼儿创设专门的通道，方便下肢残疾的幼儿拄拐杖或坐轮椅通行；攀登架、滑梯、秋千等游戏器材和玩具应有合适的平台、扶栏等设计以保障残障婴幼儿通行或玩耍时的安全；沙箱、水池以及各种玩教具的放置应方便坐着轮椅的幼儿使用。

（二）机构周围安全环境要求

首先，托育机构的周围环境应符合安全、消防、抗震、卫生和环保等要求。机构整体建筑的周围环境适宜、空气流通好、日照充足、场地平整、排水通畅以及周围配套设施较为完善；[1]托育机构的建筑要注意远离交通主干道、高速公路以及可能发生地质或洪涝灾害的危险地带；与易发生危险的建筑物、仓库、储油（气）罐、可燃物品、材料堆场和加油站等之间的距离应符合国家现行有关标准的规定；机构内地下不应有高压输电线、燃气、输油管道主干道等穿过；不应将机构设

[1]　国家卫生健康委. 国家卫生健康委关于印发托育机构设置标准（试行）和托育机构管理规范（试行）的通知［R/OL］.（2019-10-16）［2022-01-18］.http://www.gov.cn/xinwen/2019-10/16/content_5440463.html.

在建筑的三层以上空间内，也不应设在地下或半地下空间内。

其次，必须考虑周边环境中噪声、空气质量等因素。我们知道，无论是较差的空气质量还是喧嚣杂乱的声响都有可能影响婴幼儿的情绪和身体发育，甚至带来危害。因此托育机构不应设在人流量大、噪声不断的地方，要远离对婴幼儿成长有危害的建筑、设施；远离娱乐场所如歌舞厅、按摩店、洗脚城，以及车站、码头、集市、化工厂等不利于婴幼儿身心健康发展的环境。与此同时，托育机构还应选择在无高空坠物的地方；需考虑周围 1～2 公里范围内，没有大气污染、医用垃圾、生活垃圾、供电供气等危险源。[1]

最后，托育机构附近还应交通便捷，如附近有车站、地铁站、停车场等，方便婴幼儿及其家长乘车或停车。

三、室外安全环境创设措施

托育机构室外安全环境创设措施主要有以下三个方面：建立完善的室外安全管理制度，确保各个区域安全无危险，引导婴幼儿树立室外安全意识。

（一）建立完善的室外安全管理制度

为了更好地保障婴幼儿的安全，托育机构首先需要建立室外安全管理制度，这样可以有效地减少婴幼儿在户外活动时伤害事故的发生。首先，构建完善的入园登记制度和离园制度。婴幼儿入园时，保教人员应每天坚持晨检，及时发现婴幼儿是否患有疾病，尤其是传染性疾病，或是否携带危险物品。婴幼儿离园时，要关注来接孩子的是其父母还是他人，若是他人接孩子，保教人员一定要向其父母核实之后才能将孩子转交。

其次，构建安全的门卫制度。托育机构的门卫管理是保证婴幼儿安全的关键环节，托育机构必须坚持每天24小时值班制，严格执行门卫安保制度和外来人员的登记制度。门卫负责按时开门和锁门，托育机构还应在门卫室安装全机构无死角的全天候电子监控系统。

最后，构建各种设备设施检查维修制度。托育机构室外的水电、燃气线路等安全工作，值班人员应天天检查，保证万无一失。托育机构室外的大型玩具、滑滑梯、蹦蹦床、攀爬网、平衡木、沙坑、沙池及戏水池等相关场地，都应有相关人员负责并随时检查，一旦发现破损应及时维修。

（二）确保各个区域安全无危险

托育机构的室外活动场地通常应选择通风好、日照佳的地方，同时还要确保婴幼儿到达场地的路径、活动场地的坡度与排水、活动场地面积以及场地周围没有潜在危险等。托育机构的室外集散地及大门外应足够开阔，方便婴幼儿及其家长入园或离园时的等候。[2]同时，托育机构室外还需要规划防灾避险的设施和场地。托育机构的后勤用地部分如杂物院、晾晒区和垃圾箱等，应位于托育机构的下风区域，并设有单独的出入口，方便货物和垃圾的运输。机构内的道路、庭院小径应尽量减少对婴幼儿室外活动场地的干扰，确保机动车不进入托育机构。[3]

托育机构室外区域，可以根据不同的功能以及婴幼儿的年龄特点，科学合理地划分为器械区、游戏区、沙水区、饲养区、作品展示区、种植绿化区以及休闲区等。不同区域的面积按照在园婴幼儿的人数设计，各个区域场地相对开阔且拥有一定的容纳能力，以避免婴幼儿过多集中于此而产生拥挤甚至踩踏事件。不同区域投放的各种设备设施以及室外活动器械，都应确保安全环保无污染。比如器械区摆放的滑滑梯、平衡木、隧道、独木桥、秋千、大型建构玩具等都要符合国家环保标

[1]　深圳市卫生健康委员会.市卫生健康委关于印发深圳市托育机构设置指南的通知［R/OL］.（2021-04-22）［2022-06-04］.http://wjw.sz.gov.cn/gkmlpz/content/8/8714/post_8714766.html.

[2]　刘紫玥.幼儿园室外环境创设的安全性研究［J］.区域治理，2020（29）：234.

[3]　师卫华.以北京市海淀区为例的当前我国幼儿园室外环境设计研究［D］.北京林业大学，2011：85.

准。场地中投放的器械之间应保持一定的缓冲和防护距离以防止婴幼儿在器械间穿行时碰撞。室外的大型玩具应安装牢固，地面有护垫或沙子等防护设施，比如秋千和高滑梯的下面，需按照标准提供足够多的保护垫或沙子区域。

而且，还要注意托育机构室外场地铺装材料的安全性，比如室外地面可以选择松软、耐磨、防滑、无毒的材质，也可以是沙地和草地且没有尖锐物品；室外场地尽量不用塑胶跑道以避免二次污染。

托育机构的动物饲养区应设置在比较偏僻的向阳背风的角落，动物的房舍应比较宽阔通风。应为婴幼儿创设前往饲养区的、适合其行走的道路，方便婴幼儿照料或观察动物。饲养的动物最好是性情温和的兔子、乌龟等。饲养的动物要做好防疫工作，以避免婴幼儿喂养时感染疾病等。保教人员在婴幼儿喂养动物时，还要随时引导他们防止被动物咬伤或抓伤，同时学习与动物友好相处的技能。

种植区应设置在向阳的地方，种植区既可以集中也可以分散。在这个区域，既可以种植乔木，也可以是灌木和耐践踏的草坪等。在室外墙角或窗户下面，可以种植一些灌木或花草，较好地防止孩子碰撞。花坛的边缘高度要符合婴幼儿的身高要求，花钵和花架等要牢牢固定，以免刮风天气吹倒砸伤婴幼儿。室外小型装饰品，应尺寸小巧、造型可爱，富有童趣且色彩鲜艳。[1]

沙坑、沙场的位置要选择在向阳背风的地方，沙子应经过筛选和清洗才能放入沙坑中，并且应加强日常管理以保持沙的清洁和松软。沙池或沙场底部有排水系统。沙坑和戏水池的边角应设计成圆润形的。沙坑和戏水池之间，有一定的距离。戏水池的深度不大于0.3米，戏水池设有安全标识，婴幼儿戏水时应有保教人员陪同并密切关注。[2]戏水池、游泳池或鱼池周围要设置护栏，且护手或栏杆尽量采用光滑的木质或铁质材料，护栏之间的间隔符合国家安全标准。水池、游泳池的池底应平整而池底铺面材料不宜过于光滑以防婴幼儿滑倒，下到水中的台阶或扶梯要符合婴幼儿的步伐及身高等需求。沙坑、沙池、游泳池或戏水池及其他场地中可种植高大乔木为其遮阴，防止婴幼儿在夏日被晒伤。此外，若利用屋顶作为室外活动场地的机构，要确保屋顶场地安装不低于1.2米高的护栏，若屋顶平台面积较小则要设置防护网，或在护栏后再设置较宽的绿化隔离带以防止婴幼儿接近场地边缘。[3]此外，室外配电箱等应有专用木箱或其他设施将其围住并锁上，室外的污水排放沟要用水泥板等覆盖。

（三）引导婴幼儿树立室外安全意识

托育机构的保教人员要高度重视培养婴幼儿的自我保护意识，教会他们牢记父母、报警、火警以及急救电话，牢记住址、父母姓名和电话号码，教育婴幼儿不要跟陌生人走，不随便在地上捡吃的，不拿陌生人给的东西。婴幼儿遇到危险时，要知道及时拨打报警电话、急救电话等获取救助。在一日常规活动中，保教人员可以借助图片、游戏、故事、演练等形式，向婴幼儿讲解户外活动期间的安全注意事项以及室外活动场所的用电、用水、躲雨、防雷等技能技巧。比如在室外进行自我救护演练，让婴幼儿学习一些基本的自救方法。在户外活动前，应坚持进行安全教育，让婴幼儿熟练掌握一些避开、应对危险的技巧和方法。比如不能让尖锐的物品损伤身体的部位；引导婴幼儿熟悉各类器械的操作方法，并能按照明确的说明以及玩耍时的注意事项开展活动；玩耍时要遵守秩序和相关规则，不能插队、拥挤或乱攀爬，以免摔伤、碰伤等。在开展室外活动前，保教人员的示范动作应正确。比如婴幼儿奔跑时，保教人员一边示范奔跑的动作，一边提醒婴幼儿奔跑时应掌握防止碰撞的技巧，如眼睛随时观察四周以免与别的孩子碰撞；在玩球类游戏时，保教人员可以尝试事先与婴幼儿探讨如何避免在玩耍过程中被球砸中的方法；在滚球或踢球中，引导孩子身体各部

[1][3]　师卫华.以北京市海淀区为例的当前我国幼儿园室外环境设计研究［D］.北京林业大学，2011：120-123.
[2]　刘紫玥.幼儿园室外环境创设的安全性研究［J］.区域治理，2020（29）：234.

位的动作到位以免韧带和关节扭伤等；在练习抛接球动作时，保教人员要告诉婴幼儿保持相应的距离以防止球落在旁边同伴的身上。活动期间，要引导婴幼儿学会观察，一旦发现安全隐患，要及时报告给老师。[1]

任务四 创设托育机构所在社区的安全环境

案例导入

目前我国各地都在积极创设儿童友好城市，也就是为生活在城市中的不同年龄段的儿童提供各种符合他们身心健康发展的学习、玩耍以及娱乐环境。比如：3岁之前的婴幼儿行动和认知能力较弱，户外活动需要由家长带领，所开展的游戏通常需要实物类玩具。其活动场地宜尺度适宜、光线充足、地面平坦，同时还要考虑婴儿车的推行和停放；要为学步儿童设计有栏杆的扶手，提供小型沙池锻炼孩子的运动能力和创造力。[2]

任务要求

1. 了解社区环境创设的主要作用以及基本原则。
2. 理解并掌握社区创设环境的基本方法。

家庭是婴幼儿学习成长的第一所学校，社区是婴幼儿从家庭走向社会的第一个社会场所，要发挥社区公共场所的婴幼儿托育服务功能，加强托育机构与社区服务中心及社区卫生、文化、体育等机构的功能衔接。保教人员应在保障婴幼儿安全的基础上，充分利用家长和社区的各种教育资源，挖掘并有针对性地选择贴近婴幼儿生活的社会资源，拓宽婴幼儿的学习资源，扩大婴幼儿的学习空间，这是很有必要的。

一、社区安全环境创设作用

健康安全环保的社区环境有助于丰富婴幼儿的生活经验，拓宽家庭及托育机构的教育资源。

（一）丰富婴幼儿的生活体验

《幼儿园教育指导纲要（试行）》中提到"幼儿园应与家庭、社区密切合作，综合利用各种教育资源，共同为幼儿的发展创造良好的条件"。美国学者奥森曾指出："学校不应是游离于社区的文化孤岛，应主动与社区架设各种桥梁，致力于解决社区问题。"因此，托育机构的保教人员要充分利用家庭、社区的各种社会资源，达到共享共育的目的。

首先，社区可以为婴幼儿提供学习的资源。社区的一些场所能够较好地为婴幼儿拓宽视野以及丰富其成长经历提供机会，比如居住小区、超市、饭店、菜市场、菜地、花园等。家长也可以带领婴

---

[1] 肖永莲. 对做好幼儿安全教育工作的认识［J］. 科教导刊（电子版），2016（31）：27.
[2] 于一凡，张菁. 儿童友好型城市［J］. 人类居住，2021（01）：13.

幼儿走进社区，观察社区的休闲场所和绿化等各种设施，通过参观了解到生活周围的不同环境，并从中学到很多知识。当然，家长还可以带着婴幼儿参观本社区的图书馆、博物馆、书店、植物园、动物园、种植园、敬老院、水厂、医院、学校等场所。这些活动可以为婴幼儿感性认识周围环境提供丰富多样的亲身体验的机会，让婴幼儿从社区人们的日常生活中学会基本的生活知识和技能，有助于丰富婴幼儿的生活经验。

其次，社区可以组织婴幼儿及其家长参与各种活动。社区工作人员在劳动节、"六一"儿童节、重阳节以及春节等节假日都可以组织相关的活动，同时将关于节日的传统文化融入婴幼儿的活动之中，引导婴幼儿从小熟悉并感知我国传统节日的习俗和相关文化。比如可以组织婴幼儿及其家长参与"观察环卫工人工作"等主题活动，让婴幼儿通过观察、参与打扫卫生等方式理解清洁工、保洁员的辛苦，懂得干净美丽的环境来之不易。在"三八"妇女节，社区可以组织婴幼儿开展"感谢妈妈，关爱女性"的感恩活动，组织0～1岁的婴儿进行"亲亲妈妈""摸摸妈妈"的活动，组织1～2岁幼儿为妈妈做贺卡、树叶粘贴画或简单的手工制作等，送给妈妈作为节日礼物。与此同时，还可引导婴幼儿将自己的关爱和感恩之情传达给本社区的其他女性人员，如保育员和邻居。在春天，可以组织婴幼儿及其家长参与社区组织的"寻找春天，关爱植物"的主题活动。组织他们在社区内种植或为花草树木浇水剪枝，引导婴幼儿认识并区分社区内种植的不同种类的植物以及蔬菜。此外，社区还可以为婴幼儿创建活动中心，定期为婴幼儿及其家长提供丰富多彩的趣味活动。社区可以定期组织居民带领婴幼儿参加亲子活动，设计适合不同月龄段孩子玩耍的游戏，如让父母带着10个月的婴儿参与爬行比赛，体验亲子合作游戏的乐趣；或者组织幼儿及其家长到烘焙店学习制作蛋糕，体会劳动的乐趣。幼儿穿上小厨师服装，戴上厨师帽，用面粉、鸡蛋、巧克力等制作饼干、蛋糕，在体验中学习制作方法，感受制作的乐趣，享受劳动带来的快乐。这些活动可以增加本社区不同小区、不同月龄婴幼儿及其父母之间的交流，有助于形成和睦友好的邻里关系。

（二）拓宽托育机构的资源

社区丰富多彩的资源，是婴幼儿护理和教育的素材来源。托育机构与婴幼儿家庭及其社区的有效联系，有助于三者之间形成护理和早教目标一致性及教育资源连贯性、互补性。社区的社会资源、人力资源、自然与文化资源以及不同职业、不同文化背景的家长等，都是婴幼儿全面发展的教育资源。

首先，社区可以组织相关人员为本社区托育机构的保教人员及婴幼儿家长讲解婴幼儿护理和早教知识。比如医生可以为托育机构提供护理知识讲座；交警可以为托育机构提供交通安全方面的信息；教师可以为托育机构提供育儿科普知识；急救中心工作人员可以为本社区的婴幼儿及其家长和保教人员讲解急救知识，如婴幼儿咽喉被异物卡住、鼻出血、骨折等必要的紧急救护措施，为他们演示开放气道、胸外按压、人工呼吸等心肺复苏技术，逐步提升本社区家长及保教人员的急救素养以降低婴幼儿的意外伤害事故。通过诸如此类的活动可以为婴幼儿及其家长搭建亲子交流平台，建构家庭、托育机构、社区为一体的亲子教育新模式，将优质的早教资源及时送到婴幼儿家庭及相关人员手中，让他们了解早期教育的重要性，树立科学的育儿理念。比如，位于三亚荔枝沟社区的托育机构可以邀请海南热带海洋学院学前教育专业和婴幼儿托育服务专业的学者或教授，前往本单位开展讲座或指导；也可以邀请本社区的三亚市妇幼保健院的儿科医生到社区指导家长如何护理婴幼儿等。

其次，托育机构可以为社区居民提供护理及早期教育咨询和指导服务，为他们提供相关信息资源和宣传手册等。比如，为了更好地帮助婴幼儿家长或保教人员建立科学、正确的育儿观，让他们认识到早期教育的重要性，托育机构可以邀请专家指导本社区家长和保教人员科学育儿，从小培养婴幼儿良好的生活习惯及社交能力，辅导婴幼儿家长以科学的方法开发婴幼儿早期潜能，引导他们相互交流讨论并分享育儿心得体会；解答不同月龄的婴幼儿家长或保教人员在其育儿过程中遇到的疑惑，向不同月龄的婴幼儿家长或保教人员发放"0～3岁婴幼儿育儿护理手册"等。在文化资源方面，托育机构也可以充分利用和挖掘社区丰富多彩的民俗文化、传统文化以及名胜古迹等元素，用于托育机构室内外的环境创设中，让婴幼儿潜移默化地感受和了解身边的传统文化和地方特色文化，培养他们对本地传统文化的初步认识和基本认同感。此外，托育机构也可以引导婴幼儿参观社区的各种机构。如三亚市吉阳区荔枝沟社区有三亚市妇幼保健院、吉阳区自来水厂、吉阳区养老院、海南热带海洋学院、三亚学院、军队、纽约儿童俱乐部（早教机构）、南新农场幼儿园等不同单位。位于这个社区的托育机构可组织婴幼儿前往这些机构参观，如组织2～3岁幼儿参观军营，观看军人叔叔摆放有序的物品，欣赏军人叔叔的精彩表演，像稍息、立正、转身、齐步走、正步走，看齐、跑步、摘帽、敬礼、擒拿格斗等，学习他们不怕苦、不怕累的精神，激发他们对军人的崇敬与热爱，让他们感受到军人的坚毅品质。

二、社区安全环境创设原则

社区环境创设应遵循方向性、整体性和协调性原则。

（一）方向性原则

托育机构应明确自身的责任，不仅要为本机构的婴幼儿服务，还应为所在社区的婴幼儿提供科学的护理和早期教育服务，为所在社区的家庭提供亲子活动的机会以及科学的家庭育儿指导。

（二）整体性原则

托育机构的保教人员应考虑婴幼儿的身心健康，秉持"安全健康第一"的教育理念，不断加强与社区、家庭的联系与合作。一方面，托育机构应帮助创设安全健康的社区养育环境，向社区相关人员宣传科学育儿知识或提供家庭教育咨询服务；另一方面，社区也可以为托育机构提供各种教育资源或援助。双方共同努力，为婴幼儿的健康成长打造良好的环境。总之，托育机构应与社区全方位、多维度合作，为婴幼儿提供护理和教育相关信息，共同促进婴幼儿的发展。

（三）协调性原则

在把握整体性原则的基础上，托育机构的员工要重视与家庭、社区的联系，协调好机构之间的人际关系，通过各种管理制度与措施，与社区形成良好的互动机制，如家园合作机制、园区合作机制等，充分利用社区现有的人力、物力和财力资源，为婴幼儿的发展创设良好的机会。

三、社区安全环境创设措施

婴幼儿生活的社区，需要安全健康的生活环境和方便快捷的交通环境。而要创设这样的环境，不仅需要社区，托育机构，所在城市政府、企业、工厂、交通部门、教育部门、建筑设计部门、妇女儿童部门等多家单位及其专业人员的关注与介入，还需要婴幼儿及其家长的积极参与。现在，随着国家对创建儿童友好城市的重视，以地方政府、社会团体为主导，联合城市各职能部门、医疗卫生、城市规划、健康等领域组成儿童户外活动场所的设计与实施小组，正持续不断地向婴幼儿及儿童提供更多的技术支持，以期为我国城市儿童提供更多适合其兴趣爱好的游玩场所。

（一）安全健康的生活环境

1.安全健康的物质环境

社区应为婴幼儿创设安全健康的生活环境，涉及婴幼儿居住的建筑、经常行走的道路、餐饮环境和购物环境等。比如，婴幼儿居住的小区建筑，应符合国家安全标准，没有危房和存在潜在风险的房子。婴幼儿频繁经过的地方，社区最好为他们提供专门的道路，并用颜色或标识予以明确，而且，社区应明文规定车辆以及不带婴幼儿的成人不能占道或行走。在社区内的各个餐馆，建议由社区统一要求他们为婴幼儿提供专门的碗筷等餐具，而且所提供的餐具必须经过严格清洗和消毒。有

公园里的儿童玩乐设施

条件的社区，还可以为婴幼儿创设专门的儿童餐厅，内部装修以及所有用具要符合婴幼儿身高、安全等需求，所提供的菜肴也应是婴幼儿喜欢且有益于他们生长发育的。社区内的购物场所，可以为婴幼儿提供购物小推车，并建议超市以及菜场货物架的第一、第二和第三层摆放适合婴幼儿选购的食物或蔬菜，让婴幼儿从小体验购物买菜的整个过程。有条件的社区，还可以为婴幼儿建设专门的儿童电影院，播放婴幼儿喜欢的动画片或电影等。没有条件的社区，可以建议本社区已有的电影院，将其中的某间影厅改成儿童影厅。而且，在儿童餐厅、购物商场、菜市场以及电影院等公共场地，也应为婴幼儿准备专门的桌椅板凳、洗手池和厕所等配套设施。

2. 安全健康的精神环境

在为婴幼儿创设良好的物质环境的基础上，社区及其相关工作人员还应为婴幼儿提供良好的精神环境。比如，营造邻里和睦、家庭和睦的良好人际关系氛围。一旦哪家有家庭矛盾和纠纷，社区工作人员应及时上门调解。同时，社区还应为婴幼儿营造无吸毒、无犯罪行为的环境，让他们生活在一个积极向上的健康社区中。与此同时，社区与家庭、托育机构以及其他部门构建和谐的关系，可以让婴幼儿获得更多的安全感和舒适感。

（二）方便快捷的交通环境

安全的和适合婴幼儿步行的社区道路设计方式可以促进婴幼儿更好地进行户外活动。各级政府和相关部门需要为婴幼儿创建安全健康、富有童趣的交通环境，在此过程中，社区和企业都可以积极参与进来。比如，我国大众汽车集团与中国妇女发展基金会共同启动了"儿童交通友好社区"项目。该项目针对社区中存在的不利于儿童安全成长的设施，有计划、有步骤地进行改造、提升，建设专门供婴幼儿及其父母行走的道路，从硬件基础上保障婴幼儿出行、玩耍、上下学时段的安全。公交车站或地铁站、高铁站等公共场所应设有婴幼儿及其父母的专用座位、母婴室以及卫生间等，方便婴幼儿及其父母使用。要为婴幼儿及其父母上下公共交通工具提供绿色通道，比如携带婴幼儿外出的父母，可允许他们从后门上下车等。在社区内的地铁口、公交车站以及机场、码头等地方，也要为携带婴幼儿的家长提供绿色通道或便捷通道等。

在社区安全交通制度建设方面，我国已有部分社区开始整合有关交通安全与儿童友好城市的概念和准则，从意识上增强社区管理机构、社区组织、社区居民对婴幼儿交通友好社区的认识，让婴幼儿交通友好社区有标准可依，有规章可守。在社区管理与服务方面，通过动员社区居民，特别是婴幼儿家长、社工和志愿者群体，开展各式各样的婴幼儿活动、志愿者服务活动，营造婴幼儿交通安全友好的氛围，让更多的居民理解友好对待婴幼儿的重要性，提供婴幼儿积极参与社区建设的机会，让他们安全、开心、快乐地成长。[1]

（三）丰富多样的玩耍区域

社区工作人员在调查本区域不同月龄婴幼儿人数的基础上，可以为婴幼儿创设各种适合他们月龄特点、兴趣爱好和身心发展需求的玩耍区域。比如，社区在建设本区域的休闲场所以及绿化时，应该考虑不同月龄婴幼儿的实际需求，在居住小区内的某个角落为他们创设游乐场所，并投放蹦蹦床、攀爬梯、攀爬网、玩沙池、平衡木、吊杠、跷跷板、滑滑梯、缓坡、小拱桥、小隧道、梅花桩等，并在蹦蹦床、攀爬梯等下面铺设防腐软垫或沙子，避免婴幼儿玩耍时摔伤跌伤等；在玩耍区的周围，可以提供长凳或椅子供婴幼儿及其家长休息；在玩耍区域附近，分别为婴幼儿及其父母建设专用厕所及洗手间，方便他们随时使用。同时，在这些区域的周围可以适当种植一些环保型的绿色

[1] 王心怡. 国内首个"儿童交通友好社区"如今怎样了？大众汽车集团（中国）：探索社区发展新模式汇聚多方共融共建［EB/OL］.（2018-12-11）［2022-03-15］. http://www.gongyishibao.com/html/gongyizixun/15548.html.

植物将其隔开，形成一个相对安静的场所。这些植物也可以成为婴幼儿观察和学习的对象。此外，社区还可以在街心公园为婴幼儿建设一个小小动物园，饲养小兔、小鸡、小鸭、小鱼等动物，由社区派遣专门的人员负责管理，方便社区的婴幼儿前往观看或喂养。

社区及其街道可以根据实际情况，在居住小区或交通方便的地方为婴幼儿创设专门的儿童图书馆、婴幼儿书店、婴幼儿绘本馆、儿童阅览室、儿童体育馆、儿童海洋馆等。在这些场所内，为婴幼儿摆放沙发、书桌、椅子、书架以及相关的书籍、运动设施等。而且，在这些场所内部，还可以为他们创设一些私密空间，供婴幼儿与其父母独处时使用。这些区域也应有母婴专用通道、婴幼儿车停放处、婴幼儿专用厕所和洗手间等配套设施。

社区环境创设

小 结

本模块主要对托育机构在选址、建筑、机构内部、机构周围、机构所在社区等安全环境创设的要求进行了探讨。重点分析了托育机构内部的生活用房、服务管理用房、后勤保障用房以及水电气和通风采光等安全环境创设要求及措施。学习者学习后，可以较好地了解创建安全环保的托育机构的整体及其内外局部环境时，需要注意的事项以及采取的具体措施等。

思考与练习

一、单项选择题

1. 根据《托育机构设置标准（试行）》，工作人员与婴幼儿的合理比例，2～3岁婴幼儿与保育人员的比例应不高于（ ）。
   A. 4∶1　　　　　　　B. 5∶1　　　　　　　C. 6∶1　　　　　　　D. 7∶1
2. 托育机构生活用房应布置在朝向南方的房间，冬至日底层满窗日照不应小于（ ）小时。
   A. 1　　　　　　　　B. 2　　　　　　　　C. 3　　　　　　　　D. 4
3. 婴幼儿的生活离不开饮用水，最好的饮用水应是（ ）。
   A. 白开水　　　　　　B. 热水　　　　　　　C. 牛奶　　　　　　　D. 凉水

二、简答题

1. 简述托育机构室内物质环境创设要求。
2. 简述托育机构室外环境的作用。
3. 简述社区安全环境创设的原则。

三、论述题

简述托育机构所在社区环境创设在婴幼儿成长中的重要作用。

聚焦考证

一、单项选择题

1. 在起居室门上应安装安全玻璃，其目的是不要让婴儿接触到（ ）的东西。
   A. 易碎的　　　　　　B. 粗糙的　　　　　　C. 细小的　　　　　　D. 光滑的
2. 两周岁以内最好不看电视，用（ ）给婴儿洗脸，以防眼病。
   A. 盆接水　　　　　　B. 流动水　　　　　　C. 脏水　　　　　　　D. 药水
3. 目前占儿童死亡率排位第一的死因是（ ）。

    A. 流行疾病   B. 铅中毒   C. 意外伤害   D. 食物中毒

4. 保教人员应教育婴幼儿安全用电，具体包括（   ）。

    A. 发现有人触电或由电源引起的火灾，应赶快切断电源

    B. 见到脱落的电线时不允许靠近

    C. 安装灯泡前要先断电

    D. 以上都是

5. 家长或保教人员要定期对婴幼儿玩具进行（   ）。

    A. 清洗   B. 消毒   C. 暴晒   D. 以上都是

二、判断题

1. 婴儿卧室若在二楼及以上，一定要在窗边安装安全防护栏。   （   ）

2. 随时注意观察婴儿的情绪变化并建构一个和谐美好的家庭环境，是培养婴儿良好情绪的主要方法之一。   （   ）

3. 托育机构需要整合社区、家庭和其他的社会教育资源。   （   ）

4. 不要带婴儿去街边玩耍或长期停留，避免吸入汽车尾气和尘铅。   （   ）

5. 婴儿床上坚固的栏杆高度应超过80厘米。   （   ）

模块三
托育机构的区角环境创设

模块导读

托育机构可以根据不同的功能，划分为不同的区域，比如房屋、户外活动场所、走廊、通道、机构围墙及其周边环境等。保教人员可以将不同的区域根据具体使用方法以及婴幼儿的月龄特点，将其创设为不同的区角环境，并提供相应的器材及玩教具等。

区角是指托育机构通过对机构内各个空间或者角落的装饰和利用，同时放置多种供保教人员进行教学的工具以及供婴幼儿进行娱乐活动或者生活活动的材料的场所。[1]区角活动是机构园所使用较多的一种开放性的教育活动形式，也是实现教育目标的重要途径之一。适合不同月龄婴幼儿特点的区角类型多种多样，既有动态体能活动区，也有静态益智操作游戏区；既有室内活动区角，也有室外活动区角。

学习目标

1. 了解区角环境的构成、作用和特点。
2. 掌握区角环境创设的原则及创设措施。
3. 运用区角环境创设相关知识和技能创设区角。
4. 在创设区角环境时，能够将我国优秀传统文化以及爱国、敬业、诚信、友善等社会主义核心价值观元素融入区角环境创设中，利用区角环境培养婴幼儿热爱传统文化，热爱祖国，诚信做事以及与人友善、和睦相处的良好品质。同时，培养婴幼儿良好的思维和创新能力。

内容结构

```
                                                    ┌─ 区角环境的构成
                                                    ├─ 区角环境创设的作用
                            ┌─ 了解区角环境创设的概念 ─┤
                            │                        ├─ 区角环境创设的特点
模块三                       │                        └─ 区角环境创设的原则
托育机构的区角 ──────────────┤
环境创设                     │                        ┌─ 保教区域的环境创设
                            └─ 创设区角环境的措施 ────┤
                                                    └─ 辅助区域的环境创设
```

---

[1] 李娟梅.幼儿园区角环境创设的有效性探讨［C］//.2020年中小学素质教育创新研究大会论文集.［出版者不详］，2020（05）：85-86.

案例导入

在托育机构，我们经常看见保教人员在一个盒子里或碗里放上豆粒、石子、花生粒等，让婴幼儿用镊子或筷子将其夹到另外的盘子里，夹完后再重新从盘子夹回盒子或碗里；有时还为婴幼儿提供罐头盒、小瓶子、小碗，让婴幼儿往里面投掷葡萄干、大米、豌豆等；有时又让婴幼儿拧紧、放松瓶盖或拨动算盘；有时还让婴幼儿揉面团、捡豆子、撕报纸或卫生纸、剥蒜、摘菜。请问，保教人员这样做的目的是什么？

任务要求

1. 了解托育机构婴幼儿用房主要包括生活用房、管理用房和供应用房。
2. 掌握不同用房划分的区角及其环境创设的作用与特点。
3. 掌握区角环境创设的原则，并能遵循原则设计、创设某一区角。

托育机构的区角环境创设是指保教人员为婴幼儿创设的具有教育性、趣味性、操作性、创造性、探索性的自由宽松的学习环境。托育机构的区角环境作用有很多，它可以为婴幼儿提供不同感官训练的工具和机会，对婴幼儿的社会性发展、动手能力以及其他各种能力的培养都有很大的影响。

一、区角环境的构成

托育机构是集婴幼儿学习、游戏、用餐、睡眠、活动等为一体的综合型场所。《托儿所、幼儿园建筑设计规范》（JGJ39）规定，托育机构的用房主要由婴幼儿生活用房、服务管理用房、供应用房三部分组成。这些房间根据其不同的功能，可以分为许多不同的区域，比如婴幼儿生活用房包括用餐区、睡眠区、游戏区、盥洗区、储物区。在保证不同区域安全环保的前提下，保教人员要有计划、有目的、持续连贯地为婴幼儿创设或提供符合他们月龄特点的各种器材，整体规划、精心设计、合理布局和科学摆放。

二、区角环境创设的作用

刚出生婴儿的大脑在很大程度上处于未开发状态。大脑的发育与周围环境信息的输入密切相关，环境信息的输入塑造了大脑的结构。因而，保教人员为婴幼儿提供的最初环境对他们不同感官的发展有着深远的影响。婴幼儿自主探索世界的方式包括观察、倾听、触碰、动手、抓握、说话、移动身体（踢腿、转身、爬行、抓住家具站起来、走路）、用鼻子闻、用嘴品尝，或者用身边的物品来玩耍。[1]因此，托育机构需要为婴幼儿提供运用各种感官探索区角环境及相应材料的机会。

---

[1] 吴丽芸，张文鹏，高源.托育机构在促进婴幼儿认知学习能力发展中所起的作用——以自主探索为例［J］.教育界，2020（41）：84-86.

托育机构的区角环境对婴幼儿的社会性发展有很大的影响。在区角活动中，婴幼儿可以通过自主选材、收集材料、讨论交流、区角布置等来增强其探究的积极性和主动性。而且，创设符合婴幼儿身心发展的不同区角，有组织、有计划、持续不断地引导婴幼儿自主操作，不仅可以为婴幼儿提供观察、探索和独自摆弄器材的机会，还能让他们通过探索外界获取相应的知识技能，与其他婴幼儿合作与交流。不同的区角，其活动规则也有所不同，引导婴幼儿在不同的区角玩耍，能潜移默化地培养他们的规则意识。

托育机构的区角环境创设对于婴幼儿的动手和创新能力的培养也发挥着重要的作用，区角活动是婴幼儿自主探索学习的有效形式。保教人员带领婴幼儿对托育机构的区角环境进行科学合理的设置和优化，包括空间划分、环境布置、主题选择、材料投放、区角规则等的科学设计和合理规划，有助于培养0～3岁婴幼儿的创新和动手操作意识。[1]

三、区角环境创设的特点

托育机构区角环境创设应体现既清新又高雅、既稳定又可变、既封闭又开放的特点。

（一）既清新又高雅

托育机构的区角环境创设需要根据不同月龄的婴幼儿来具体设计和规划，并且应注意整体色彩搭配，不同的颜色有助于刺激婴幼儿的视觉神经。在色调上凸显温馨的视觉感受，色彩上可选用暖色调如淡粉、淡黄、淡绿等使人感到轻松、愉快的颜色。把色彩鲜艳而明亮的玩具悬挂在墙壁、天花板上，能刺激婴幼儿仰卧、爬行以及视力、肢体和手眼协调能力的发展。与此同时，还应注意区角环境创设的美感，如在购买家具、游戏材料、生活用具时，应慎重考虑和选择其材质、颜色、形态、结构等。赏心悦目的环境有助于培养婴幼儿敏锐的观察力，陶冶高尚人格。区角环境创设得清新而高雅，让婴幼儿从小感受美好的事物及环境，可以让他们身心愉悦、胸襟开阔，进而养成美好的品性。同时，婴幼儿体验到的美感还能为他们带来欢乐，有助于身心健康发展。比如，保教人员可以为婴幼儿布置艺术展示区，让婴幼儿通过聆听绘本故事、角色扮演、敲击鼓面、有节奏地拍手、做韵律操或泥塑等活动，感受美和表现美。[2]

（二）既稳定又可变

托育机构区角环境创设在保持稳定性的基础上，还应有一定的可变性。其中，稳定性是指按照功能的不同而划分出相对稳定的区域。比如根据婴幼儿的月龄、身心发展特点以及兴趣爱好等，为婴幼儿创设相对稳定的区角，如学习区、智力开发区、阅读区、精细动作区、感官区、语言区、多功能区、艺术区、建构区、角色扮演区、睡眠区、用餐区、游戏区、盥洗区、储物区、卫生间、沙盘室、大型感觉统合训练室等。与此同时，还可以将已有的区角再细分成几个小的区角，对每个小区角再次设计并摆放相对固定的家具和材料，以丰富这些区角的环境布置内容。区角环境创设的稳定性还体现在各种物品分类摆放。区角中的所有物品都应根据婴幼儿的接受程度和月龄特点分层放置、陈列有序，并遵守"由左至右，由上至下，由简单到复杂，由具体到抽象"的顺序原则，用完之后引导婴幼儿及时放回原位。环境是有生命的、动态的。随着婴幼儿月龄的变化以及保教内容的不同，每个区域提供的材料以及环境创设也会有所不同。授课人以及授课内容和对象不同，所使用的教材及教玩具或操作器材也有所不同。不同区角投放的设施设备、器械材料的类型、品种、数量要进行弹性改变。如果环境布置总是一成不变，久而久之会降低孩子的主动性、积极性。因此，托育机构应根据不同月龄婴幼儿的兴趣爱好及授课内容，定期更新区域空间的布局，适当变换家具种类及其位置，增强区角对婴幼儿的吸引力。比如保教人员可以因教学模式的变化适当变换桌椅、书

---

[1] 覃佳.论创客意识视角下的幼儿园区角创设［J］.求知导刊，2021（48）：8.

[2] 马金悦.东乡族村落幼儿园美感教育活动的行动研究［D］.西南大学，2020：2.

架、地面铺设物的位置，张贴在墙上的图案也可以根据主题内容及时更换，这样可以为婴幼儿带来新鲜感。

（三）既封闭又开放

托育机构环境创设在时空上应突出开放性与隐蔽性有机结合的特点。在托育机构的管理和办学理念方面可以既封闭又开放。一方面，托育机构主要服务于0～3岁的婴幼儿，他们年龄小，认知水平低，对生活环境中存在的各种危险了解甚少，因而托育机构往往采取封闭式的管理和办学方式，有严格的接送、请假和安保制度或措施。托育机构内部的各区角，既要有对本机构所有婴幼儿开放的活动空间及场地如多功能区，也要有为不同月龄婴幼儿提供的相对固定的玩要区域，既要有空间比较大的区域，也要有相对狭小的区域。另一方面，为了拓宽婴幼儿的视野和见识，托育机构应主动与外界不同机构合作，共同寻求相关资源以拓宽教学资源的来源途径。托育机构可以利用周边具有教育价值的各种人力和物力资源，比如与家庭、社区、学校、医院等单位合作，共享其教育资源。此外，托育机构还可以引导家长带婴幼儿到社区、公园、书店、博物馆等参观，拓宽婴幼儿视野以及探索周围世界的范围。

四、区角环境创设的原则

托育机构在区角环境创设时，除了考虑安全卫生原则之外，还要考虑不同区域的功能，根据不同区域的保教要求设计出不同的方案。在创设不同区域时，应遵循自主参与性原则、丰富多样性原则、趣味性原则和适宜性原则。

（一）自主参与性原则

婴幼儿的身心要得到健康和谐的发展，需要为他们提供符合其年龄特点及兴趣爱好的各种操作器材。只有这样才能更好地激发他们自主参与各种活动的愿望。婴幼儿的注意时间较短，但他们喜欢通过自己的方式来积累经验。托育机构应为婴幼儿创设自主活动的区角环境，提供他们喜欢探索的教玩具以及材料，以此激发他们自主探究的愿望。比如在操作区，通过鞋子、袜子、筷子、手套的配对，可以引导婴幼儿逐步形成关于"一双、一对"等数量词的认知，同时也能较好地训练他们的手部精细动作。区角环境创设的参与性原则不仅是指激发婴幼儿参与区角活动的兴趣，还在于提升婴幼儿在区角环境创设中的参与率。为此，保教人员在创设区角环境时，要细心观察婴幼儿的兴趣爱好以及操作水平，同时摆放相关的器材。若孩子喜欢树叶，保教人员可以带着他们制作一些简单的树叶粘贴画，并将其作品张贴在主题墙上。同时，为家长提供参与环境创设的机会也是必要的。比如可以为家长提供换鞋的凳子、鞋套、挂衣架、餐巾纸、沙发、桌椅板凳以及操作器材与工具等，更好地激发家长参与婴幼儿各种活动的积极性。保教人员与婴幼儿及其家长之间持续不断的互动有利于营造融洽的师幼关系、家园关系和亲子关系，在一定程度上也能激发婴幼儿参与的愿望。

（二）丰富多样性原则

托育机构为婴幼儿提供丰富多样且能刺激不同感官的环境，对婴幼儿各种能力的发展具有很好的促进作用。[1]因此，保教人员在布置区角时，要为婴幼儿创设轻松、自由、安全的环境。为婴幼儿提供的区角环境，不仅体现在区角划分类型和投放的器材种类以及操作方法方面，还体现在各类器械投放的数量方面。在各个区域投放材料时，应注意摆放分量轻、体积小、颜色鲜艳、形状奇异、种类多、数量多的器材。这些器材能较好地锻炼婴幼儿看、听、抓、捏、摸、拿、拉、扯、撕等动作或技能，婴幼儿通过这些活动，可以有效地促进其各种感官能力的发展。如本任务的"案例导入"中教师为婴幼儿提供的豆粒、石子、罐头盒、小瓶子、小碗等材料，体现了材料的丰富多样

[1] 徐鹏，杨涛.幼儿园区角环境创设原则探究［J］.成才之路，2021（26）：106-107.

性原则。保教人员还可以为婴幼儿提供钻、爬、走、跑、攀等器械，促进婴幼儿各种运动能力的发展。此外，应根据婴幼儿的人数，为他们提供足够数量的玩具或操作器材，避免器材不足而导致有的婴幼儿无器材操作或争抢现象的发生。

（三）趣味性原则

不同的婴幼儿，其身心发展水平不同，同一婴幼儿在不同的月龄段，其身心发展水平也不同。为了满足不同月龄段及不同兴趣爱好婴幼儿的需求，托育机构在创设区角环境时，提供的设施设备要考虑到各月龄段婴幼儿身心发展的特点，并尊重婴幼儿在兴趣、能力和发展水平上存在的个体差异性，激发他们长时间在这种环境中活动的愿望。保教人员还可充分利用实物、图片、视频等形式，激发婴幼儿参与区角活动的兴趣。例如：对于0～1岁的婴儿，可以为其提供地垫、镜子、横杠、图片、摇铃、多功能启智积木、电动趣味玩具、木马平衡骑椅等；对于1～3岁的幼儿，可以开展以季节为主题的活动，让他们认识花卉、水果、蔬菜等物品，观察这些物品的外形和颜色，闻一闻并品尝其味道等，增加活动的趣味性。

（四）适宜性原则

婴幼儿对环境的适应性不同，对区角环境的需求也不同。第一，保教人员在创设区角环境时，应遵循材料及其操作工具、设计的主题等符合婴幼儿的认知发展水平。例如：对于0～1岁的婴儿，保教人员应为他们提供一些画片、发声的摇铃、学步车、海洋球、手偶、指偶、智能娃娃和布娃娃等玩教具；而1～3岁的幼儿会走、会说且具有一定的动手能力，可为他们提供一些益于了解物品大小、形状、声音、质地及其如何操作的玩教具，如小的三轮自行车、滑板车、平衡车、羊角球、大的皮球、充气娃娃、数字嵌板、多功能镶嵌板、串珠、蜡笔、积木、画笔和橡皮泥、图画书、磁带或CD机、沙包、沙锤、打击乐器等。第二，区角材料不仅要按婴幼儿发展水平的高低来投放，更重要的是能满足每名婴幼儿个性特质发展的需要。每个区角在投放材料之前，保教人员要考虑好每个区角材料的不同玩法以及不同活动对婴幼儿发展的作用等；投放的材料、桌椅凳子及其他工具要适合课程需要以及婴幼儿的兴趣特点，同时也能随着活动的改变而适当增减；材料放置的高度也应符合婴幼儿的身高以方便其取放。总之，只有为婴幼儿营造适合其生理和心理发展需求的区角环境，才能有效地发挥其教育价值和育人功能。

任务二　创设区角环境的措施

案例导入

某托育机构的一位老师正与2岁的幼儿及其家长一起讨论阅读区主题墙的环境创设，经过讨论，大家一致认为应将阅读区墙面环境分为三块：一块为好书推荐墙，用于粘贴幼儿推荐图书的画面，吸引其他幼儿的注意；一块为故事墙，用于粘贴幼儿自己想象并画出的故事，激发幼儿的想象力；一块为精彩瞬间墙，记录幼儿阅读过程中的精彩瞬间，便于幼儿回顾自己的阅读过程。[1]请问，老师为什么要与幼儿及其家长讨论主题墙的环创设计？

---

[1]　徐志慧.中班幼儿参与物质环境创设的行动研究——以如皋市 X 幼儿园 Z 班为例［D］.扬州大学，2020：24.

任务要求

1. 了解保教区如主题墙、建构区、精细动作区以及辅助区域如盥洗区、喂养区、睡眠区等不同区域的创设措施。

2. 能用所学知识和技能为婴幼儿创设某一区角的环境。

我国《托育机构管理规范（试行）》提到："托育机构应当为婴幼儿提供适宜刺激，丰富婴幼儿的直接经验，支持婴幼儿主动探索、操作体验、互动交流和表达表现，发挥婴幼儿的自主性，保护婴幼儿的好奇心。"[1] 婴幼儿进行主动探索、获取丰富操作经验的一个重要依托便是材料。皮亚杰指出："儿童的智慧源于材料。"婴幼儿正是在与材料的相互作用中不断发展的。托育机构可以根据婴幼儿发展的不同需求，将室内划分为不同的区域供婴幼儿开展学习、玩耍等活动。在这些区角开展的活动主要是以材料为支撑，活动区的教育功能也主要是通过材料来实现的。婴幼儿在区角操作材料的过程中，其认知、情绪情感、社会性、语言等能力可以得到较好的发展。因此，托育机构应重视区角材料及其操作工具的投放。

一、保教区域的环境创设

托育机构的区角环境创设主要有教室、主题墙、建构区、泥塑区、美工区、阅读区、精细动作区、日常生活区、感官区、地面、墙角、走廊走道、护栏等。对于托育机构而言，每个区角最好做到合理化分隔，每个活动区的物品布置应科学合理。

（一）教室

托育机构的教室具有多种保教功能，教室中不同功能区角的划分能较好地促进婴幼儿的全面发展。根据不同的保教目的，托育机构的教室可以划分成学习区、玩耍区、智力开发区、阅读区、数学区、语言区、科学角等，各个区域之间可以用教具、矮柜等加以间隔。保教人员可以将不同区域的物品整齐、有序摆放，不同区域摆放的各种教玩具、器材及其色彩应符合婴幼儿的身心发展需求。这样不仅能让婴幼儿喜欢来到托育机构，激发他们学习和探索的欲望，还能促进婴幼儿各种能力的良好发展。

此外，适当变换桌椅的位置，教室中可以增设就餐区或睡眠区。午餐时间，可以拼凑桌椅供婴幼儿就餐；就餐结束，保教人员清洁、消毒地面后，可以把桌椅推到一边，拉出小床让婴幼儿午睡，将教室变为寝室。

保教人员选择安全环保的器材创设的教室环境，可以让婴幼儿对托育机构及其工作人员产生信任感和安全感。如教室两侧宜悬挂具有遮光吸音效果的棉麻布料窗帘，铺设木头材质的防滑地板或柔软的地垫；教室里洗手池和厕所的尺寸都要符合婴幼儿的身高，厕所安装小型马桶和小便器，为婴幼儿提供可以照顾自己的环境；室内铺设瓷砖处以及洗手池旁边的地面都应铺设防滑地毯。在教学以及婴幼儿活动时间，教室内的教学区域可以摆放桌椅；在午餐时间，可以把桌椅拼凑起来供婴幼儿就餐；就餐结束，清洁、消毒地面后，保教人员可以把床拉出来让婴幼儿午睡，将教室变为寝室。

在教室内部各个区域的划分及其环境创设方面，除了考虑各种器材的安全环保因素外，保教人员要考虑各个区域与整体布局的协调统一，统筹规划投放各类器材；还要考虑婴幼儿的月龄大小。月龄越小的婴幼儿，教室里划分的功能区就越多。随着婴幼儿月龄增长，他们学习的东西需要

---

[1] 国家卫生健康委．国家卫生健康委关于印发托育机构设置标准（试行）和托育机构管理规范（试行）的通知［R/OL］．（2019-10-16）［2022-01-18］．http://www.gov.cn/xinwen/2019-10/16/content_5440463.html.

不断变化，每个区角投放的器材也要有所不同。因此，托育机构在创设教室环境时应综合考虑各种因素，将婴幼儿最需要的基础功能区划分出来，充分利用有限的空间。与此同时，还应精心创设不同区域的环境。比如在学习区，保教人员应尽量选用比较柔和素净的淡蓝色、淡绿色、淡黄色等浅色装饰品，这样的颜色能让孩子平和并保持安静，有助于集中他们的注意力；保教人员可以摆放符合不同月龄婴幼儿身高的桌椅和书架，以及符合他们兴趣爱好的玩教具和书籍等，方便婴幼儿拿取。在艺术区，保教人员可以为婴幼儿提供纸巾、陶泥、橡皮泥以及各种废旧器材，但要注意颜色的鲜艳和多样性。益智区投放的不同材料要在检查、清洗、消毒后使用，如投放的配对图片、拼图卡片、各种棋类材料不仅能提高婴幼儿的分类能力，还可以锻炼婴幼儿的手眼协调、手部精细动作以及手指控制能力。需要注意的是，教室里布置的物品不宜过多，否则孩子容易分心。

　　总之，保教人员需要为婴幼儿创设一个轻松、温暖、和谐并充满关爱的教室环境，同时摆放一些简洁、色彩鲜明的物品，让婴幼儿感到舒适、自在。这样的环境有助于刺激婴幼儿大脑的发育，促进其视觉分辨力、思维能力和创新能力的发展。

（二）主题墙

　　主题墙有鲜明的主题特色、鲜艳的色彩和生动形象的装饰，具有丰富的审美内涵，可以培养幼儿的审美力和创造力，还可以让婴幼儿表达个性和情感，充分激活婴幼儿的创意。主题墙会影响婴幼儿主体性、创造性的发挥，激发内在学习的动机，有助于婴幼儿口语表达能力、观察能力、思维和想象能力的发展。主题墙还能为教师和家长之间架起一座互动的桥梁。比如，主题墙中可以向家长展示婴幼儿在托育机构的学习内容、活动情况以及点滴进步，让家长及时了解孩子在托育机构的各种情况。此外，主题墙也是培养婴幼儿了解中国优秀传统文化，培养他们热爱祖国、热爱中国共产党以及诚信做人、助人为乐等优秀品质的良好阵地。因此，托育机构都应重视主题墙的环境创设。[1]

　　主题墙既可以布置在教室内，也可以布置在其他公共区域的墙面。无论哪个位置的主题墙，都是托育机构环境创设的重要组成部分。在布置主题墙的时候，既要整体考虑主题墙和地面的色彩搭配，又要突出主题墙的特点。地面与墙壁布置的材料之间既要有所关联，同时也要体现趣味性、可操作性、生活性、教育性等特点，力求安全、环保、美观、经济适用。比如，可以在墙面张贴有关主题活动的故事情节的图片，地面则可以布置相应的简洁图案。主题墙既可以按照从左到右的顺序分区创设，也可以按照上下两个板块创设。若是后者，保教人员可创设上半部分，婴幼儿创设下半部分。

　　主题墙面设计的内容要尽可能与婴幼儿身心发展特点、所学课程相结合，体现一定的教育目标。主题墙的内容既可以是静态的如绘画作品、手工作品、故事、连环画、游戏等，也可以是动态的。比如"家乡的水果"这个主题，可以按照不同的季节，更换不同的水果图片，这样的内容更能吸引婴幼儿的眼球。保教人员应根据不同教学内容、季节和相关课程的需要，定期更换主题墙面内容，让主题墙"活"起来，以此激发婴幼儿对主题墙内容的兴趣。

　　创设主题墙的材料，在保证安全卫生的前提下应该多元化和多样化，材料可以是婴幼儿收集的，也可以是保教人员根据主题内容提供的。无论是教师提供的还是师幼共同收集的环创材料，都是为了加强婴幼儿与环境的互动。比如，保教人员可以为婴幼儿提供诸如牛奶箱、纸袋、废旧报纸、瓶盖、塑料夹、饮料瓶、碎布条、毛线、纸盒、塑料袋等他们熟悉的废旧器材，供他们操作，以培养婴幼儿对材料的感知和动手能力，进而获得操作过程中的愉悦体验。保教人员还可以根据婴幼儿的兴趣和需要，把直观、生动、形象的剪纸、绘画或手工等作品布置在主题墙上，婴幼儿可以从中获得满足感和成就感，并在欣赏墙面不同作品的过程中提高认知水平。不过，值得注意的是

视频

教室环境创设

---

[1]　张全超.大班幼儿参与主题墙创设的调查研究［D］.哈尔滨师范大学，2021：6-7.

在创设过程中，不宜过度重视主题墙画面的精致、漂亮等外在装饰，而应注意主题墙创设的教育价值。

主题墙在创设方式上应以婴幼儿参与为主，但需要在保教人员和家长引导下进行。正如本任务中的案例导入那样，教师在创设主题墙时可以事先引导幼儿讨论不同区域的名称及其装饰的素材。婴幼儿参与主题墙创设不但能够充分调动其积极性，还有利于增强他们对班级的归属感。在创设主题墙的过程中，要注重让婴幼儿动手创作并亲身体验，激发他们自主学习的好奇心和主动探究的欲望，这样可以取得事半功倍的教育效果。例如，在"好吃的食物"这个主题活动中，保教人员可以引导婴幼儿共同收集家乡美食的图片，并用橡皮泥捏出自己最喜欢的食物造型贴在主题墙上；在以"新年与生肖"为主题的墙面上，保教人员可以引导婴幼儿将彩色纸剪成各种窗花和长条花边，并将其串成一串装饰主题墙的四周边缘；师幼可以一起剪纸，将剪成的生肖图案、花朵图案以及婴幼儿收集的过年时的各种照片以及相关资料张贴在主题墙中（见图3-2-1和图3-2-2）。这些主题墙装饰不仅安全环保，而且清爽干净，注意了色彩搭配，所粘贴和悬挂的装饰物图案的颜色与墙面搭配也比较协调。

图3-2-1 主题墙面装饰

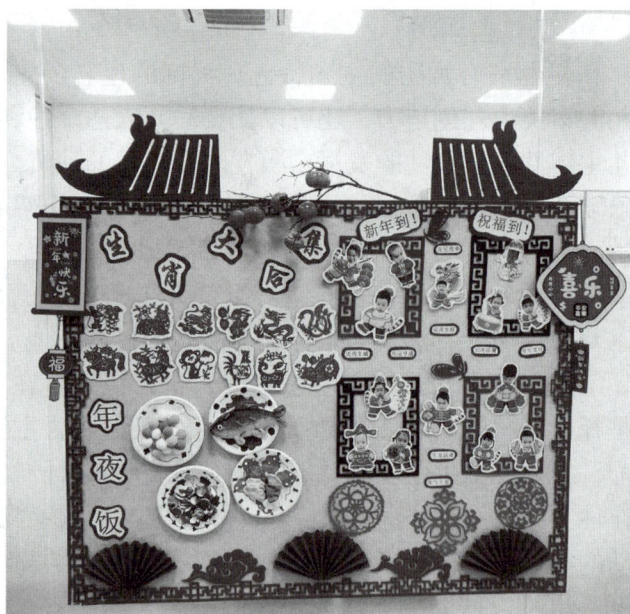

图3-2-2 以新年与生肖为主题的墙面

保教人员还可以在墙上创设一个展示角或展示区，将幼儿制作的作品摆放在该区域，也可以与幼儿一起规划设计展区上的作品，比如可以引导幼儿在展示区张贴"新年快乐""贺年卡""树叶粘贴画"等作品。如在"过年"这个主题活动中，托育机构可以引导婴幼儿共同创设新年美食、新年习俗、春节的来历等内容（见图3-2-3）。有的托育机构还会为婴幼儿创设熟悉的家庭生活环境，在墙上张贴家人的合影、餐桌、沙发等，营造类似家中客厅的环境，让婴幼儿在托育中心感到温馨、亲切（见图3-2-4）。

有的托育机构会专门为婴幼儿创设墙面活动区，如攀岩抓手、攀爬梯、攀爬网等（见图3-2-5和图3-2-6），保教人员可以随时观察、记录并分析婴幼儿的操作或攀爬行为，以便更好地了解他们当前的建构水平、兴趣和需要，适当增加或减少建构材料。有的托育机构还会在机构或班级内设置一块"家长园"，以此作为托育机构与家庭沟通的桥梁，这样每个班级可以根据本班婴幼儿的特点及实际情况开展丰富的家园合作活动，争取家长更多的支持和帮助。例如，在班级门口的墙上粘

图3-2-3 "过年"主题墙

图3-2-4 模仿家庭生活的主题墙

图3-2-5 墙面活动区

图3-2-6 墙面攀爬区

贴一日活动表，方便家长了解婴幼儿当天在托育机构的具体活动计划及时间，或张贴一些家庭育儿类的文章供家长阅读。托育机构可以通过这样的方式向家长传递卫生保健、科学育儿的知识，达到家园共育的效果。在家园宣传栏的布置中，可以设计如下板块：当月的教学任务、一周的教学与活动计划、每周的食谱等，向家长展示本班教学实施方案及具体时间安排等。

墙面及走廊环境创设

（三）建构区

建构区是指婴幼儿使用结构材料（积木、积塑拼插等）实现社会生活再现和构建的区域，各种建构材料是建构区的重要组成部分。建构区分为小型建构区和大型建构区。小型建构区以小型建构材料为主，包括插片、串珠、小型积木等，同时配置一些颜料、蜡笔、剪刀等辅助工具，这些东西通常放在篮子里，方便婴幼儿取放，这类建构区常见于教室内部。大型建构区以中大型建构材料为主，如长条的横木、长方体和正方体木块等，这类建构区所占空间相对较大且不易流动，通常设置在公共活动室或者户外。[1]

积木是婴幼儿在建构区内最常见的益智类玩具。各类积木颜色鲜艳，具有不同的几何形态，对婴幼儿有极强的吸引力。积木不仅在视觉上给予婴幼儿一种美的享受，也是向他们传达信息、

---

[1] 谢玉华.幼儿园建构区游戏材料及其投放方式：基于儿童的视角［D］.湖南师范大学，2020：6-7.

思想与情感的一种媒介。婴幼儿喜欢红、黄、蓝、白、浅粉等颜色鲜艳的积木，或是带有植物、动物或水果等有趣图案的积木。婴幼儿通过观察积木的材质、外形、颜色、大小、图案以及自己亲身体验不同的玩法，可以获取相关的知识及操作技能。在用不同方法搭配积木时，婴幼儿还能感受建构不同形状的物体所带来的惊奇和喜悦，初步培养他们的创新能力和感受变化的能力。如托育机构可以为婴幼儿准备颜色鲜艳的积木、拼图，各种动物、人物以及不同形状的几何图形玩具，并将其整齐地摆放在符合孩子身高的木架上，不仅符合婴幼儿身心发展特点，而且也方便取用（见图3-2-7）。对于1～3岁的幼儿，可以为他们提供大型建构玩具，幼儿可以合作搭建各种造型；也可以提供各类小型拼插玩具，幼儿可以自由拼插（见图3-2-8）。

视频

建构区环境创设

图3-2-7 符合孩子身高的架子

图3-2-8 小型拼插玩具

（四）泥塑区

泥土和沙子是自然角区内婴幼儿能接触到的常见材料。创设泥塑区，需要根据不同月龄段的婴幼儿，提供不同材质的泥土沙子。保教人员可在室内为0～1岁的婴儿提供并展示不同颜色和形状的泥土或沙子图片、模型并加以讲解，比如泥土有粉末状、块状、片状以及团粒状，在颜色方面有黑色、褐色、黄色、红色等，然后再引导他们仔细观察身边泥土的颜色和形状。同时，还可以为这个年龄段的婴幼儿提供橡皮泥等，让他们任意捏玩，不刻意要求他们能捏出什么成形的物品，只要他们能够动手操作即可。也可以为婴儿提供彩泥、模具或印章，让他们用模具、印章或手指创作彩泥图案。托育机构还可以为婴幼儿提供沙坑或沙池，供婴幼儿玩耍（见图3-2-9和图3-2-10）。

图3-2-9 沙坑

图3-2-10 玩沙区

对于1～3岁的幼儿，保教人员可以向他们介绍泥土的分类及作用：如泥土可以分为沙质土、黏质土、壤土三种类型；泥土可以用来种花草树木、蔬菜及庄稼，可以用来制砖、建房、做陶器、做瓷器、做玩具等。然后，引导他们观察干泥土与水融合在一起，体验用手搓揉泥巴的感觉，感受其形状的变化。最后，可以引导幼儿用泥团捏成自己喜欢的动物、植物等图形。如用泥球串成糖葫芦、葡萄、太阳花、心形项链；用泥条做成桌腿、凳腿、面条；用泥球、泥条和泥片组成小鱼、小鸟、小花、月饼、勺子、杯子、碗筷等与幼儿生活密切相关的物品。孩子们在捏、团、压、搓泥巴的过程中，能较好地训练手指的灵巧度并锻炼手臂和手腕力量。婴幼儿可以在泥塑区用盆子、碗等将泥土做成馒头的形状，并在顶部放几片树叶加以点缀，富有生气。他们也可以用泥巴捏成蛇、兔子、恐龙、山羊等不同的动物形状，并摆放在桌上供大家欣赏。引导婴幼儿用泥巴捏出不同形状的物品，让他们学会观察保教人员及其他伙伴制作的丰富多样的作品，可以更加有效地激发婴幼儿的创新思维，使其想象空间更宽广、更有延续性。

保教人员可以为1～3岁的幼儿创设室内外泥塑区角，提供泥土、沙子、桌子、椅子、铲子、盆子、杯子、模具、乒乓球、贝壳、塑料鱼等物品或玩具（见图3-2-11和图3-2-12），推车、水桶、吸管、勺子、水瓢等装沙舀水的工具，以及围裙、洗手池、擦手布等清洁用品，这样可以更好地激发幼儿玩泥沙的兴趣。

图3-2-11 沙坑里的一些工具

图3-2-12 白色沙池里的玩具

（五）精细动作区

著名教育家苏霍姆林斯基曾说过："儿童的智力在他的手指尖上。"这句话折射出婴幼儿精细动作训练的重要性和必要性。精细动作是指手指的随意动作，主要包括婴幼儿的手眼协调、手指屈伸和指尖动作等。[1] 为了更好地帮助婴幼儿发展手部运动能力，进而为其未来所具备的生活技能做好准备，托育机构需要为婴幼儿创设精细动作训练的区域，以便让他们通过两指捏、三指捏、手指抠、撕以及手腕拧、裁剪、弯曲、折叠、抓握等动作，训练双手的灵敏度和手眼协调的能力。在精细动作训练区域，保教人员可以为婴幼儿设计类似"喂娃娃"的活动，如提供嘴巴大小不同的娃娃，既有纸盒做的大河马嘴，也有用雪碧瓶做的小兔嘴，还有用矿泉水瓶口制作的小蚂蚁嘴。婴幼

---

[1] 潘婷.聚焦精细动作发展的小班生活操作区游戏推进策略——以"运珠达人"游戏为例［J］.福建教育，2019（33）：40.

儿可以慢慢地从大嘴娃娃喂到小嘴娃娃，或者根据自己的能力选择。[1]保教人员还可以为不同年龄段的婴幼儿提供大小不等的串珠、跳棋、插件等训练精细动作的玩教具，这些玩具颜色鲜艳，应整齐摆放在适合婴幼儿身高的矮柜上（见图3-2-13）。保教人员也可以为婴幼儿提供熟悉的生活类物品，引导婴幼儿操作，如使用海绵吸水或挤压水，用水瓢舀水倒水，使用滴管、针筒吸水或压水；引导婴幼儿倒豆子、舀谷物、夹小球、串珠子（见图3-2-14）；让婴幼儿将豆子、珠子或小球等从一个器皿中拿到另一个器皿中，以此训练他们的精细动作（见图3-2-15）。

图3-2-13　训练精细动作的玩具　　　　图3-2-14　夹小球　　　　图3-2-15　数小豆子

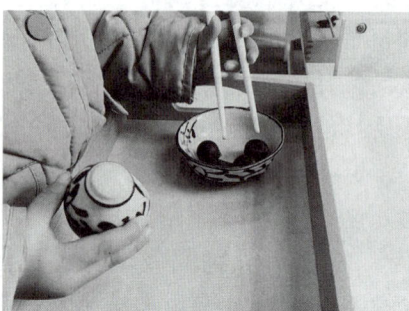

　　婴幼儿已经能辨别不同的色彩，区分大小差异明显的物体，他们对物体形状的恒常性具有一定的认知，能感知并区分长方形、正方形、三角形和圆形。随着婴幼儿感知能力的提高以及精细动作的逐渐强化，他们的动手能力也在增强。婴幼儿非常享受动手操作及创作的乐趣，这让他们很有成就感。因此，在精细动作区，保教人员可以为他们提供白纸、蜡笔、水彩、剪刀、胶带、胶水、废旧物品等材料，协助婴幼儿制作自己喜欢的各种作品，如引导2～3岁的幼儿用蛋壳或树叶创作粘贴画。在此过程中，婴幼儿可以通过一些简单的粘贴或涂鸦动作，训练手部肌肉和手指精细动作，启发他们创造美的意识。如下"训练婴幼儿手指精细动作"的案例，即让婴幼儿通过穿积木活动，训练他们的手指精细动作。

案例分析——训练婴幼儿手指精细动作

一、活动准备

1. 活动名称：积木串串串。

2. 活动方式：保教人员演示后婴幼儿自主模仿操作，必要时给予指导。

3. 活动目标：训练婴幼儿的手指精细能力。

4. 活动准备：积木套柱（人手一套）。

二、活动过程

1. 引导婴幼儿认识圆环与套柱的颜色。

2. 初步感知圆环与套柱的形状。

3. 保教人员示范将圆环套入木棒：保教人员拿起一个圆环，将中间的圆孔对准木棒，然后将圆环松开，圆环就串在木棒上了。

---

[1]　许惠莲. 浅谈小班生活区活动材料投放的策略［J］. 新课程·上旬，2014（12）：47.

4.婴幼儿模仿操作圆环套入木棒。

5.保教人员来回巡视并加以指导。

三、观察记录并交流

1.在婴幼儿操作的过程中，保教人员可以仔细观察并作相关记录，比如孩子操作时的表情、动作以及遇到困难后采取的办法等。

2.鼓励婴幼儿分享套圆环的方法及感受，激发婴幼儿操作兴趣。

四、拓展延伸

鼓励家长与婴幼儿在家一起玩这个游戏。[1]

总之，为婴幼儿精细动作发展创设良好的区角环境，组织婴幼儿开展活动，为他们提供自己动手、自己思考、自己选择材料的机会，能有效地让婴幼儿使用他们的双手、头脑、眼睛、嘴等不同部位，在促进他们精细动作发展的同时，还能促进他们头脑、思维等各项潜能的开发。[1]

（六）生活操作区

为了更好地帮助婴幼儿熟悉身边的生活环境，提升照顾自己、照顾环境、照顾他人的能力，托育机构需要为婴幼儿创设日常生活区。在这个区域，保教人员可以为婴幼儿提供与生活密切相关的物品，如服装类（粘扣、拉链、排扣、鞋子、袜子、帽子、娃娃及其不同的衣服等），食育类（剥橘子、切香蕉、涂抹果酱、择菜、给蔬菜去皮、清洗蔬菜、剥大蒜头、剥蛋壳等活动），照顾环境类（给植物浇水、给叶子擦灰、修剪枯叶、除尘、清扫地面、清扫桌面、使用抹布等）。还可以为0～2岁的婴幼儿投放大、中、小三种不同尺寸的餐具（包括餐盘、碗、勺、刀、叉、杯）和画好轮廓的纸板，引导婴幼儿寻找相应形状和大小的餐具，放在轮廓线上，模仿在家中吃饭的过程，感受一家人其乐融融的生活场景。也可以为2～3岁的幼儿创设"洗衣房"区角，同时摆放小衣物、小鞋袜、晾衣架、洗衣机、衣柜等，供他们模仿洗衣、晾衣、收衣、叠衣、放衣等技能（见图3-2-16），并且在墙面上粘贴保教人员拍摄的从洗衣服到存放衣服完整过程的示范图。通过这些操作，婴幼儿不仅可以知道洗衣服的整个程序，还可以学习如何收拾整理自己的物品。[2]生活操作区还可以引导婴幼儿学习扫地（见图3-2-17）、制作小糕点，以及自己穿脱衣服、扣纽扣等（见图3-2-18）。

图3-2-16　叠衣服

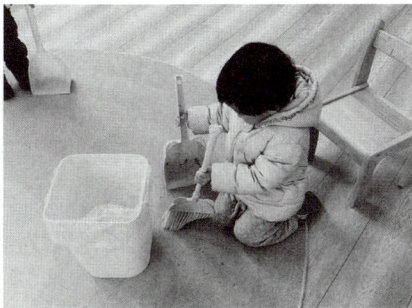

图3-2-17　扫地

图3-2-18　扣纽扣

[1]　李营.0～3岁婴幼儿潜能开发与游戏［M］.北京：人民邮电出版社，2018：75-77.

[2]　张凌云.小班生活区材料投放策略［J］.教育导刊（下半月），2017（12）：84-85.

（七）感官区

为了更好促进婴幼儿各种感官的发展，引导婴幼儿通过感官探索未知世界，托育机构需要为婴幼儿提供真实而丰富的感官训练场所及机会。感官认知活动能较好地发展婴幼儿对事物的分类、配对、排序的认识和理解能力，对基本几何形状的认识有助于加深婴幼儿对日常生活中物品形状的感知。在感官区角，保教人员可为不同月龄段的婴幼儿提供不同的刺激。比如对于0～1岁的婴幼儿，可以经常呼喊他们的姓名，帮他们摆弄床头上悬挂的发声的玩具，或播放高雅的轻音乐等刺激婴儿的听力发展。可以为1～2岁的幼儿提供有助于视觉发展的器材，如不同图案、数量、颜色、形状和材质的玩具，引导婴幼儿配对（见图3-2-19）；投放有助于发展婴幼儿触觉的器材如不同材质的布匹以及粗糙和光滑的物体表面，引导婴幼儿观察抚摸软硬不同及形状各异的物品（见图3-2-20）；可以投放嗅觉方面的训练材料如各种调料、食品以及有味道的水果如苹果、橙子等，引导婴幼儿闻一闻说一说；训练听觉方面的器材如有声读物、各种乐器玩具、发声玩具等，可以让婴幼儿聆听不同的声音以刺激其听力的发展；味觉方面的训练器材如不同味道的调味品，有助于引导婴幼儿品尝酸、甜、苦、辣、咸、淡等不同味道。保教人员也可以为婴幼儿准备1个手摇铃，1个木球，1个触觉袋，1块海绵，1个小盘，引导婴幼儿触摸袋里表面形状各异的物体，感知袋里物体的长短、大小以及不同的材质，强化皮肤、大小肌肉、不同关节的神经感应以及其分辨感觉的层次，从而提升大脑感觉神经的灵敏度。

图3-2-19　不同材质的杯子　　　　　　　图3-2-20　各种感官训练器械

（八）安静角和团讨区

婴幼儿都希望有一个安静的小小空间，能够不被打扰。因此，托育机构可以为孩子提供一个柔软、轻松、舒适且相对私密的安静空间，满足孩子心情不好或独处的需求。保教人员可以为婴幼儿提供帐篷、软地毯、舒缓的音乐盒、毛绒玩具、让人开心的绘画、美丽的事物等。婴幼儿待在里面，可以选择做点什么也可以选择不做什么（见图3-2-21和图3-2-22）。为了方便婴幼儿集体讨论和共同制作手工，托育机构还可以为婴幼儿设计一个区域，作为婴幼儿小组或集体讨论的区域，这个区域可用地毯或其他物品来进行划分（见图3-2-23）。

（九）走廊通道

影响婴幼儿成长的环境因素除了空间大小、区角环境创设外，还包括婴幼儿所在空间的安全通道。托育机构内的走廊通道既是婴幼儿最能感受到园所内部特色的地方，也是他们经常活动的空间，往往被视为托育机构"亮丽的风景线"。因此，托育机构内部走廊通道的环境创设，应尽可能让婴幼儿感到亲切，从而产生归属感。在多数情况下，走廊通道都以悬挂各种物品（吊饰）加以

图3-2-21 私密空间

图3-2-22 小房间

图3-2-23 团讨区

装饰，这些装饰在配合某种教学活动的同时也能使环境更加形象生动而富有灵气。在环境创设中可以让婴幼儿参与制作气球、灯笼、标识牌、窗花、对联、彩条等悬挂装饰品的某些环节，提高婴幼儿的参与度，营造出温馨而高雅的环境。比如，走廊吊饰可将方形与菱形的剪纸图案镶嵌在镂空的KT板上，也可以放上2～3岁幼儿的美术作品、手工作品或是教师及画家的绘画作品（见图3-2-24和图3-2-25）。走廊上的圆柱，既可以雕刻一些图案（见图3-2-26），也可以张贴关于植物的作品，如保教人员可以引导婴幼儿事先画好花朵或者大树，然后贴在上面。

图3-2-24 走廊吊顶

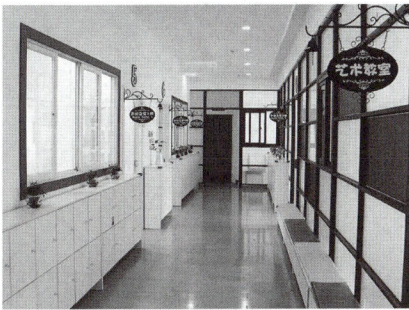

图3-2-25 教室外走廊

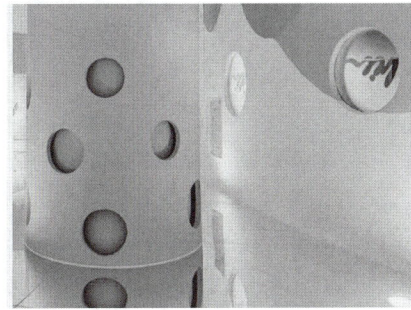

图3-2-26 走廊圆柱

二、辅助区域的环境创设

在托育机构，除了保教区以外，还有提供后勤服务的区域如盥洗室、洗手台、如厕区、尿布台、喂养区和睡眠区。托育机构在优先考虑安全的前提下，应为婴幼儿创设符合其身心健康发展的后勤服务环境，这样有助于婴幼儿养成良好的卫生、睡眠以及饮食等行为习惯。

（一）盥洗室

0～3岁婴幼儿的盥洗室主要由洗手间、淋浴室和如厕区组成，是培养婴幼儿养成良好卫生习惯的地方。因此，托育机构应该为婴幼儿创设方便、干净、整洁且富有童趣的盥洗环境。《托儿所、幼儿园建筑设计规范》规定，托大班和托小班教室内部盥洗区的最小使用面积为6平方米。在这个区域，托育机构要为婴幼儿提供清洁通风、无异味，且地面干燥、无积水的防滑地面，以及安装有洗手台、洗手盆、扶手的温馨干净环境，设置婴幼儿使用的便器、尿布台，同时还应为婴幼儿准备如厕卫生纸、尿布垫、干净尿布等，所需如厕物品均应摆放在方便拿取的固定位置且能根据需要及时补充，对婴幼儿排便时使用的相关用具应及时清洁消毒以备随时使用。[1]此外，在婴幼儿大小便后，保教人员还应向他们示范正确的冲厕方法，引导婴幼儿逐步掌握相关的技能。

---

[1] 倪陶.托育机构生活活动保育质量评价指标体系的构建研究［D］.西南大学，2021：34，107.

1.尿布台

对于0～12个月的小月龄婴儿来说，尿布台是他们日常活动中使用频率最高的区域。父母在给婴儿整理衣服、换尿布时，可将婴儿平放在尿布台上面，方便操作。

（1）尿布台的种类

目前常见的尿布台主要有：标准尿布台（见图3-2-27）、多功能尿布台（见图3-2-28）、挂壁式尿布台（见图3-2-29）、成长式尿布台等。其中，标准尿布台是市面上最常见的尿布台，四面都带有防护栏和安全带，下方一般分隔成几个小空间或小抽屉，方便拿取各种用品；多功能尿布台是指有多种功能的尿布台，可以用于为婴幼儿洗澡、抚摸、换尿布、换衣服，同时还能收纳和存放婴幼儿的衣物等；大多数家庭还会使用挂壁式尿布台，尽管不符合四周有围栏的标准，但它占地面积很小，可以将它与中间凹陷的尿布垫搭配使用，以增强安全性；成长式尿布台的实用性很高，婴儿期使用后，还可适当将其改装成储物架、书桌等其他物品。

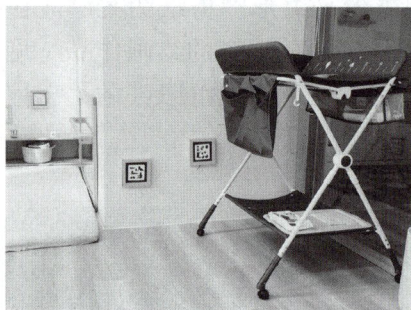

| 图3-2-27　标准尿布台 | 图3-2-28　多功能尿布台 | 图3-2-29　挂壁式尿布台 |

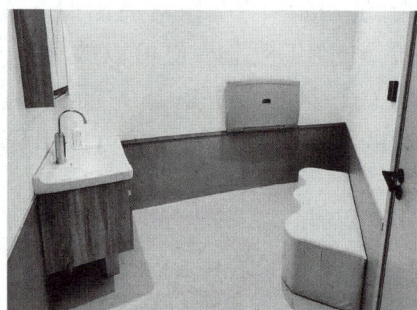

（2）尿布台的选购

选择尿布台时，首先，要考虑其稳固性和安全性。对于婴幼儿来说，安全永远是第一位的，如果选择底部有轮子的尿布台，照护者需要确保锁定装置。其次，最好选购四面都有护栏和安全带的尿布台，且护栏高度在5厘米左右。若尿布台表面为凹形，两侧应配有对应的护栏。再次，要考虑材料的耐用性和舒适性。建议选购适合人体工学、视觉效果、抗霉、抗菌、结实、稳固且有特殊圆角设计的实木材质的尿布台。保教人员在帮婴幼儿换尿布时，常常需要"辅助用品"，但辅助用品的收纳位置要方便拿取，比如，可在尿布台下方设置一个抽屉，或者添置架子和篮子收纳。最后，还要考虑成人的需求。如果将婴儿放在床上或软垫上换尿布，高度比较低，长时间的弯腰容易让保教人员腰酸背痛，因此还要考虑尿布台的高度。

知识拓展3.1

更 换 尿 布

保教人员平时要仔细观察记录每位婴幼儿大小便的时间及频率，力求做到根据每个婴幼儿的不同排便特点定时为他们换尿布；与此同时，保教人员还应将给婴幼儿换尿布或帮助他们如厕作为与他们交流互动的机会。给婴幼儿更换尿布时，保教人员应充满耐心和爱心、动作轻柔。对尿布上出现排便痕迹的婴幼儿，应对其臀部进行必要的清洗和擦干。保教人员在给婴幼儿换尿布或帮助其如厕前、后都应洗手。[1]

---

[1] 陈大宁.细心呵护——给宝宝更换尿布的方案［J］.启蒙（0-3岁），2006（06）：26-28.

（3）尿布台的使用

首先，父母或保教人员在使用尿布台时，要将尿布台放置在一个安全稳固的地方，然后将宝宝放在尿布台上，系好安全扣，千万不能将宝宝单独留在尿布台上。其次，应将尿布及换尿布的用品放在触手可及的地方，这样更容易取拿。尤其要注意，一次性尿布、爽身粉等应放在远离宝宝触摸的地方，以免宝宝把玩时吸入颗粒状粉末而窒息。再次，更换的尿布要尽量避免宝宝撕下尿布的塑料衬片放在嘴里咀嚼并吞咽，造成窒息的危险。最后，还要及时检查尿布台的小零件，如果出现零件缺损，需要及时修补以排除各种危险。爱闹腾的婴幼儿，最好是将其放在地上或者床上更换尿布。[1]

2. 如厕区

（1）如厕用具

保教人员除了观察婴幼儿如厕方面的需求外，还要提供相应的环境支持，如厕训练是婴幼儿成长的必要条件，也涉及婴幼儿的情绪发展问题，如厕区域的环境若能设计得精细，富有品位和审美情趣，有利于婴幼儿养成良好的卫生习惯，塑造健全的人格。尽管在目前大多数的托育机构中，接受0～12个月乳儿的情况相对比较少见，但我国部分城市中有的托育机构也设置了全日制或计时制的乳儿班。托育机构在设计规划前期，应当充分考虑自己周边的市场环境，再决定是否需要预备0～12个月的乳儿班环境。在环境创设时，需要考虑托育机构的设备设施是否能满足0～12月龄婴幼儿的生活与发展需求。其中，应为不能站立的小婴儿提供尿布台，为能行走的婴幼儿提供小马桶或便池。比如，浙江某托育机构为0～12个月的婴幼儿创设了活动教室，为了满足不同月龄婴幼儿大小便的需求，托育机构在教室的角落提供了便盆和小马桶（见图3-2-30）。当婴幼儿会走能站后，会不愿意躺着更换尿布，这时候如厕环境便更换成小尿斗或小便池（见图3-2-31和图3-2-32）。

图3-2-30　便盆和小马桶　　　　图3-2-31　小尿斗　　　　图3-2-32　小便池

（2）如厕方法

在幼儿走向独立的过程中，如厕训练是一个非常重要的过程，如厕训练可以帮助婴幼儿培养自尊心和自信心。幼儿在18～24个月已具备控制大小便肌肉的能力，保教人员可以对其进行如厕训练。比如幼儿有尿意或有大便意识，会让大人知道，他们也能理解关于排便方面的语言或暗示。[2]从生理角度来说，髓鞘化的发展使婴幼儿自主控制跟释放括约肌的能力有所提升，但髓鞘化的历程只发展了部分括约肌，因而这个时期并不代表婴幼儿可以独立如厕，他们需要掌握相关的技能技巧。因此婴幼儿如厕练习就成为至关重要的事情。训练婴幼儿良好大小便习惯的注意事项主要有以下四点。

[1]　徐德川. 婴儿换尿布台的安全应用［EB/OL］.（2016-06-19）［2022-03-15］.http://blog.sina.com.cn/s/blog_1601c692b0102w5t4.html.

[2]　赵青 .0～3岁婴幼儿卫生与保育［M］.北京：北京师范大学出版社，2021：124.

首先，应根据不同月龄训练。婴幼儿的如厕训练有其最佳时机，否则会出现"太早白搭，太晚后悔"的状况，太早或太晚训练都是对婴幼儿不适宜的。通常说来，0～1个月的婴幼儿尿布湿了要及时更换，大便后要及时清洗屁股；2～5个月的婴幼儿需定时喂养，有助于肠胃消化并形成定时大便的习惯；在照护0～6个月婴儿的过程中，需要保教人员观察记录每个婴儿大小便的时间，然后及时更换尿片。不同时期的婴幼儿如厕训练方法有所不同。比如，最初可以让6个月大的婴儿练习使用便盆，便盆的位置要尽量固定；18个月后的婴幼儿便可以开始有计划、有步骤、有目的地进行如厕训练。2岁半以后，可以培养其独自使用便盆大小便。在如厕训练早期，保育人员可以给幼儿穿有松紧腰带的外裤，并引导他们掌握穿脱内裤的技能，这需要保教人员的耐心示范与引导。如引导幼儿学习使用纸质或棉质学步裤和拉拉裤，便后自己用卫生纸擦净小屁股。由于每位婴幼儿生长发育存在明显的个体差异，其掌握如厕技能所需要的时长也不一样，多数幼儿在2～3个月后便可熟练掌握日间的如厕技巧，但夜间和午睡期间的如厕，有的幼儿可能需要训练几个月甚至几年才能掌握。因而，在夜间和午睡期间，30个月的幼儿仍然需要穿纸尿裤。总的说来，婴幼儿的如厕训练是一个漫长的过程，保教人员应采取循序渐进的措施，同时保持平和的心态并及时表扬和鼓励婴幼儿良好的如厕行为。

其次，采取科学的训练顺序。如厕训练可以按照以下顺序进行：一是在婴幼儿如厕训练前，保教人员需要以正确的语言向婴幼儿详细讲述大小便时的身体部位，同时在如厕区周围的墙上可以张贴一些富有童趣的图片，或引导婴幼儿阅读与如厕相关的绘本或图书，逐渐熟悉如厕的相关知识和技能，以此激发婴幼儿对于如厕训练的兴趣。二是观察婴幼儿的便意。保教人员应随时留意婴幼儿大小便情况，了解婴幼儿表示不舒服想去大便的状态，引导婴幼儿有这种感觉时要及时告诉爸爸妈妈或保教人员。三是提前为婴幼儿准备一个专用如厕用具，如小马桶或坐便椅，也可以为婴幼儿提供固定的便盆，让他们提前熟悉如厕用具的位置，方便他们随时使用。此外，保教人员可以为喜欢使用成人马桶的婴幼儿安装婴幼儿座椅，同时在马桶前安放踏凳供其使用。

再次，训练婴幼儿正确使用便盆。一是要选择一个舒适、安全、大小合适的婴幼儿专用便盆，并把便盆放在固定的地方。二是在接受便盆训练的最初几周，可以跟婴幼儿讲述这个"装置"的用途和使用方法，并让婴幼儿坐上去感受便盆，然后再过渡到使用便盆。三是刚开始练习时，必须由保教人员扶着婴幼儿以防其摔倒。四是坐盆大小便时要专心，不让婴幼儿玩玩具、吃东西，且每次坐盆时间不超过5分钟，以防婴幼儿发生脱肛现象。五是保教人员要示范正确的如厕姿势。引导女宝宝学习正确擦屁股的方法即"从前往后"擦拭，以保证生殖器官的清洁卫生，避免阴道感染；引导男宝宝先学坐着尿尿然后再学站着尿尿。六是要养成大小便前后洗手的习惯。教会婴幼儿如厕后自己冲水、提裤子等技能。七是便盆要经常清洗消毒以保持干净卫生。

最后，保教人员要注意在寒冷的冬天，或对刚入园有分离焦虑症的婴幼儿，通常不能对其进行如厕训练。同时，要注意引导家长积极配合托育机构的如厕训练，向家长宣讲如厕训练的相关知识和技能，以便家园保持步调一致。

（3）辅助用品

保教人员为宝宝更换尿布或带着婴幼儿去如厕时，还需要一些辅助用品。这些用品主要包括：① 婴儿湿纸巾。湿纸巾的用量很大，因此需要储备充裕。在选购时，应注意购买不含酒精、甲醛、荧光剂等的纯水湿巾。舒适的材质更适合新生儿使用，也更容易与宝宝之间建立起亲密关系（见图3-2-33）。② 尿布垫。主要用于换尿布时垫在宝宝屁股下面，以避免宝宝的皮肤直接接触尿布台冰凉的表面而不舒服。保教人员需要准备多个尿布垫，一次通常使用两个。③ 摆放转移注意力的物品。在给宝宝换尿布时，他们可能会感觉不舒服，这时可以在尿布台周围悬挂有声音的小玩具以转移其注意力，使尿布更换得更顺利。④ 小毛巾。当保教人员为宝宝打开脏尿布时，可以用小毛巾盖住宝宝的生殖器，保护宝宝的"隐私处"。⑤ 垃圾桶。最好放置踏板垃圾桶，以方便保教人员不用手就可以直接扔掉脏尿布。⑥ 手部清洁液。用于换尿布前后的人员清洁双手（见图3-2-34）。⑦ 备用衣物。为宝宝准备干净整洁的备用衣物，以便更换时使用。⑧ 护臀膏、爽身粉和医用棉签，有些宝宝因尿布捂住小屁股而长湿疹，这时可以适量使用（护臀膏或爽身粉）（见图3-2-35）。

图3-2-33　纸巾和湿纸巾

图3-2-34　洗手液及消毒液

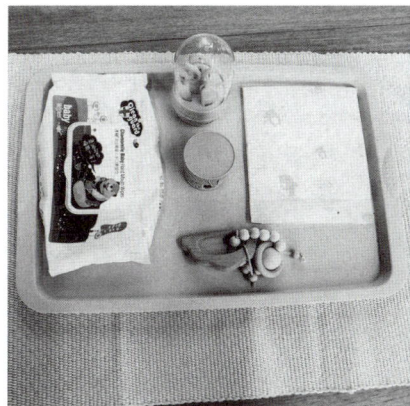

图3-2-35　爽身粉等用品

3. 盥洗区

婴幼儿的盥洗区和盥洗用具应干净卫生、无异味，保教人员要及时清洁盥洗室的台面和地面，维持盥洗室干燥，避免婴幼儿溅湿衣物或摔伤滑倒。在寒冷地区，托育机构最好安装有冷热水的水龙头，并将水温固定在某一温度以免烫伤婴幼儿。盥洗室主要用于婴幼儿洗手、洗脸、刷牙、漱口等。

（1）洗漱区

在托育机构，婴幼儿的日常护理中最常见的事情就是"洗手"。在婴幼儿一日三餐前后、大小便前后、睡觉前后，保教人员都要引导他们进行洗手、洗脸、洗澡等清洁卫生活动，让他们在丰富、适宜的环境中养成洗漱的好习惯。托育机构应该为婴幼儿提供适合的洗手池（盆），针对不同月龄的婴幼儿，要设计不同高度的洗手池（盆），比如为0～1岁的婴儿提供小脸盆；为1～3岁的幼儿提供高度在0.5～0.6米之间、宽度在0.4～0.5米之间的洗手池。注意还要为婴幼儿提供温度适宜的流水。另外，保教人员需要在盥洗室里准备充足的洗手液、肥皂、毛巾等物品，并在符合婴幼儿身高的墙面上安装挂钩，以方便他们取挂毛巾。盥洗物品都应摆放在便于取放的固定位置，并根据需要及时补充。在洗手池或洗手盆上方可以张贴有关"七步洗手法"的具体内容并配以适当的儿歌或卡通图片。保教人员可以在宝宝洗手时亲自向他们示范"七步洗手法"的每个环节，同时还可以说唱儿歌，如："两个好朋友，手碰手。你背背我，我背背你。"以此增加洗手的趣味性。

除了勤洗手外，"洗脸"也是托育机构日常生活中常见的清洁环节之一。一般在饭后、游戏活动或户外活动后，托育机构中的保教人员都会给婴幼儿洗脸，洗完之后再用消毒后的毛巾擦拭。给婴幼儿洗脸，包括脸颊、眼、鼻、耳、颈部等部位，洗脸时其室内温度维持在25℃～29℃之间，注意避免让较凉的风直接吹到宝宝脸上，预防受凉感冒。保教人员可以为婴幼儿准备专用小脸盆或洗手盆，并定期清洗、消毒；准备白色柔软棉纱材质的小方巾或小毛巾以及一盒棉签，用于清洗耳朵、鼻孔等。给婴幼儿洗脸前，保教人员需先洗净自己的双手并消毒。用于洗脸的水，最好是冷却到37℃～40℃之间的开水。给婴幼儿洗脸，通常不用香皂、洗面奶。洗完之后，将毛巾搓洗干净并挂好晾干，以备下一次使用。在放置小脸盆的桌子上方，可以张贴相应的卡通图片以提示婴幼儿洗脸的步骤以及具体洗法，保教人员也可以亲自为婴幼儿示范。下面用舟山蒙特梭利儿童之家的案例加以详细说明：

案 例 分 析

婴幼儿面部清洁的实际情况：① 该园没有6～18个月以下的乳儿班，最小的孩子是20个月。在日常生活中，保教人员会更加注重培养宝宝的自我照顾意识，为孩子提供一些物品，比如一面镜子、流动的温水、湿棉巾、湿纸巾、一个垃圾桶、洗手液等。② 整个洗脸过程分为三步：首先，餐后引导宝宝去洗手，照镜子，清洁面部，这是宝宝掌握洗脸技能最重要的一步；其次，观察和等待宝宝在面部清洁过程中是否需要帮助，必要时提供及时的提醒和辅助；最后，引导宝宝照镜子检查是否已经洗干净自己的面部、胸口和手部等。③ 在婴儿6个月左右的时候，乳牙开始生长，这时候就要开始清洗他们的牙齿和牙床了。保教人员可以先用无菌纱布蘸取温开水，缠在食指上，帮宝宝擦嘴让其适应，然后再在他们的牙齿表面用生理盐水轻轻擦拭。④ 宝宝洗脸洗手时，保教人员要及时引导他们排好队、不拥挤，自觉遵守盥洗规则，做到不玩水、不打湿衣服、不弄脏地面，逐步掌握洗手、洗脸的正确方法。

关于漱口或刷牙，在婴幼儿6个月大时，可以帮助他们养成注重口腔卫生的习惯，经常饭后漱口和清洁口腔。当他们长出较多牙齿的时候，就可以用婴幼儿专用牙刷来帮助他们刷牙了。2岁左右的幼儿可以在成人的陪同下练习早晚刷牙以保持牙齿的清洁卫生。

为了让婴幼儿能较好地清洗自己的牙齿及口腔卫生，必须选择合适的牙刷。按照《儿童牙刷》（GB30002-2013）的安全要求，牙刷头部、刷柄应无锐边、无毛刺，不对人体造成伤害，牙刷全长为110～180毫米，牙刷头部不能拆卸。牙刷规格尺寸要求适中，刷面长度应小于或等于29毫米，毛面宽度小于等于11毫米，刷头厚度小于等于6毫米，单丝直径小于等于0.18毫米，毛束强度分类应为软毛。[1]保教人员可以为婴幼儿选择刷毛柔软且刷头较小的牙刷，这样比较容易接触到宝宝所有的牙齿；牙刷的刷面平坦且刷毛顶端是圆润形的以避免刮伤宝宝的牙龈；最好选择刷柄较"硬"的牙刷，这样可以最大限度地锻炼宝宝的手部肌肉；不能为宝宝选择成人牙刷，因为这类刷头太大，宝宝用起来会不舒服，刷毛也可能因太硬而磨损宝宝的牙齿和牙龈。当牙刷出现磨损比如刷毛散开时，就要及时更换牙刷。通常而言，至少每3个月就换一次牙刷，且婴幼儿生病后也要换牙刷，因为旧牙刷上可能藏有细菌。

不同月龄段的婴幼儿，刷牙的方式不一样。比如没有长牙的宝宝，就不需要使用牙刷刷牙，但可以用温水漱口以清洁牙床和舌头，为培养良好的刷牙习惯奠定基础。对于已经长了一颗牙齿的婴幼儿，父母可以用手指缠住用温开水湿润的纱布为宝宝清洗牙齿和按摩牙龈。应为1岁的婴幼儿选购专用牙膏，不要选用刺激性较浓的薄荷型或水果牙膏，在刷牙时提醒宝宝不要吞吃牙膏。也可选用婴幼儿可以吞咽的牙膏，或者用淡盐水、温开水和淡茶水替代牙膏。父母或保教人员不能因为省

---

[1] 菁菁.我国首个专门针对儿童牙刷的国家标准颁布实施——《儿童牙刷》国家标准内容详解［J］.中国质量技术监督，2015（02）：17.

事让婴幼儿使用成人牙膏，因为成人牙膏中含氟量较高，宝宝在刷牙时容易吞下一部分，久而久之容易中毒。在托育机构练习刷牙阶段，保教人员可以帮助年龄比较小的婴幼儿挤牙膏，年龄稍大点的婴幼儿应学习从后向前挤牙膏。

婴幼儿每天刷牙的次数为早晚两次，其中睡前刷牙更重要。1岁后的幼儿，应学会使用竖刷法刷牙。竖刷法就是将刷毛尖端放在牙龈和牙冠交界处，顺着牙齿的方向稍微加压，刷上牙时向下刷，刷下牙时向上刷，牙齿内外面和咬合面都要刷，而且在同一部位要反复刷多次，这种刷牙法可以较好地控制菌斑及软垢，同时也能刺激牙龈以保持其外形正常发育。在刷后牙区域时，可以采用画圆圈的方式来刷牙。每次刷牙的时间以刷干净为准。婴幼儿年龄较小时，每次大约1分钟，以后可以逐渐延长到3分钟，若婴幼儿烦躁不安时，最好缩短刷牙时间。[1]在婴幼儿刷牙或漱口结束后，应提醒他们将牙刷冲洗干净，并将牙刷的刷毛竖直朝上放回水杯内以保持干燥，同时还要确保各个牙刷的刷毛彼此不接触，防止细菌之间相互传播，最后再将插有牙刷的水杯放回原处。为了更好地引导婴幼儿知道口腔卫生的重要性以及掌握刷牙和漱口技巧，托育机构可在日常生活中引导婴幼儿阅读绘本，或通过播放儿歌、动画及展示形象生动且富有童趣的图片等直观方式，引导婴幼儿积极主动学习正确刷牙与漱口的基本知识和技能。

（2）沐浴区

婴幼儿在托育机构的日常清洁还包括沐浴。给婴幼儿沐浴，既能保证他们整个身体的清洁卫生，也能解决保暖和护肤方面的问题。尤其是运动后出汗很多的宝宝，如果皮肤和衣服上有汗液附着，会不舒服甚至感冒。一般来说，一周可以给婴幼儿洗2～3次澡，在两次洗澡间隔期间，要每天清洁重要部位。洗澡对环境要求很高，稍有不慎婴幼儿就会着凉感冒，引发一系列连锁反应，因而前期的准备工作应尽量充分。

首先，做好沐浴环境准备。一是浴室的取暖设备如浴霸、空调等的开关应遵循"先开15分钟、洗的时候关掉"的原则。因为浴霸的光线很强，而婴幼儿喜欢盯着亮的东西看，若开强光就容易灼伤孩子的眼球。二是浴室温度最好保持在22℃～28℃。沐浴后的浴室应开窗通风，保持室内空气清新干净。浴室内每日紫外线消毒一次，每次30分钟；定期对浴室墙壁、玻璃、空调进行清洗消毒。三是需提前调试好水温。比较适合的水温为38℃～40℃之间。但不同地区、不同季节婴幼儿洗澡的水温应有所不同，比如冬天可调至42℃左右，夏季可以低于38℃。保教人员可用手腕内侧来测量水温，水温不能过高或过低，水温过高容易破坏婴幼儿皮肤角质层，从而降低皮肤的防御力，温度过低容易使婴幼儿感冒。四是浴盆里的水量要合适。在往浴盆里充水时，先注入冷水，然后再倒入热水，且浴盆中的水量为盆容量的1/2～2/3，不能太多或太少。五是婴幼儿沐浴时间最好在喝奶前后1小时左右，太饱或太饿都不宜洗澡。

其次，准备婴幼儿沐浴所需要的其他物品。一是为婴幼儿准备合适的沐浴用具，如为婴幼儿选购的浴盆整体颜色要均匀，最好购置品牌浴盆以保证其质量，浴盆应适合宝宝的身材和体型，浴盆太大既不安全也不经济。二是为婴幼儿准备沐浴使用的毛巾、肥皂、沐浴露、洗发水、小梳子、棉签、酒精、卫生纸、身体乳等。三是为婴幼儿准备洗好后裹住身体的棉质浴巾、擦头巾、干净衣物、鞋子、袜子、干净的纸尿裤、大小隔尿垫、湿纸巾、体重秤。四是为婴幼儿准备躺着穿脱衣物的婴儿床或平台等（见图3-2-36）。需要注意的是：婴幼儿使用的沐浴用具及其他物品是一人一用一换。

最后，洗澡过程中应注意以下事项。在为婴幼儿洗澡的过程中，保教人员要防止肥皂、沐浴露等的泡沫和水进入婴幼儿的眼睛和耳朵；给婴幼儿洗完头后，立即用毛巾裹好头部；洗澡结束后及时擦干他们身上的水以防感冒。因此，给婴幼儿洗澡的顺序为"洗脸—洗头—洗全身"，且洗

---

[1] 郑树国.刷出一口好牙齿［J］.父母必读，2009（01）：35.

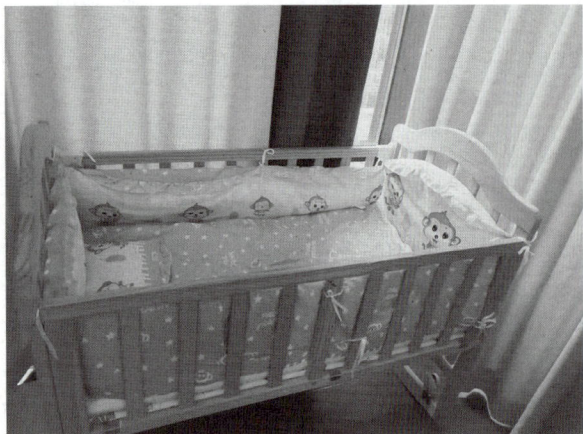

图 3-2-36　婴幼儿床

澡的时间一般不超过15分钟。不同月龄段的婴幼儿洗头方法不同：大月龄段的婴幼儿可以坐在浴盆里洗。小月龄段的婴幼儿需仰卧在保教人员的左前臂上，用左手臂夹稳他们的身体，手掌托稳他们头部，用拇指和食指向内盖住婴幼儿的耳孔；同时，右手拿小毛巾，把婴儿的头发淋湿，再用手轻轻蘸取婴儿洗发液并搓出泡沫，涂抹在头发上，轻轻搓揉后用清水洗干净；最后用干毛巾擦干头发，用棉签擦拭耳朵孔。为婴幼儿清洗全身时，保教人员可以用左手臂托住婴幼儿头颈部，右手托住双腿，将宝宝身子放入水中，用浴巾遮住宝宝肚子，先正面清洗，清洗顺序为"颈部—腋窝—手—胸腹部"。

然后清洗婴幼儿背部，顺序为"腹股沟—臀部—腿—脚—会阴部"。清洗后将婴幼儿放在铺有浴巾的床上，按照"擦干水渍—抚摸身体—穿纸尿裤—穿衣物—收拾整理—洗手—记录"的顺序进行。

（二）喂养区

与家庭喂养一样，托育机构同样需要为婴幼儿创设喂养环境，不同月龄段的婴幼儿进餐环境有所不同。

1. 母婴室

托育机构需要为0～1岁婴儿创设喝奶的环境。托育机构可以为母婴或保教人员创设一个人员走动比较少、没有噪声的安静区域作为母婴室（见图3-2-37和图3-2-38）。母婴室的光线及窗帘色调都应比较柔和，在母婴室的墙上可以张贴"中国6个月龄内婴儿母乳喂养关键推荐示意图"等。在母婴室内可以配备空调或暖气、电灯、一次性擦手纸、垃圾桶、婴儿床、尿布台、婴幼儿玩具、婴幼儿读物、穿衣镜、衣物挂钩等。[1]此外，可为婴幼儿及其哺乳者提供宽度不少于900毫米、进深不少于450毫米的工作台，方便哺乳人员摆放奶瓶及母乳泵，工作台面可以使用平滑、防水且易于清洁的木板；安装电源插座，为电动母乳泵或其他附件提供电源；放置一把舒适的椅子或一套柔软的沙发，让哺乳者或喂奶人员舒服地喂奶；提供小型实用的水槽、水龙头及清洁剂，方便哺乳者或其他喂奶人员清洗双手、奶瓶（母乳储存袋）以及相关物品。水槽应尽可能靠近工作台并且在附近提供纸巾、湿巾。托育机构还可根据需要哺乳的婴幼儿数量购买大小合适的专用冰箱，专用于母乳存放[2]。

随着年龄的增长，有的婴幼儿需要喝奶粉或米粉，因此托育机构应为这部分婴幼儿提供冲泡和热水壶等设备设施。可提供1 000毫升以上恒温水壶，同时满足为3～5名婴幼儿冲泡奶粉的需求，奶瓶和对应的奶粉等通常为家庭自带。

2. 就餐区

对于1～3岁的幼儿，就餐区的环境创设与婴儿有所不同。首先，要为他们提供符合其身高的桌椅板凳以及放置食物的矮柜等。餐椅与餐桌的规格多种多样，目的是适合不同身高的婴幼儿使用。通常桌面高度为37～55厘米，椅子高度范围为16～30厘米，以便婴幼儿的双脚能够踩到地面。其次，要保证幼儿之间的用餐空间，尽可能不妨碍邻近幼儿用餐；留有幼儿自己取拿食物的充足空间（见图3-2-39和图3-2-40）。再次，要为婴幼儿提供餐具。如不锈钢勺、不锈钢餐盘、陶瓷汤碗、餐垫、围兜等。要注意选购能支持高温紫外线消毒的且大小合适的餐具。还可以提供婴

[1] 郑静娅.为孕期、哺乳期女性和婴幼儿提供便捷服务　全区各公共场所已建成母婴室7个［EB/OL］.（2018-09-06）［2022-01-27］.https://www.cqcb.com/dyh/government/dyh1438/2018-09-06/1071811_pc.html.
[2] 周圣洁，柯梦博.公共场所母婴室供需特征分析与发展策略探索——以广州市为例［J］.统计与管理，2017（10）：60.

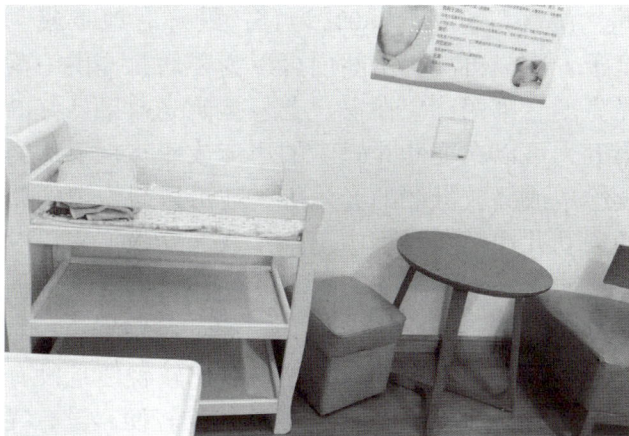

图 3-2-37　母婴室 1

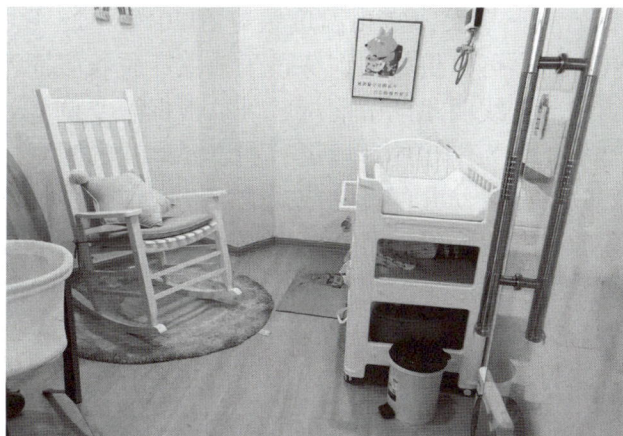

图 3-2-38　母婴室 2

幼儿洗碗洗手的清洗场所。第四，为了更好地刺激宝宝吃饭的欲望，可以在进餐区的墙上可张贴一些可爱而有趣的蔬菜水果图片。为了引导宝宝不偏食，也可在墙上还可以宣传健康营养的食品图示，如紫色食物、红色食物、黄色食物、绿色食物等；食材的摄取与身体发育关系示意图，如肉类食品图示对应强壮肌肉发育；胡萝卜等蔬菜图示对应眼睛发育等。最后，托育机构烹调食物的软硬度、大小应适宜，每周一可在布告栏中张贴本周食谱，并将幼儿每天在托育机构吃的食物拍下，贴于"进餐栏"内，让家长随时了解宝宝当日的食材与食物。保教人员还需及时了解宝宝饮食喜好以及是否对某种食物过敏，也可请家长提供宝宝在家进餐照，并将诸如"学龄前儿童平衡膳食宝塔""7 ～ 24 月龄婴幼儿平衡膳食宝塔表""0 ～ 3 岁婴幼儿每日食物营养素参考摄入量表"等信息做成班级的"食育角"，让婴幼儿及其家长切身体会到来自保教人员的关心与细心（见图 3-2-41）。

图 3-2-39　就餐区

图 3-2-40　教室里的就餐区

图 3-2-41　餐厅一角

（三）睡眠区

睡眠环境对于婴幼儿来说非常重要，这将影响婴幼儿的睡眠质量，睡眠质量的好坏会直接作用于婴幼儿的健康、智力以及身高的发展。营造安静舒适的睡眠环境有助于提高婴幼儿的睡眠质量。

1. 寝室

托育机构在为婴幼儿创设睡眠区时，首先应注意睡眠区的环境要与婴幼儿在家睡眠的环境基本一致，在采光和通风比较好的位置，相对安静且没有

视频

寝室和睡眠区

嘈杂声。其次，室内温度最好在20℃～25℃之间，湿度以50%～60%为宜，最好有地暖或空调，这样可以更好地训练孩子独立穿脱衣服而不至于着凉。再次，房间内可以为婴幼儿提供一盏能调节光线明暗的节能灯，可以根据需要调节灯光亮度。第四，应在窗户上悬挂遮光效果良好的窗帘，因为黑暗的环境更有利于婴幼儿的睡眠。第五，可以在婴幼儿睡觉的小床或床头柜上适当摆放一些婴幼儿的读物或播放器，睡前为他们阅读绘本或播放舒缓的音乐等，还可以组织婴幼儿睡前在室内慢慢散步，帮助那些活泼开朗、好动的婴幼儿在散步过程中逐渐平和、安静下来，以便尽快入睡。

2. 床及其床上用品

目前常见的婴幼儿床的材质主要有三种，一是尼龙高分子材料的床，这种床比较轻便且没有气味，利于收纳也能够支持宝宝自己移动床位。二是塑料床，这种床与木床相比更加轻便，没有气味（见图3-2-42）。三是木质床，需要提前采购散味，同时注意选择品质好、无毛刺的床。木质床使用时比较重，宝宝很难自己移动，堆放也会占用空间（见图3-2-43），但优点是外形好看，家长容易接受。托育机构也可选购有轮子的婴儿床，但必须装有"制动装置"；若床配有调整高低的卡锁，卡锁必须具有防范的固定功能。托育机构无论选购哪种类型的婴幼儿床，都要根据本机构入托婴幼儿人数的实际需求采购并安放在相对固定的区域。婴幼儿的床架结构必须牢固，且护栏高度和宽度符合安全标准；床垫要与床架紧紧密合；婴幼儿的床应使用无铅喷漆，表面不要有贴纸；睡眠区各个床位安排合理并能根据需要及时调整，如体弱儿应安排在背风处，易尿床儿可安排在便于照顾的地方，咳嗽儿与其他婴幼儿的床位应保持一定距离等。

图3-2-42　塑料小床

图3-2-43　木质小床

此外，应注意床上用品的选购。

首先，要选购符合健康标准的床上用品。婴幼儿皮肤薄，新陈代谢旺盛，容易出汗，最好选用厚薄适宜、吸汗性较好的纯棉被、枕套、毛巾被、枕头和汗巾等床上用品。其次，不同季节应选购不同材质的床上用品，如夏天可以为婴幼儿选购柔软材质的草席、亚麻席等；冬天可以为婴幼儿选购棉花被及枕头等。最后，床上用品可以是托育机构统一采购，也可以将床上用品的尺寸规格发给家长，由家长替宝宝采购。婴幼儿将自己不同颜色或花纹的床上用品带到托育机构中来，能较好地帮助他们快速辨认个人物品，增强物权意识和个人物品的管理能力。

3. 睡衣

婴幼儿睡觉时，最好换上宽松透气柔软的纯棉睡衣，若是小月龄的宝宝可用柔软的婴儿被把婴儿包裹起来，让其更有安全感，但切记不要包得太紧，否则他们不容易伸展或移动身体。对于大月龄的幼儿，建议选购适合其身长并且他能够独自穿脱的睡衣，同时还要注意颜色应鲜亮明快。

4.睡觉时间

不同月龄段的婴幼儿，其睡眠时长不一样。比如，刚出生的婴儿，除了吃喝拉撒以外，可以说一天时间几乎都在睡眠中度过的，有的新生儿睡眠时间可达20小时左右。婴幼儿的睡眠时间也相对固定，晚上不能让婴幼儿太迟睡觉，晚上10点到凌晨2点正是生长激素分泌旺盛的时间段，这段时间入睡对他们的生长发育有很大的帮助。

知识拓展3.2

宝宝睡眠时间

新生儿的睡眠时间有个体差异，平均每天睡眠时间16～17小时，睡眠和觉醒周期相对短。3个月婴儿睡眠量略减，但周期较长些。调查显示，婴儿的总睡眠时间在14～18小时，幼儿的总睡眠时间在11～14小时，随着年龄的增长，婴幼儿的睡眠时间会逐渐减少。个体睡眠的需求量受到年龄、体质、遗传、性格、健康状况、活动强度、睡眠习惯、体形肥胖等诸多因素的影响；婴幼儿的睡眠时间和睡眠行为除与自身的生理状况有关外，同时还受到喂养方式、居住环境、父母的睡眠习惯、房间光线等外界因素的影响。[1]

小 结

托育机构内部的区角环境，对婴幼儿各种能力的发展具有重要的作用。本模块重点探讨了托育机构内部不同区域环境创设的详细举措。其中保教区涉及教室、主题墙、建构区、精细动作区、泥塑区、走廊通道等；辅助区有盥洗室、喂养区、睡眠区等。希望学习者学完本模块的内容，对于创设托育机构中不同区角的环境及其具体措施，有较深的理解和感悟。

思考与练习

一、单项选择题

1. 良好的精神环境，包含（ ）等内容。

　　A. 创设有磨炼性的环境让婴儿经受磨炼

　　B. 为婴幼儿营造宽松愉快的氛围，如保教人员对待婴幼儿的观念、态度、情感

　　C. 为婴幼儿的发展提供可感知的丰富多样的玩具

　　D. 为婴幼儿的生长发育提供丰富而全面的营养

2. 安装家用电器时，要注意电器的使用环境，不要将家用电器安装在（ ）的环境中。

　　A. 干燥　　　　　　　B. 无热源　　　　　　　C. 无灰尘　　　　　　　D. 有易燃和腐蚀性气体

3. 在婴幼儿（ ）的时候，我们可以为他们准备法兰绒板和图形及串的小珠子。

　　A. 24～30个月　　　　B. 30～36个月　　　　C. 36～42个月　　　　D. 42～48个月

4. 婴儿床周围栏杆的适宜高度为（ ）。

　　A. 80厘米　　　　　　B. 60厘米　　　　　　C. 50厘米　　　　　　D. 40厘米

---

[1] 戴晓月.婴幼儿睡眠现状的调查分析［J］.南通大学学报（医学版），2013，33（02）：153-154.

二、简答题

1. 简述托育机构区角环境创设的原则。

2. 请说明婴幼儿如厕训练的方法。

三、实训任务

我们时常在各个角落中看到婴幼儿爬行的场景，他们以各种各样的姿势在爬行，有时他们会一边爬行，一边玩着周围的玩具，由此可见为婴幼儿提供爬行的环境是很必要的。

考核一：为什么需要创设一个安全舒适的环境供婴幼儿爬行？

考核二：如何为婴幼儿创设爬行环境？

聚焦考证

一、单项选择题

1. "染于苍则苍，染于黄则黄。"这用来说明（　　　）对人的成长和发展的影响是巨大的。

    A. 颜色　　　　　　　　B. 环境　　　　　　　　C. 遗传　　　　　　　　D. 物质

2. 在婴幼儿30～36个月的时候，我们可以在环境准备中提供大量的拼图、嵌套积木等物品帮助他在（　　　）上的发展。

    A. 认知　　　　　　　　B. 运动　　　　　　　　C. 情感　　　　　　　　D. 语言

3. 在婴幼儿24～30个月的时候，我们可以在环境中提供各种不同的书，如在房间中，张贴孩子平视就能看到的图画、定期更换图画、图中有可供孩子谈论的事情等，帮助他在（　　　）上的发展。

    A. 认知　　　　　　　　B. 运动　　　　　　　　C. 情感　　　　　　　　D. 语言

4. 在婴幼儿24～30个月的时候，我们可以在环境准备中提供角色扮演的真实物品等，帮助他在（　　　）上的发展。

    A. 认知　　　　　　　　B. 运动　　　　　　　　C. 社交　　　　　　　　D. 语言

5. 在婴幼儿30～36个月的时候，我们可以在环境准备中提供三轮车、滑板车、自行车、各种球类或攀爬架等，让孩子亲身体验各种活动带来的感受，帮助他在（　　　）上的发展。

    A. 认知　　　　　　　　B. 运动　　　　　　　　C. 社交　　　　　　　　D. 语言

二、判断题

1. 婴幼儿生活的环境就是指机构园所的校舍布置、生活的社区环境及家庭空间设计。　　　　（　　）

2. 托育机构的内部环境，包括物质环境和精神环境。　　　　（　　）

3. 托育机构的环境就是指机构内各区角的环境。　　　　（　　）

4. 随时注意观察婴幼儿的情绪变化并构建一个美好和谐的家庭环境是培养婴幼儿良好情绪的主要方法。　　　　（　　）

5. 在婴幼儿24～30个月的时候，我们可以在环境准备中提供成串的大珠子、结构配对游戏、简单的建筑玩具、橡皮泥、节律乐器、沙子、水，以及能玩沙子和水的工具、水彩笔、蜡笔和指画颜料等，帮助他在运动能力上的发展。　　　　（　　）

模块四
婴幼儿家庭环境创设

模块导读

　　家庭是婴幼儿生活的第一环境，家庭环境不仅要安全、健康、卫生，而且还要充满关心和爱护。良好的家庭环境不仅有利于婴幼儿身心健康发展，还有利于婴幼儿的智力、观察力、想象力、表达能力、社会交往能力的发展。家长应该为婴幼儿创设适宜的家庭环境，提供促进其各种能力发展的器械和操作物品。

　　目前我国婴幼儿入托率整体不高，绝大多数只能在家由父母或祖辈照顾。部分家长由于缺乏婴幼儿家庭环境创设的相关知识和技能，无法为婴幼儿创设符合其年龄特点的家庭环境。还有家长因缺乏专业指导，为婴幼儿创设的环境存在较多问题，如不重视安全和卫生、摆放的玩具不适合孩子的年龄特点、不及时引导孩子收玩具等。因此，托育机构的保教人员有必要指导家长为婴幼儿创设适宜的环境，以促进婴幼儿更好地成长。

学习目标

　　1. 了解婴幼儿家庭环境创设的必要性。

　　2. 掌握婴幼儿家庭物质环境和精神环境创设的基本方法。

　　3. 能运用所学知识指导家长为婴幼儿创设适合其身心发展特点的家庭环境。

　　4. 指导家长在创设婴幼儿家庭环境时，注重将优秀的传统家风如热爱和体谅父母、尊重长辈，乐善好施，以及基本的为人处世的方法如礼貌用语、家人友好相处等家庭教育的相关元素融入其中。

内容结构

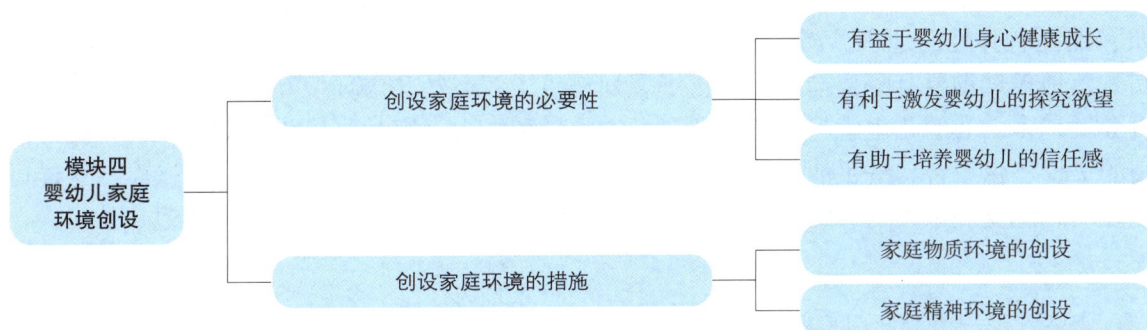

任务一　创设家庭环境的必要性

案例导入

有一位家长在家里为2岁的女儿布置了活动区域。她在客厅的角落铺上了富有童趣的地垫，地垫上摆放着孩子喜欢的布偶、积木、拼图等玩具。靠墙边，还有一个与孩子身高相符的书架，书架上摆放了适合孩子阅读的绘本、洞洞书等。她的孩子每天都喜欢待在这里玩耍。可以看出该家长为孩子创设了适宜其发展的环境，并被孩子所喜爱。

任务要求

1. 掌握婴幼儿家庭环境创设的必要性。
2. 了解家庭环境创设对婴幼儿身心发展的影响。

婴幼儿的早期经验与其身心健康发展有重要的联系，而他们在这个阶段的绝大部分经验都来自家庭。一个家庭的物质环境、家庭氛围、教养方式及家庭成员之间的关系，决定了家庭中的婴幼儿是否能发展成一个社会化的成人，与错综复杂的社会融合。因此，为婴幼儿创设安全舒适的家庭环境，同时营造温馨和谐、积极向上的家庭氛围，对婴幼儿的健康成长至关重要。创设良好的家庭环境对婴幼儿的必要性主要有以下三方面。

一、有益于婴幼儿身心健康成长

家庭是婴幼儿生存与发展的主要场所，是促进婴幼儿大脑发育及功能完善的重要环境。家庭环境会影响婴幼儿注意力的发展，发展控制冲动行为的能力；家庭环境的质量会影响婴幼儿早期语言的发展，从而影响他们的入学准备；父母作为家庭环境刺激的主要提供者，与婴幼儿的亲密关系和支持性互动的质量，会潜移默化地影响婴幼儿社会性及情绪的发展，并最终影响他们未来的学业水平。[1]因此，为婴幼儿创设良好的家庭环境，有益于婴幼儿的身心健康发展。

二、有利于激发婴幼儿的探究欲望

安全健康的家庭环境是父母照顾婴幼儿的基本条件，这种环境可以让婴幼儿获得安全感，有效地激发婴幼儿敢于探索未知世界的勇气和胆量。为婴幼儿营造安全健康的家庭环境，包括很多方面，如：铺设有弹性的地板，减少婴幼儿摔伤的可能；墙角包裹软质的护垫，可避免婴幼儿的碰撞擦伤；落地玻璃前要有隔离措施，防止爆裂划伤孩子。婴幼儿与环境互动得越频繁，他们得到锻炼的机会就越多，婴幼儿也就越能感受到自身的力量和能力。家长可以为婴幼儿提供符合月龄特点及身高的桌椅、供餐台、洗手池、收纳区等用具和空间，方便婴幼儿随时使用或操作，这样可以较好地让婴幼儿感受到家人的理解与关爱，让他们快乐、自由和舒适，激发探究欲望。

---

[1] 丁骞，等.我国农村地区婴幼儿家庭环境质量现状与影响因素研究［J］.陕西学前师范学院学报，2021，37（01）：1.

三、有助于培养婴幼儿的信任感

婴幼儿期是信任感和自信感建立的关键期。父母为婴幼儿构建温馨舒适的家庭环境有助于建立婴幼儿的信任感。比如，父母以一种稳定慈爱的方式对待婴幼儿并时常陪伴左右，在孩子哭闹或者饥饿时及时出现并给予安抚或满足，可以培养婴幼儿的安全感。父母能及时关注并理解孩子的情感需要，照顾孩子的情绪，给予及时的回应，让婴幼儿在充满爱意的家庭环境里成长，有助于婴幼儿与父母形成彼此信赖的依恋关系。信任感是个体早期人格发展和形成的重要因素，信任感的获得是个体早期人格发展的重要课题。为婴幼儿营造温馨和谐、互敬互爱的家庭氛围有利于帮助他们建立信任感，发展各种能力。相反，如果家庭成员之间常常吵架，关系淡漠，生活在这种氛围下的婴幼儿，常会感到压抑和焦虑，他们担心自己会被指责或被抛弃，从而背负沉重的心理包袱，这不利于婴幼儿信任感的建立。[1]因此，为婴幼儿营造家庭成员关系和谐、相互关心和爱护的家庭精神环境，容易让他们获得信任感和安全感，也有助于培养婴幼儿与人和善和关爱他人的品质。

任务二　创设家庭环境的措施

案例导入

上海某幼儿园教师调研发现：为孩子创设独立空间的家庭比例很低（只有17%）；很多家庭装修比较讲究，甚至非常豪华，但能够为婴幼儿创设符合他们身心年龄特点和需求的生活环境的家庭很少；在孩子玩耍的空间区域中，92%的家庭提供的都是成品玩具。这表明很多家长缺乏为婴幼儿创设适宜家庭环境的基本认知和技能。而家庭生活环境、家庭成员之间的关系以及家长对待婴幼儿的教育理念及态度，对婴幼儿的身心健康成长至关重要。[2]

任务要求

1. 掌握家中和家庭周围物质环境创设的具体措施。
2. 掌握家中和家庭周围精神环境创设的具体措施。
3. 运用所学知识为婴幼儿创设良好的家庭物质环境和精神环境。

婴幼儿生活的家庭环境，包括物质环境和精神环境两个方面。其中，家庭物质环境又包括家中和家庭周围的物质环境。家中物质环境如果按照房间划分，指客厅、卧室、盥洗室等；如果按照区域划分，指家长为婴幼儿提供的学习区、活动区、就餐区及其配备的各种设备设施等；家庭周围的物质环境是指婴幼儿居住的楼层、户外通道、电梯及社区的各种活动场所及其配置的设备设施等。

[1]　张秋菊，阳德华.家庭婴幼儿安全感建立思考［J］.教育与教学研究，2015，29（04）：121-124.
[2]　徐红.0～3岁婴幼儿家庭早期教育环境的创设［J］.大众心理学，2010（04）：25.

一、家庭物质环境的创设

家庭物质环境创设包括父母在家中和家庭周围为婴幼儿提供的安全环保的居住环境、学习环境和游戏环境。其中，家中物质环境创设包括整个家庭的物质环境和婴幼儿独自生活的环境的设计和规划。不同婴幼儿家庭的物质环境创设可以不同，但都要考虑安全、环保等因素。

（一）家中物质环境创设

婴幼儿家中的物质环境创设，主要是指父母为婴幼儿提供的安全环保的居住和生活环境，同时还应根据婴幼儿身心发展的特点，为婴幼儿创设符合其兴趣爱好的安全健康的生活和活动区域。

1. 安全的家庭环境创设

首先，家长应为婴幼儿提供安全的家庭环境。一是家长应按照婴幼儿月龄发展的特点布置。比如家中所有居家生活用具等的材质、摆放要符合安全卫生标准；婴幼儿的各种用品也要符合安全健康标准。二是家里危险物品需要妥善放置或保管。婴幼儿居家意外伤害的事件，很大一部分是因为成人的疏忽造成的。客厅、厨房、卧房、浴室、走廊等，都是父母容易忽略的危险地点。因此，家长在布置环境时应首先保证这些区域的安全。① 客厅：客厅里的沙发扶手、椅脚应选用比较柔软的材质，避免使用坚硬的材质；沙发外观若破损要及时修补；客厅里的桌子、柜子周围有凸尖角的都要用柔软的东西包裹，以防婴幼儿不小心滑倒或撞倒而造成瘀青等伤害；客厅里的柜子、书桌和茶几及其桌布都要固定好，以避免婴幼儿拉扯并打翻物品，造成砸伤。② 厨房与餐厅：厨房里的冰箱、热水壶、微波炉、烤箱、榨汁机、电饭煲及其开关，应摆放或设置在婴幼儿无法触摸的位置；厨房里的锅铲、水果刀、菜刀、砧板、打火机、削皮刀等应放在安全的位置，以免婴幼儿触碰而伤害自己；餐厅里不宜摆放折叠的餐桌，以防婴幼儿打开餐桌时夹伤自己；就餐时餐桌上不能放置滚烫的汤水，以防婴幼儿碰翻烫伤自己。③ 家电：家里的电风扇、电视、冰箱、微波炉、洗衣机、吹风机、电熨斗、手机、平板、电脑等都要妥善牢固放置，避免婴幼儿碰撞而倾倒，或把玩造成伤害；有婴幼儿的家庭最好为风扇加装细纱防护网或选择有防护设计的电风扇；电线应固定在墙角，所有暴露的电源插座和电线都要采取防护措施，盖上电源保护罩或者用绝缘胶布封住，封闭要严密结实。④ 家庭小型用品：如指甲刀、刮须刀、纽扣、玻璃球、豆子、药品、钱币、钥匙圈等，清洁剂、除臭剂、杀虫剂、空气清新剂、洗发水等，化妆品如口红、香水、唇膏等，不能随处乱丢，要放在婴幼儿不易拿取的地方，以避免婴幼儿将其吞入而造成异物梗塞，或不慎喝下而造成中毒危险。⑤ 门窗：家里的窗帘绳子要绑高，让婴幼儿不容易触摸到，否则孩子玩弄时，容易缠绕到脖子上而造成危险；家中的每扇窗户以及护栏高度要符合安全标准，栏杆之间的宽度也应符合相应的标准，防止婴幼儿爬上跌落或夹到；家中各个房间的门，应注意门把和门缝，防止孩子开关门时被夹伤；卧室里的衣柜门要随手关上，要告诫婴幼儿不能躲藏在里面而发生窒息等事故。⑥ 垃圾桶等：家里的垃圾桶最好有盖子以避免婴幼儿翻玩；家里的玻璃制品或陶瓷品碎片应及时扔到屋外的垃圾箱，避免孩子因好奇去捡而弄伤自己；家中不能种植有毒植物，避免婴幼儿因好奇而摘取误食造成危险。⑦ 盥洗室：洗手间、浴室里的马桶和便池，其尺寸最好适合婴幼儿的身高和年龄特点。浴室里的浴缸或浴盆放满水时，不能将婴幼儿独自放在里面游泳，一定要有成人陪伴并密切注视，否则容易造成婴幼儿溺水。⑧ 家庭防拐：不能单独将婴幼儿留在家中，要告诉婴幼儿不能给陌生人开门，不能随便吃陌生人的食物或跟他们走；教会婴幼儿记住父母的姓名、电话号码以及家庭住址；教会孩子记住报警电话和火警号码。

其次，保持室内无细菌、病毒等污染。有婴幼儿的家庭，成人应禁止抽烟。婴幼儿出生的第一个月尽量避免亲朋好友来探望，防止室内空气污染和细菌入侵。家人外出归来，应清洗双手并更换外衣后再接触婴幼儿，减少伤害或细菌感染。家具及其抽屉、柜门应尽可能散味，甲醛应符合环保标准，以防空气污染给孩子带来伤害。

2. 家中婴儿活动区域创设

父母为婴幼儿提供的活动区域，既要符合其年龄特点，又要考虑其兴趣爱好，因此在创设时要权衡婴幼儿居住房间的整体规划和设计，并考虑每个区域的家具、玩具、书籍、装饰物等的摆放。

（1）婴幼儿的房间

首先，婴幼儿的房间要有良好的通风采光条件。婴幼儿生活的房间最好朝南以保证阳光随时能照入房间，拥有良好的光线。房间要有窗户，可以保持空气流通。夏季天气炎热时可使用电扇或空调降温，但要避免风扇及空调口直吹婴幼儿；冬季寒冷时可借助供暖设施提升室内温度。

其次，婴幼儿房间的温度和湿度应符合相关标准。房间里的温度对于新生儿尤其重要，婴儿出生后的 2～3 周无法自己调节体温，室内温度相对要高一点（25℃），随着宝宝年龄的增加，室内温度可以降低到 18℃～22℃。房间的湿度最好保持在 50% 左右，空气干燥的房间可在室内挂湿毛巾或使用加湿器等保湿。总之，婴幼儿房间的温度和湿度不能过高或过低。

再次，婴幼儿房间的家具及其装修要符合安全标准。婴儿一般可以与父母睡在同一个房间。但长到一定年龄时，家长可以为其准备单独的房间。如果无法给予单独房间，可以在父母卧室里隔出一个空间供宝宝活动与睡觉。婴幼儿房间的装修材料符合安全环保要求，是指居住空间内没有空气污染、辐射污染、光污染以及噪声污染。房间地面最好选用实木地板或环保地毯，材质应天然环保，并具有柔软、温暖的特点，适合幼儿玩耍、爬走等。地毯需要每天吸尘，经常放在太阳下暴晒以避免螨虫或细菌滋生而带来危害；随着婴幼儿年龄的增长，地面可以换成抗磨耐用的材料，一般采用甲醛含量低的复合实木地板，这种地板扎实耐用，便于清理。房间的墙面应选用环保无污染的装修材料，如防水涂料、腻子粉等，最好选用价格相对比较高一些的水性油漆和涂料，不宜选择颜色太鲜艳的油漆和涂料，这类材料中的重金属物质含量相对比较高，容易造成铅、汞中毒。墙面色彩可以根据孩子的喜好涂成柔和的淡蓝色或浅粉红色。房间的地板不宜选用光滑的石材铺地，以防宝宝摔倒。不要铺设塑胶地板，最好选用易清洁的强化地板或免跌倒受伤的软木地板。如果地面比较光滑，可以优先考虑在地面铺上衬层后再铺上地毯，固定地毯周边四角。无论地面还是墙面，一定不能用放射性超标的石材，因为婴幼儿的免疫功能比较脆弱，更容易受放射性物质的侵害。此外，天花板或吊顶是婴幼儿在床上经常看到的部分，可以设计一些富有童趣的色彩鲜艳的图案。

此外，婴幼儿房间区域应划分合理。婴幼儿房间可以根据面积大小以及不同的功能划分为睡眠区、喂养区、活动区等。不同的区域，根据婴幼儿的实际月龄，可以摆放不同的物品。如 0～1 岁的婴儿，在活动区可以摆放活动垫、镜子、小矮柜等，这个区域的空间要尽可能大一些，供婴儿玩耍和学习。家长可以在活动区铺上防尿的垫子，其长度可以为 1.8 米，宽度为 1 米。在垫子前面安装与垫子一样长的镜子，婴儿在垫子上活动时能看到镜子里的自己。家长可让婴儿俯卧在垫子上，为宝宝提供趴卧和爬行的机会，这样可以较好地训练他们的大肌肉，对其早日能坐立也有帮助。随着婴儿月龄的逐渐增长，可以在活动区域放置一些玩具、小皮球，或圆形、方形的柔软抱枕，在婴儿爬行时放在他的腹部下面，也可用于婴儿依靠玩耍。对于 1～3 岁的幼儿，可以在活动区的地面铺上软垫，并提供玩具和书籍等，供幼儿在这个区域玩耍或阅读（见图 4-2-1）；在睡眠区安放幼儿矮床，方便幼儿自己爬上床入睡（见图 4-2-2）；在喂养区摆放幼儿餐椅和成人餐桌，方便幼儿与父母一起就餐（见图 4-2-3）。

最后，婴幼儿的房间可以悬挂或张贴一些装饰品，不仅能起到美化环境的作用，而且可以促进婴幼儿相关能力的发展。比如家长可以在婴幼儿房间的垫子上方、天花板、墙壁、家具以及婴幼儿床的四周悬挂发亮、色彩鲜艳的玩具，这些玩具不仅能刺激婴幼儿视觉的发展，还能较好地发展他们的爬行、手眼协调和抓握能力。婴幼儿房间的墙壁上可以张贴田园、山水风光的绘画，或者是星光和大海的图案，让婴幼儿仿佛置身于大自然的环境中。父母还可以为婴幼儿留出涂鸦的空间，

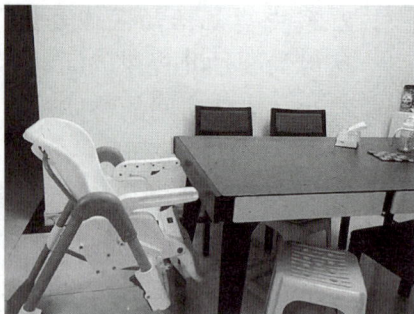

图 4-2-1　家庭活动区　　　　　　　　图 4-2-2　睡眠区　　　　　　　　图 4-2-3　宝宝餐椅

比如为他们提供画板、画纸或一部分墙面。随着宝宝年龄的增长，其房间的布局应适当调整，更换符合宝宝需要的家具和玩教具等。比如，孩子到一定年龄以后，可以为其提供学习的桌椅，方便孩子在桌面上玩耍拼插玩具或阅读书籍。

（2）婴幼儿床及床上用品

刚出生的婴儿，通常睡在睡篮或婴儿床里。父母在为其选购睡篮时，最好选用藤条编织的；睡篮不能太深，否则宝宝不易随时看到父母或护理人员，从而产生不安全感。睡篮的底部从边沿内侧到边沿外侧都要用棉垫包围，不能选用太窄的睡篮，应选用空间比较大的睡篮方便婴儿醒来后在里面活动，如伸手和伸腿等。婴儿睡觉的地方要铺上床垫，材质最好是环保的马鬃毛或天然棕榈。床垫外应套上带松紧的纯棉床垫套，放上小被子和小枕头，这些物品通常可以准备两套以便换洗。

随着宝宝年龄的增长，家长可以为他们选择儿童床，儿童床可以是有木栏的矮床，也可以是竹质或藤条制成、符合孩子身高的床。购买低矮的床，目的是让宝宝在学爬行的时候就能自己爬上床睡，睡醒了能自己爬下来，训练宝宝的独立生活能力。家长可以购买带活动栏板和滑轮抽屉的婴儿床，尽量选购最大型号，床的活动栏板可折下来放平，这样即使宝宝长大后还可变成儿童床使用。多数的婴儿床是栅栏式的，在选购时注意栅栏间距不得超过6厘米，以防止婴幼儿的身体部位被卡在中间。婴幼儿床的任何线头、绳索都不宜超过30厘米，以免发生绕颈现象。[1] 家长不宜为婴幼儿选购雕饰比较复杂的儿童床或者做工比较粗糙的木质床，以免宝宝经过时衣物被木刺钩住而摔伤。婴幼儿在成长过程中喜欢啃咬东西，因此儿童床边的栏杆最好装上保护套，若购置金属材质的儿童床，要注意金属含量不超标。

摆放婴儿床的地方不仅要方便家长日常看护，还要便于亲子间目光交流；婴儿床的四周要留出足够多的空间，以免家人做家务时碰撞床脚或床边而惊醒孩子，从而影响其睡眠；婴儿床摆放的位置还应远离灯座以及任何挂有悬垂线圈的物品，如窗帘、布幔；远离电扇、冰箱等家用电器；床的四周最好铺上一层厚地毯，万一宝宝爬出掉落，可以避免更大的伤害；婴儿床摆放时应特别注意不让阳光直射床面，避免强烈的阳光刺伤宝宝的眼睛。

婴幼儿床上的床垫、床单、被子和枕头最好都是纯棉的，新购的床上用品应先用水清洗，避免有害物质残留。床垫不能太软以免影响婴幼儿的脊柱发育。婴幼儿的小枕头，其高度在3～4厘米比较合适，枕头不能太软，否则容易使婴幼儿在俯卧位时把头埋入而发生窒息；枕头的填充物最好是荞麦皮、棉花、菊花等易吸汗、通气的材质。婴幼儿床上用品应经常换洗并在太阳下晾晒。床上不要放置衣物或其他东西，如包装袋、塑料纸、马甲袋、尿布和衣服等，以免婴幼儿蒙住头部而窒息。

---

[1]　严婧 .0～1岁孩子居住空间的适当设计探索［D］.南昌大学，2020（12）：16.

（3）婴幼儿教玩具

应尽量避免使用玻璃制品等易碎物品作为婴幼儿室内的家具和玩具。家长宜选择耐用的、承受力强且边角处带圆角的家具；购买结构牢固或旋转稳固的婴幼儿家具，不能购买易晃动或倾倒的家具；摆放在婴幼儿房间内的家具需牢牢固定且无倾斜或翻倒的可能；家具款式应简洁、质朴、新颖，符合婴幼儿的兴趣爱好。婴幼儿家具的体积应小巧，符合婴幼儿身高，满足他们喜欢动手取拿物品的天性。婴幼儿的玩具、书籍等，要随时收好，否则玩具散落容易绊倒孩子；破损的玩具要及时修补或扔掉；婴幼儿的玩具应经常清洗消毒并在太阳底下晾晒；剪刀、笔、订书机、回形针、刀片等体积较小的文具用品，在婴幼儿用完之后要及时收好。

案 例 分 析

婴幼儿家庭环境创设要符合孩子的身高。舟山某家长很重视婴幼儿的家庭环境，他们在家中为孩子创设的学习活动环境专业而又细致。比如在客厅中间的地板上铺设柔软的地垫，上面摆放一个用于孩子攀爬的木架；同时为孩子提供放置玩具的斜面矮柜以及符合其身高的桌椅。整个区域通风采光良好，环境干净清爽。（见图4-2-4和图4-2-5）

图4-2-4 符合婴幼儿身高的桌椅

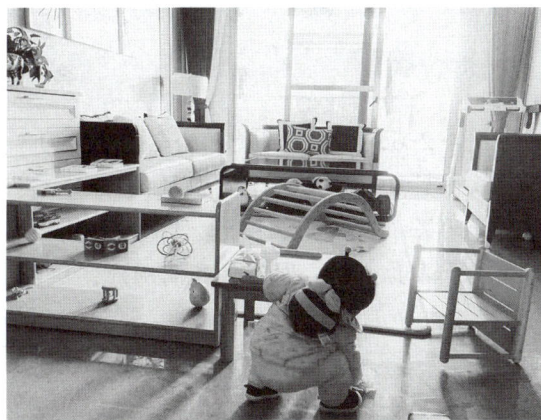

图4-2-5 活动区

（4）婴幼儿盥洗物品

婴幼儿需要经常洗澡，在家中可以为其设置一个换洗台，其高度通常与成人的腰部相当。家里要留有足够的空间放置婴幼儿的衣物，包括清洁布、尿布、内衣、袜子、内裤等。可以在洗手池旁边用篮子放置换洗下来的脏衣物；可以放一个塑料桶用于盛放婴幼儿换下来的尿布；弄脏的裤子应先在水龙头下直接冲洗，然后放到塑料桶里用肥皂水浸泡一段时间后再用手揉搓并用清水反复清洗，最后再放到太阳底下晾晒。另外，还要为婴幼儿准备1个洗澡盆，1块不含化学成分的天然肥皂，清水或消毒水浸泡的棉花球，发刷或梳子，天然成分的婴儿油、婴儿抱枕、热水瓶、婴儿袜子和婴儿套鞋、三层婴儿内衣（丝绸无袖内衫+棉质长袖+外套）、尿布、小浴巾等，供婴儿洗澡时或洗澡后使用。

（5）婴幼儿食品及喂食用具

在家中为婴幼儿准备食物时，应考虑不同月龄段婴幼儿的实际需求，但无论哪个月龄段婴幼儿的食物首先要保持清洁卫生。比如，在婴儿期，母亲哺乳前要清洁乳房和双手。挤出的母乳要存放在干净的容器或特备的"乳袋"里，在常温下安全保存3～4小时，在冰箱冷藏（4℃）存储时不超过48小时，冷冻（－20℃）保存2～3个月，喂养前用温水加热到40℃左右。若为婴幼儿冲泡奶粉，建议用40℃～60℃的温开水冲泡，配制好的奶液应立即食用，未喝完的奶液建议尽快丢弃或及时保存在合适的温度环境下，因为奶液在空气中静置时间超过2小时就会变质。[1]随着婴幼儿年龄的增长，需要为他们提供适宜的食物。家长在煮烹食物前，要用清水将其清洗干净；生食和熟食应分开放置；食物应彻底煮熟；不为婴幼儿提供吸入后易导致窒息的食物如果冻和瓜子仁等。同时，父母要为婴幼儿配备符合其年龄需求的就餐椅、碗、筷子、勺子、杯子等。

在家中可以为母亲购置哺乳椅，椅子要舒适且有扶手，这样方便母亲放置手臂，椅背最好高一些以支撑母亲的身体，从而减轻哺乳时的疲劳感。椅子最好是固定而不能摇晃的。可以配置一个脚蹬方便母亲哺乳时把脚抬高，有助于母亲的血液循环。在哺乳椅前可以摆放一张带抽屉的小茶几，用来放置哺乳用品，如清洁母亲乳头的湿巾、溢奶巾、擦嘴布及抹布等。若宝宝需要断奶时，可以将茶几改装成铺有桌布的断奶桌，上面可以用来摆放宝宝吃饭用的餐具或其他生活用品。婴幼儿使用的碗应比较深，这样宝宝不容易将食物挑到外面，勺子最好是银质的，杯子最好是大小合适的不易破碎的硅胶材质，杯子不能太高，杯口应比较小。母亲与婴幼儿最好面对面进食，这种方式有助于婴幼儿与母亲之间建立起良好的亲子关系。以下案例可以说明婴幼儿在家的生活用品。

案 例 分 析

图4-2-6到图4-2-9是一个2岁女孩的家庭环境创设。孩子的父母都是大学教师，住在校内教师村里，住房为三室两厅，但每个房间的面积比较小。尽管如此，孩子的父母还是为孩子购买了便盆、就餐椅、地垫、玩具以及绘本，母亲还为她买了早教的网课，每次都陪着孩子认真上课。因为住在高校内，所以孩子居住的室内外环境都比较安全。

图4-2-6　便盆

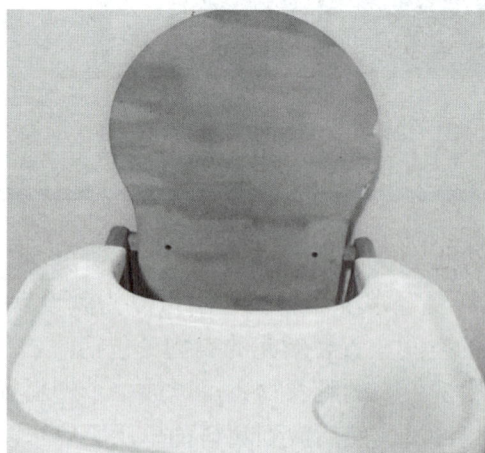

图4-2-7　餐椅

---

[1]　中国妇幼保健协会婴幼儿养育照护专业委员会.婴幼儿养育照护专家共识［J］.中国儿童保健杂志，2020，28（09）：1065.

图4-2-8　玩具

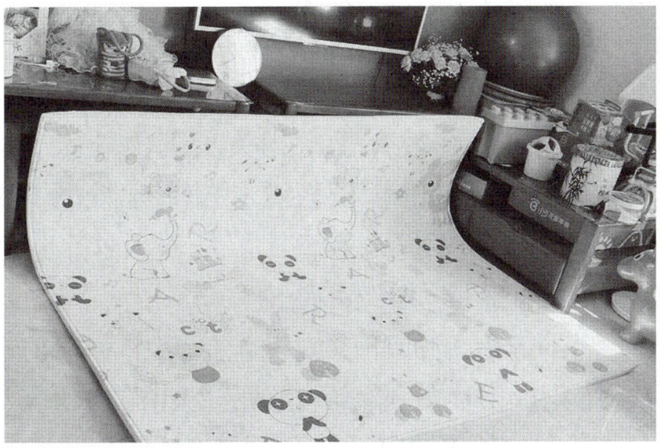

图4-2-9　地垫

（二）家庭周围安全物质环境创设

首先，婴幼儿居住的楼房须无安全隐患。随着城市化的推进，我国越来越多的婴幼儿生活在城市且住在楼房里。婴幼儿居住的楼房建筑应符合安全标准，比如符合防火、防震、防台风等各种防灾标准。婴幼儿行走的走廊、通道以及电梯等应符合消防相关要求。

其次，居住区域的环境应安全环保。我国城市中绝大多婴幼儿都随父母住在居民区中。婴幼儿的户外活动场所，很多限于居住区域内。婴幼儿居住区域的环境应杜绝安全隐患，如没有地陷、地漏等地质灾害；有池塘、鱼池、游泳池的居住区，池边应有安全警示牌。少数小区会为婴幼儿创设游乐场所，并摆放秋千、滑梯、蹦蹦床等娱乐设施。这些小区中的各种游乐场所及其设施，应符合国家的安全标准，由专人管理并按时检修。我国大部分城乡的居住区提供的健身器材不适合婴幼儿使用，但很多成人使用时，孩子也在旁边，他们会独自玩耍，或玩成人的健身器材，不仅存在极大的安全隐患，也不利于婴幼儿身心的健康发展。因此，各级政府、社区应出台相关政策，下拨专项经费，在城乡居住区域创设一些适合婴幼儿玩耍的游乐场所，摆放相应的设备设施，并指派专业人员看管，定期检修维护，这有利于为婴幼儿创设安全环保且富有童趣的社区环境。

再次，应注意婴幼儿在居住区内的安全问题。在晚上或周末，很多家长会带着宝宝到小区玩耍。宝宝可能会与同伴游戏，或由家长带领宝宝一起游戏。孩子独自玩耍时，更多的是玩自己携带的平衡车、皮球、卡片等玩具。这时，要注意婴幼儿携带玩具的卫生和安全性；不让婴幼儿接近或抚摸社区中的宠物以避免被咬伤；不让婴幼儿乱摘花草以免花粉过敏或中毒；要做好户外防蚊虫叮咬的准备；防止玩耍过程中的意外受伤；要随时关注居住区内进出的车辆和行人，防止撞伤婴幼儿；防止陌生人接触婴幼儿并给他吃东西。

最后，要注意节假日外出的安全防护，尤其是婴幼儿的乘车安全及户外活动的安全。节假日期间，很多父母都会带孩子去旅游或露营，要注意婴幼儿乘车时的安全。比如婴幼儿乘车时需要使用汽车专用安全座椅，可以让他们坐在驾驶员后面的位置；要避免将婴幼儿单独留在车内。在户外活动时，要注意检查户外活动环境的安全风险，如活动设备、设施及活动场所的安全性，避免在容易引发婴幼儿意外伤害的场所活动，不让婴幼儿在公路、车库或水池附近玩耍。

二、家庭精神环境的创设

家庭精神环境，是指对婴幼儿的心理发展产生影响的家庭内在环境，是家庭内部形成的一种比较稳定的、对家庭中每一个成员产生直接或间接影响的情绪和情感氛围，主要通过亲子关系、家庭教育观念、教养方式、家庭文化等方式表现出来。

家庭精神环境与家庭教育紧密相关。国内外家长都非常重视家庭教育，苏联教育家苏霍姆林斯基说过："没有家庭教育的学校教育和没有学校教育的家庭教育都不可能完成培养人这一极致而又复杂的任务。"由此，家庭在教育人、培养人这个过程中的地位可见一斑。

（一）家庭精神环境创设的概念

婴幼儿生活的家庭精神环境创设包括家中和家庭外精神环境的创设。其中家中精神环境创设主要是指为婴幼儿提供良好的家庭氛围、和谐的家庭成员关系等；家庭外精神环境是指为婴幼儿营造良好的邻里关系、安全健康的小区居住氛围等。

（二）家庭精神环境创设的意义

家庭教育能否有效地实施，取决于家庭精神环境的创设。创设良好的家庭氛围，构建家庭成员之间融洽的关系，对培养婴幼儿独立自主的品质、激发探索欲望以及培养社交技能，都是非常重要的。

1. 有助于婴幼儿形成良好的品质

家庭是每个孩子的第一所学校，也是终身学习的场所。家庭中父母的相处、处理矛盾的方式以及谈话的内容和语气语调都对婴幼儿有着潜移默化的影响。家庭成员之间的相处模式，如家庭成员之间相互包容、相亲相爱、彼此尊重，父母与亲戚、邻居以及他人之间友好相处等都有助于婴幼儿同情心和关爱能力的形成；自由、宽松、民主、平等的家庭气氛有助于培养婴幼儿大胆探索、独立自主、敢于表达的个性品质；宽容理解、支持互助的家庭氛围是婴幼儿心胸宽广、诚实、负责的基石。同时，在宽松自由的环境里，婴幼儿能够更独立自主，积极主动地思考解决问题的方法，通过成功逐步建立起自我认同感和自信心，为将来成为一个积极自信的成年人奠定基础。

2. 有助于激发婴幼儿的探索欲望

民主宽容的家庭环境能让婴幼儿大胆表达自己的想法，通过语言或者肢体动作来展现真实的自我，有勇气和胆量去探索纷繁复杂的世界。在这样的家庭环境中，婴幼儿更容易得到父母耐心的倾听与积极的支持。父母用心的陪伴，比如与婴幼儿一起谈论感兴趣的话题，一起看绘本、讲故事，可以激发婴幼儿的阅读兴趣，让他们养成阅读的习惯，发展专注、勤思等学习品质。父母还可以与婴幼儿一起玩玩具、做运动或游戏，培养孩子对于运动的兴趣。父母可以常常引导孩子思考并回答一些与生活密切相关的问题，比如："为什么下雨的时候往往伴随着风？""为什么男生和女生不一样？""怎样才能用篮子把水运到另外一个地方？"当孩子无法回答时，父母可以适当给孩子一些线索，引导孩子不断思考并寻求答案。这样可以较好地启迪孩子的科学思维，为他们的探究提供更多的动力和能量。

3. 有助于培养婴幼儿的社交技能

相亲相爱的家庭精神环境有利于婴幼儿感受爱、表达爱。比如，爸爸每天早晨上班时礼貌而真诚地与家人道别，亲吻或拥抱妈妈，回家时蹲下来拥抱孩子与妈妈，睡觉之前互道一声"晚安"，都是营造充满爱意的家庭氛围的有效举措。此外，婴幼儿可以通过走亲访友或接待访客，体验与不同人员交往的乐趣，在真实情境中学习基本的人际交往技能。如父母可以定期邀请孩子的好朋友来家里玩耍，在此过程中，引导孩子学会分享美好的食品或玩具，让孩子切身体会分享带来的快乐。在这个过程中，婴幼儿能学到同伴之间协商、交换、等待、合作等人际交往技能。父母还可以经常带婴幼儿到户外活动，引导婴幼儿遵守过马路不闯红灯、公共场所不大声说话等社会规则。

总之，家长为婴幼儿营造充满爱意、温馨的家庭氛围，不仅能提升婴幼儿的幸福感，让他们逐渐形成一系列亲社会行为。而且，通过观察父母表达爱意的行为，婴幼儿可以学着去关爱父母、关爱他人以及关爱世界。在这种充满爱意的家庭环境下，婴幼儿更容易换位思考，理解他人的想法和感受，发现他人的优点和长处，以尊重、关心的态度对待自己的父母、长辈和他人，主动关心和帮助有困难的人，这有利于婴幼儿社会性的发展。

（三）家庭精神环境的创设

家庭精神环境的创设包括家中精神环境创设和家庭周围精神环境创设。这两者由于空间、范围等不同，创设措施有很大差异。

1. 家中精神环境创设的措施

家庭精神环境的创设不同于物质环境，它要求家长不仅要了解婴幼儿的身体发育和心理发展特点，了解童年期对人一生发展的长远影响，了解家庭氛围和家长言行对婴幼儿成长的影响，更需要家长具备改善和修复亲子关系或夫妻关系的能力，具有持之以恒和高度自律的品质。在此基础上，家长可从以下六个方面为婴幼儿的健康成长创设良好的家中精神环境。

（1）夫妻共同养育婴幼儿

在家庭中，夫妻关系是家庭的核心关系。很多女性成为母亲后往往容易将自己的关注点和情感更多地投注在宝宝身上，但如果在情感转移的过程中没有把握好，过度关注婴幼儿而忽视伴侣，容易使得夫妻关系出现隔阂甚至疏远，夫妻双方无法良好地沟通交流，这种情况不利于家庭的稳定和持久幸福。夫妻双方务必要意识到这一点，科学理智地分配情感。此外，中国传统观念认为，养育婴幼儿理所应当是妻子的责任，在这种观念的影响下，越来越多的妈妈感觉到孤立无援甚至不被理解，形成"丧偶式育儿"的现象，家庭矛盾也随之而来。"丧偶式育儿"意指家庭教育中有一方显著缺失。比如父母中的一方长期外出，或者父母均在子女身边，但是缺少其中一方的情感支持（如早出晚归、子女很难见面、无语言交流等）[1]。这样的养育方式，不利于夫妻双方的关系，更不利于婴幼儿身心的健康发展。婴幼儿的日常生活照料和陪伴，需要父母共同关注，夫妻双方应均衡地投入相应的时间和精力。

在养育婴幼儿的过程中，作为孩子父亲的丈夫，应该更有意识地积极参与婴幼儿的养育活动，只有切身体验到养育孩子的艰辛才会更加体谅和关爱妻子，夫妻双方会有更多的交流与互动，双方才会站在对方立场去思考和看待问题，营造健康和谐的夫妻关系。总的说来，只有夫妻双方共同参与到育儿过程中来，尤其是丈夫应理解妻子养育孩子的艰辛，站在妻子的角度看待家庭教育，给予妻子更多的支持与关爱，才能构建和谐的夫妻关系，有利于婴幼儿身心健康发展。

（2）悦纳完整的婴幼儿

每一名婴幼儿都是具有独特气质和个性的独立个体，这是与生俱来且难以改变的。他们有自己的长处和弱点，无时无刻不显露出父母以及亲人对他们养育的痕迹，这体现了婴幼儿在成长过程中与父母及亲人互动的模式与特点。婴幼儿有自己的想法和独立人格，作为父母，应悦纳婴幼儿的优缺点以及气质特征，这是为婴幼儿创造良好家庭心理氛围的重要前提，也是促进婴幼儿自我意识发展的基础。当父母无条件地接纳婴幼儿后，婴幼儿才能勇敢而自信地接受自己的优点与不足。父母应从心理上和行为上肯定和接纳婴幼儿，然后再引导他们学着接纳自己的优缺点。

（3）构建健康的依恋关系

婴幼儿的成长需要高质量的关系和照护，关系是婴幼儿早期护理和教育的核心。关系影响婴

---

[1]　王东．"丧偶式育儿"的类型、影响及本质［J］.北京教育学院学报（社会科学版），2021，35（04）：29-33.

幼儿的社会技能、学术成就以及大脑的发展，也影响着婴幼儿对养育方式的感受。[1]为婴幼儿营造和睦、彼此关爱的家庭氛围，家庭成员之间关系融洽，是婴幼儿成长最好的营养。照护者应具有健康的心理素质、良好的情绪调控能力和一定的文化水平，避免向婴幼儿发泄自己的不良情绪；照护者应随时观察并参与婴幼儿的活动，注意防止来自家庭或托育机构对婴幼儿身体和心理的伤害或虐待。贫困、忽视、体罚、暴力或威胁均会对婴幼儿的情绪和心理发展带来诸多不利影响，因此相关机构应为贫苦和需要特殊帮助的家庭提供必要的经济支持和心理援助。[2]

　　家庭是婴幼儿成长的第一环境，父母则是孩子最早、最直接的接触者。婴幼儿更易对父母产生高度的依恋关系，父母是教育子女最直接、最权威的力量。一般意义上的依恋，指的是个体对另一特定个体长久而持续的情感联结。发展心理学中所指的依恋，是指婴幼儿寻求并企图保持与另一个人身体亲密联系的一种倾向。婴幼儿时期是孩子与父母建立亲密关系的关键期，因此，家庭成员要敏感地了解婴幼儿需求，及时给予适当的回应，帮助婴幼儿与成人之间建立安全的依恋关系。其中，安全型依恋关系最有利于亲子关系的和谐发展。对于婴幼儿来说，建立安全型依恋有助于婴幼儿的社会认知、情感、行为的发展。婴幼儿与主要抚养者之间的安全型依恋应该如何建立呢？根据婴幼儿心理发展的特点，以下五方面养育行为有助于安全型依恋关系的形成：① 用心观察和注意婴幼儿发出的每个信号并及时回应他们；② 尝试站在婴幼儿的角度去看待问题，尽可能地改变自己的行为方式去适应婴幼儿的各种需求，尤其是不要将自己的意志强加给婴幼儿；③ 所有与婴幼儿交流接触的过程都是建立在爱与包容基础之上的，亲子双方尽量多用积极的方式来表达真挚的情感；④ 为婴幼儿提供宽松自由的探索环境，鼓励其大胆探索身边的未知世界，能在他们需要的时候及时提供支持和帮助；⑤ 多与婴幼儿进行亲密的肢体接触，如拥抱、抚摸、亲吻等，让婴幼儿感受到来自父母真切的爱与关怀。

　　综上所述，婴幼儿安全依恋关系的形成关键在于主要抚养者对其各种合理需要的认真对待与及时回应。只有婴幼儿的需要被切实关注并能及时获得相应的满足时，婴幼儿才能形成安全的依恋。值得注意的是，在满足婴幼儿的需求时，主要抚养者需要态度温和、表情充满爱意。

知识拓展4.1

父母教养方式的类型

　　按照父母对0～3岁婴幼儿的关爱和控制这两个维度，父母的教养方式可分为专制型、溺爱型、忽略型和权威型，不同教养方式中成长的孩子会呈现出不同的特征。专制型的父母，为孩子设置太多限制，让孩子不能做这、不能做那，还常常以命令式的口吻要求孩子。这种教养方式下成长的孩子，性格比较懦弱，遇事缺乏主见。溺爱型的父母，几乎不给孩子设置任何规则和限制，孩子想做什么就做什么，而且包办代替孩子做孩子能做的事情。孩子长大后极可能成为是非不清、做事没有原则和底线或缺乏责任感的人。忽略型的父母，平时只顾忙事业或自己休闲娱乐，不愿意抽时间陪伴孩子。在这种教养方式下长大的孩子，极有可能对他人冷漠无情、不懂得关心和照顾他人，遇事无动于衷。权威型的父母，会给孩子设置一定的目标、限制和规则，但同时也满足孩子合理的要求。这种教养方式下成长的孩子，既有自己的奋斗目标，也有一定的原则和底线。

[1] ［美］茱莉亚·布拉德.0—8岁儿童学习环境创设［M］.陈妃燕，彭楚芸，译.南京：南京师范大学出版社，2014：26.
[2] 中国妇幼保健协会婴幼儿养育照护专业委员会.婴幼儿养育照护专家共识［J］.中国儿童保健杂志，2020，28（09）：1065.

（4）注重亲子沟通技巧

为了提高亲子沟通的质量，首先父母要了解自己的孩子，做到"因材施教"。因为每个婴幼儿的气质类型存在极大的差异，对于不同的婴幼儿需要采取不同的沟通方式。0～3岁是婴幼儿身心快速发展的时期，其世界观、价值观、人生观等还未定型，父母应该多给予婴幼儿表达和探索的机会，多倾听和鼓励孩子的合理言行，努力创设条件让孩子独立自主地参与各种活动、认识世界、感悟生活。其次，父母要学会换位思考，尽量站在孩子的立场去思考他们面临的一系列困惑或问题，从婴幼儿的角度去看待其在成长过程出现的各种偏差或不良行为，只在必要时为婴幼儿提供相应的帮助或指导。与此同时，当婴幼儿在成长过程中出现了不良行为时，父母要保持冷静的态度并给予相应的解决方案。最后，父母应使用多种方式与婴幼儿互动。比如可以使用语言直接表达对婴幼儿行为的认可，也可以用面带笑意的眼神、跷起大拇指、点点头或给个微笑等态势语对婴幼儿积极暗示或鼓舞。

（5）开展形式多样的活动

家庭活动是家庭成员一起参加的活动，形式多种多样。如父母与孩子一起吃饭、阅读、做运动、做游戏、看电影、旅行等。家庭活动会给婴幼儿带来很多美好的回忆，有助于家庭成员间的亲密关系发展。

首先，丰富多彩的家庭活动既可以提高婴幼儿对家庭生活的满意度，又可以有效地促进家庭成员之间的交流沟通，有助于提高家庭教育的成效。其次，家庭是婴幼儿学习和模仿成人的起点。丰富多样的家庭活动有助于婴幼儿人格、情绪、心理的健康发展。高质量的家庭活动有助于提高婴幼儿的幸福感、安全感和归属感，有助于他们建立起积极的自我评价，培养良好的社交技能。再次，婴幼儿通过家庭活动与家人建立的心理联结能让婴幼儿获得有效的情感支持和积极向上的情感体验。最后，丰富多样的家庭活动还可以丰富婴幼儿的人生体验，满足婴幼儿成长的多方需求。

知识拓展4.2

著名儿童文学家王一梅谈亲子阅读

王一梅是全国著名的儿童文学作家，是苏州市作家协会副主席。先后出版了长篇童话《鼹鼠的月亮河》《木偶的森林》以及系列童话《乌鸦的新衣》等。她的作品不仅入选人教版、冀教版等小学语文课本，而且还在英国、瑞士等国家出版。她认为陪伴孩子阅读是父母最长情的爱。父母若经常陪孩子阅读，孩子会更聪明，也会更喜欢读书。她建议家长应根据自家孩子的年龄特点，把亲子阅读时间掌握在20～40分钟内，然后是探讨、休息、运动锻炼、喝水、吃水果等，用有限阅读保持孩子对阅读的渴望。[1]

（6）提供良好的学习环境

对于0～3岁的婴幼儿来说，学习兴趣与学习品质的培养远远重于对内容的学习。父母为婴幼儿创设良好的家庭学习环境有助于培养婴幼儿的学习兴趣与学习品质。创设良好的学习环境举措如下。

首先，父母要喜欢阅读，为婴幼儿作榜样。婴幼儿时期，孩子主要通过模仿父母及身边其他人的言行学习，婴幼儿的学习兴趣和学习品质在很大程度上也是通过模仿身边的人（尤其是父母）获得的。因此，父母应成为孩子喜欢学习、热爱学习的好榜样。父母对自身言行要有正确的认识，自

---

[1] 吴波. 陪伴阅读是父母最长情的爱［EB/OL］.（2018-05-07）［2022-03-19］.https://www.sohu.com/a/230673784_161623.html.

己平时生活中的一言一行都是婴幼儿模仿的对象，对培养婴幼儿良好的学习品质具有重要影响。若父母期望婴幼儿在遇到困难时能够有毅力地坚持完成任务，那么父母在遇到困难时也要能做到迎难而上。当婴幼儿遇到困难退缩时，父母可以采取有效的话语或行为来引导孩子想办法克服困难，并提供必要的帮助。父母可以不断反思：一是孩子从我们的言行中学到了什么；二是我们从婴幼儿的言行或表情中获得了什么信息。针对这些信息，父母应及时调整或改善自身的不当言行，为孩子树立良好榜样，避免抽象复杂的说教。

其次，要为婴幼儿提供丰富多样的活动选择，这能有效地激发婴幼儿的好奇心和探究欲望。父母应根据婴幼儿的年龄特点、身心发展水平及其爱好兴趣为他们提供多样的家庭教育环境，这种环境既包括活动环境，也包括学习环境。比如，在家里客厅中，父母可以为婴幼儿铺上软垫并摆放一些玩具如积木、小球、小型滑梯、拨浪鼓、黑白图案的卡片、摇铃、塑料瓶、矮杠。父母也可以在婴幼儿卧室的一角，为孩子创设一个学习区域，并在地面铺上地垫，摆放幼儿沙发、适合孩子高度的书架、桌椅板凳，放上适合孩子阅读的书籍，然后再配备一些颜料、画笔、手工制作材料等辅助婴幼儿学习的资料用品。父母还可以适时鼓励婴幼儿参与挑战性活动，培养婴幼儿适度挑战、敢于冒险的初步意识。相对于其他类型的活动而言，挑战性活动能带给婴幼儿更多新奇的刺激和感受，激发他们的好奇心、探究欲和专注力；有助于培养他们在遇到困难时，根据自己已有的经验和现有的活动材料反复操作，寻找出更加有效的解决办法的学习品质。

最后，应帮助婴幼儿建立规则意识。俗话说，无规矩不成方圆。因而在家中，父母可与婴幼儿协商制订家庭成员都应遵守的规则，比如吃饭、看书时不能看电视、看手机、到处乱跑等；婴幼儿自己的物品自己收拾整理，如玩具、书籍或其他手工制作材料等。与此同时，在家庭生活中，父母还应注重培养婴幼儿家庭活动和学习的常规，培养婴幼儿遵守活动规则和活动时间等。比如，引导婴幼儿学会将自己的玩具或其他用品及时放回原处；在亲子共读过程中，不吵闹、不大声说话，安静耐心地倾听父母阅读；不做与阅读无关的事情；在制作手工作品时，养成坐姿正确、正确使用剪刀或其他工具、认真观察父母示范等良好习惯。只有全家人都自觉、自愿地遵守各种规章制度，才能为婴幼儿的健康成长构建一个有序、有规则意识的环境。家庭常规教育和托幼机构常规教育应当保持高度的一致性和衔接性。只有这样，才能有效地促进婴幼儿养成良好的学习习惯。

2. 家庭周围精神环境创设

婴幼儿的家庭精神环境既包括家中精神环境，也包括家庭周围的精神环境。家庭周围精神环境是指婴幼儿及其家人与邻居、保安、物业管理人员等之间的友好相处以及小区健康的文化氛围。其中邻里关系是一种非常重要的人际关系。因此，家长应积极为婴幼儿创设良好的邻里关系。

（1）友好和谐邻里关系的作用

和谐融洽的邻里关系对婴幼儿的发展具有积极作用，婴幼儿可以与邻居小朋友一起玩耍，增加社会交往的机会。不同年龄、不同性别、不同性格的婴幼儿在一块玩耍、做游戏或学习，相互之间学习其长处，改正自身的不足，有助于发展婴幼儿的社会性，为今后的学习打下良好基础。友好互助的邻里关系还有助于婴幼儿养成助人为乐的良好品德。邻里之间互帮互助，孩子可以耳濡目染，逐渐养成相互帮助、关心他人、为他人着想的良好品德。

（2）良好邻里关系的构建措施

为了营造良好的邻里关系，父母在选择居住场所时，可以考虑选在有公园、操场、娱乐设施的地方，这样婴幼儿有更多的机会与同伴接触。若居住地点已定，家长可以利用节假日，带着婴幼儿走出家门，为其提供与不同年龄伙伴交往的机会。与此同时，婴幼儿居住的社区物业管理，应为婴幼儿提供健康积极向上的小区文化环境，营造小区居民相互帮助、相互体谅、友好相处的和睦氛围。此外，社区在为婴幼儿营造安全环保环境的同时，也可为他们创设游玩场所或组织相关活动，以此拓宽婴幼儿的活动范围，增加本社区婴幼儿之间的交流与互动。

小　结

　　家庭是婴幼儿生活的第一环境，父母是婴幼儿的第一任老师。父母应为0～3岁的婴幼儿创设安全健康、积极向上的家庭环境，让他们在家里安心生活、放心玩耍和学习；同时还应为他们提供良好的家园外部环境，比如小区环境、社区环境以及外出旅游的环境。营造良好的婴幼儿家庭内外生活环境，除了父母的努力，还需要社会各级政府、各个部门以及相关人员的共同关注与努力。

思考与练习

一、选择题

1. 婴儿（　　）时，会影响睡眠。
　　A. 吃饱　　　　　　　　　　　　　B. 饥饿
　　C. 吃适量的水果后　　　　　　　　D. 喝了适量的水后

2. （　　）是不属于婴儿三浴锻炼的目的。
　　A. 提高婴儿的自理能力　　　　　　B. 增强大肌肉群的协调性
　　C. 提高神经系统的灵敏度　　　　　D. 增强体温的调节功能

3. 选择、购买消毒剂要有（　　）字样。
　　A. "卫健字"　　　B. "卫消字"　　　C. "卫食字"　　　D. "卫准字"

4. 来苏水是一种甲酚和钾肥皂的（　　）制剂。
　　A. 混合　　　　　B. 稀释　　　　　C. 复方　　　　　D. 高浓度

5. 下面哪种做法不利于婴幼儿身心健康发展？（　　）
　　A. 常常在马路边玩　　　　　　　　B. 注意家庭环境和个人卫生
　　C. 定期清洗玩具　　　　　　　　　D. 用湿布擦家具，不要让灰尘满屋飞扬

6. 婴幼儿家庭环境创设首先应注重环境及其设备设施的（　　）。
　　A. 安全环保　　　B. 美观大方　　　C. 温馨高雅　　　D. 富丽堂皇

7. 家中要把婴儿和玩具放在（　　）做饭的地方，距离50厘米以外，并给饭锅安装保护架。
　　A. 远离　　　　　B. 接近　　　　　C. 围绕　　　　　D. 贴近

8. 冬季婴儿居室的温度以（　　）为宜。
　　A. 18℃～21℃　　B. 21℃～24℃　　C. 24℃～28℃　　D. 28℃～32℃

9. 给婴儿洗澡时，顺序正确的选项是（　　）。
　　A. 先放冷水，再放热水，再放婴儿　　B. 先放冷水，再放婴儿，再放热水
　　C. 先放婴儿，再放热水，再放冷水　　D. 先放热水，再放婴儿，再放冷水

10. 婴儿阅读的光线要求是（　　）。
　　A. 在阳光底下　　　　　　　　　　B. 光线不要太强烈的地方
　　C. 在背阴的地方　　　　　　　　　D. 有强烈灯光的地方

二、判断题

1. 要严格把握婴儿的喂奶量，5个月大的婴儿每次喂奶平均量约为500毫升。　　　　（　　）

2. 有些婴儿进食草莓过量会出现过敏现象。　　　　　　　　　　　　　　　　　　（　　）

3. 人体内水的交换取决于蛋白质和电解质的浓度。　　　　　　　　　　　　　　　（　　）

4. 炎热的夏季，婴幼儿睡觉时，父母可以将电风扇开到最小风并直接对着婴幼儿吹。（　　）

5. 婴幼儿与父母建立起安全的依恋关系有利于亲子关系的发展。　　　　　　　　　（　　）

三、简答题

1. 家庭周围安全物质环境创设包括哪些区域。
2. 家庭中精神环境的创设的措施。

聚焦考证

一、选择题

1. （　　）是亲子阅读时常用的方法。

　　A. 挑选婴儿喜欢的图书或连环画，带婴儿大声朗读，让他体验阅读的快乐

　　B. 挑选的图书应是家长喜欢的

　　C. 毫无目的地讲几个故事

　　D. 阅读后不要问婴儿问题

2. （　　）食物可引发婴儿患爆发性荨麻疹。

　　A. 牛奶、蛋类　　　　　B. 巧克力、牛奶　　　　　C. 豆类、贝类　　　　　D. 水果类

3. 下面表述不正确的是（　　）。

　　A. 训练婴儿独自大小便时必须注意便盆清洁

　　B. 可让婴幼儿倾听激烈的音乐，以刺激宝宝排便

　　C. 婴儿每次坐便盆时间为3～5分钟

　　D. 便盆的大小要适合婴儿臀部的大小

4. （　　）是婴儿期进行阅读的主要意义。

　　A. 使婴儿听力有所发展　　　　　　　　　B. 促进婴儿智力、情感、身体的健康发展

　　C. 刺激大脑的发育　　　　　　　　　　　D. 可以使婴儿发育得更快

5. 在做饭同时又要看护婴儿，不应该（　　）。

　　A. 让婴儿在成人身边玩耍

　　B. 在炉旁备一块地毯，让婴儿休息

　　C. 把婴儿放在远离炉火并在父母视线之内的地方

　　D. 把婴儿关在卧室，只顾自己做饭

二、判断题

1. 家中婴幼儿卧室的设计要注意采光，通风设施良好；室内温度和湿度适宜。　　　　（　　　）
2. 婴幼儿乘坐私家车，最好的方式是由父母抱着坐在副驾位置上。　　　　　　　　　（　　　）
3. 婴幼儿居住的区域，首先应保证其安全、无危险隐患。　　　　　　　　　　　　　（　　　）

模块五
婴幼儿心理环境创设

模块导读

　　婴幼儿心理环境，又称为婴幼儿精神环境，包括托育机构心理环境、家庭心理环境和社会心理环境三个部分。其中，家庭心理环境及其创设在第四模块已经论述，在此不再讨论。

　　心理环境与物质环境密切相关，相互联系相互影响。只有凭借良好的心理环境，物质环境才能转化成婴幼儿的认知经验、积极情感和学习行为。生活在温暖和善而坚定氛围中的婴幼儿，容易形成积极的个性特征、获得得体的交往技能以及养成良好的行为习惯。[1]反之，不良的心理环境不仅阻碍婴幼儿的学习发展，甚至还会对婴幼儿的情绪、行为习惯和人格产生消极的影响。

　　本模块主要阐述婴幼儿成长与心理环境之间的关系，通过理论学习、案例呈现等教学形式，帮助学习者掌握婴幼儿心理环境创设的内容、方法和策略，为学习者提供相关的技能技巧，以便更好地帮助婴幼儿生活在一个安全、温馨、积极的环境中，激发婴幼儿与托育机构和社会中的成人发生有益的联系和互动。

学习目标

　　1. 了解与托育机构和社会心理环境相关的基本理论知识和技能。

　　2. 掌握托育机构和社会心理环境与婴幼儿成长之间的关系。

　　3. 运用相关的理论知识指导托育机构和社会心理环境创设的实践活动。

　　4. 能够将优秀的传统文化、民主平等的教育理念、和谐沟通与交往技能等保教人员所具备的职业素养融入婴幼儿心理环境的创设过程中。

内容结构

```
                                              ┌─ 托育机构心理环境创设内涵
                        ┌─ 创设托育机构心理环境 ─┤
                        │                      └─ 托育机构心理环境创设措施
模块五                   │
婴幼儿心理 ──────────────┤                      ┌─ 婴幼儿社会心理环境创设的概念
环境创设                 │                      │
                        └─ 创设婴幼儿社会心理环境 ┼─ 影响婴幼儿社会心理环境的因素
                                               │
                                               └─ 婴幼儿社会心理环境的创设措施
```

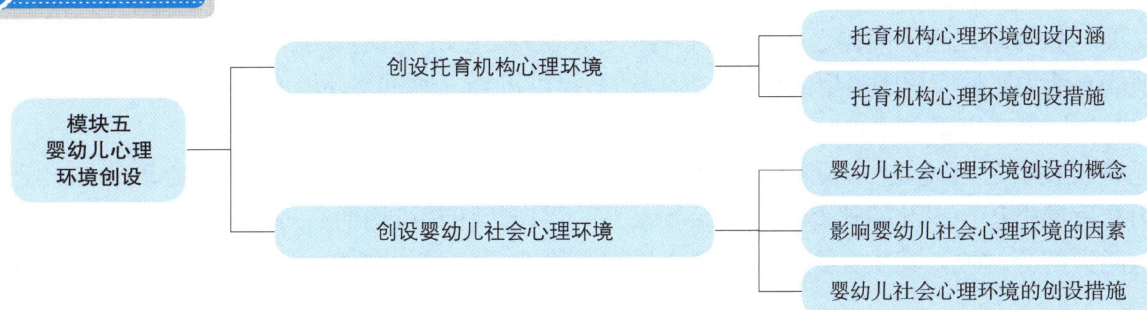

[1]　袁爱玲.幼儿园教育环境创设［M］.北京：高等教育出版社，2010：73.

任务一　创设托育机构心理环境

案例导入

某托育机构建立之初，就努力营造爱岗敬业的工作氛围，让每个教职员工拥有良好的归属感。因而，该中心的员工在工作中也能积极主动地思考，为不同年龄段的婴幼儿创造各种条件以提供适合其发展的多种选择，努力让每位婴幼儿都得到尽可能的发展。与此同时，教职员工也能以友好的态度及和善的语气对待婴幼儿及其家长。比如，教职员工每天用笑脸迎接婴幼儿来园、接待家长时轻声细语交流。在这样的氛围中，该中心的婴幼儿非常自信、活泼和大胆，他们也乐于与人交流，敢于展现自我。

任务要求

1. 熟悉托育机构心理环境的相关概念。
2. 掌握托育机构心理环境创设的方法和策略。

托育机构的心理环境对婴幼儿的成长影响很大，托育机构的文化氛围、工作氛围，员工的个性品质、文化修养、心理素质以及专业知识和技能，员工之间、婴幼儿和保教人员以及婴幼儿和家长之间的关系，无不时时刻刻影响着婴幼儿的言谈举止。

一、托育机构心理环境创设内涵

托育机构除了为婴幼儿营造安全环保的物质环境，还要为婴幼儿提供良好的心理环境。良好的托育机构心理环境能让婴幼儿在一个安全而温馨的环境中，自由、自主地认知和探索，促进他们开发多方面的潜能。

（一）心理环境的概念

婴幼儿心理环境是指婴幼儿心理周围的客观事实，包括师幼之间、婴幼儿之间、保教人员与家长之间的人际交往及托育机构的气氛等。[1]心理环境一方面通过激发婴幼儿认知活动的动机，影响婴幼儿学习活动时的心理机制和氛围，从而对婴幼儿的认知发展产生影响；另一方面通过婴幼儿对心理环境的主动体验、观察、模仿及其与周围环境的积极互动，影响婴幼儿的情感、社会性与个性的发展。如师幼之间、同伴之间良好的人际关系能为婴幼儿提供情绪、情感上的安全感，使婴幼儿充满信心地大胆探索周围陌生的环境，为婴幼儿提供机会，通过与环境的相互作用发展认知能力。

（二）心理环境的结构

托育机构心理环境是一种由人际环境、文化环境等因素交织在一起形成的心理氛围，它是托育机构在发展过程中积淀的教育理念及保教水平的体现。托育机构的心理环境主要由人际环境和文化环境两大部分构成。其中，人际环境是指托育机构存在的影响个体之间交往的各种外部条件或因

---

[1] 胡忠红，李春忠．试论幼儿良好的心理环境创设策略［J］.教育观察，2020，9（24）：96-97.

素，这些条件或因素既包括家长、教师和婴幼儿三者之间的互动交往，也包括家长之间、教师之间、婴幼儿之间的互动交往，这是心理情感环境内涵的外在表现。文化环境则是指托育机构从事托育活动的一切基本文化条件，包括语言环境和活动课程等。语言环境包括教师的教学用语、日常生活用语，以及婴幼儿之间的交流用语等；活动课程主要包括婴幼儿在托育机构中的常规活动、自由活动及集体活动。人际环境和文化环境两者对婴幼儿的健康成长都会产生潜移默化的影响。

（三）心理环境的作用

相对于物质环境，托育机构的心理环境对婴幼儿的影响是潜在而深远的。积极健康的心理环境能让婴幼儿获得安全感、自尊心和自信心，有助于婴幼儿乐于和敢于表达自己的观点和想法。

1. 有助于婴幼儿获得安全感

良好的心理环境有助于培养婴幼儿的安全感。来到陌生的托育机构中，面临与父母及熟悉的生活环境的短暂分离，多数婴幼儿都会有紧张、害怕、担心的心理，有的孩子还表现出较严重的分离焦虑症。此时，托育机构的保教人员及时的微笑和拥抱，都会让婴幼儿感受到"妈妈般"的温暖和爱护，能较好地缓解他们紧张、担心和害怕的情绪。因此，刚入园蹒跚学步的婴幼儿，非常需要保教人员给予其特别的关注，随时观察和捕捉婴幼儿情绪情感上的微妙变化并提供必要的帮助，让婴幼儿在心理上获得情感支持，进而获得安全感以顺利渡过分离焦虑期。而且，保教人员与婴幼儿之间彼此信任关系的建立，也直接影响婴幼儿在托育机构中的安全感和依赖感。

2. 有助于婴幼儿积极表达观点

宽松无压力的心理环境是调动婴幼儿乐于和敢于表达的前提条件，因此，保教人员应尽量为婴幼儿创造宽容和谐的心理沟通氛围。在这种氛围下交流，婴幼儿既能从成人身上学到沟通交流的基本技能技巧，也能从保教人员的沟通中获得对自身发展有益的信息资源。比如，当保教人员以温和的方式与婴幼儿交谈，同时还能耐心倾听婴幼儿所表达的内容，并在必要时给予积极的回应与适当的指导，那么，婴幼儿也会用这种方式与他人沟通交流。保教人员所交流的话题应与婴幼儿已有的生活经验和理解水平密切相关，使婴幼儿对谈话内容感到熟悉和亲切，以此激发婴幼儿乐于交流的意愿。保教人员与婴幼儿之间若能真诚地对话，并随时注重婴幼儿内心的真实需求，让婴幼儿切实感受到来自保教人员发自内心的关爱，能有效地激发和强化婴幼儿乐于和敢于表达的强烈愿望，进而较好地促进他们语言表达能力的发展，而师幼之间的交流也有助于构建彼此和谐的关系。

3. 有助于培养婴幼儿的自尊心和自信心

自尊心是健康人格中最具意义的重要组成部分，也是人的一种内在情感的需要。只有自尊心得到了满足，婴幼儿才会进一步产生自信心。[1]而0～3岁正是培养婴幼儿自尊心和自信心的重要阶段。如果保教人员以发自内心的尊重、肯定和信任的态度对待婴幼儿的言行，婴幼儿也会将保教人员视为朋友并与他们建立彼此信任的关系。而这种关系将有助于婴幼儿产生强大的自尊心和自信心，使他们乐于接受新鲜事物，在探索未知世界时更加愿意遵守规则及配合他人，更加积极主动并富有挑战精神。因此，我国很多城市都要求托育机构努力为婴幼儿创设良好的心理环境。比如《上海市婴幼儿教养方案试行》规定，"重视婴幼儿的情感关怀，强调以亲为先，以情为主，关爱婴幼儿，赋予亲情，满足婴幼儿成长的需求。创设良好环境，在宽松的氛围中，让婴幼儿开心、开口、开窍。尊重婴幼儿的意愿，使他们积极主动、健康愉快地发展。"[2]从中可以看出上海市政府高度重视托育机构应为婴幼儿营造良好的心理环境，培养婴幼儿的自信心和自尊心。

---

[1]　袁爱玲，廖莉.幼儿园环境创设：理论与实操［M］.上海：华东师范大学出版社，2017：10.

[2]　上海市教育委员会.上海市教育委员会印发《上海市婴幼儿教养方案（试行）》［R/OL］.（2008-05-09）［2022-01-09］.http://edu.sh.gov.cn/web/xxgk/rows_content_view.html?article_code=402022008002.

　　小小在家从不吃蔬菜，每次都要让家长费尽力气才吃一点，某天早上她妈妈又说起这件事，小小的老师决心想个办法，让爱吃菜成为孩子的主动行为。中午吃白菜，小小端着饭吃了几口米饭，又不吃菜，老师说："呵，小小真棒，都大口吃菜了！"老师说完，大洋说："我也能大口吃菜。""我也能，老师你看！"孩子们纷纷应和着，小小听完赶紧吃了口白菜，可后来又不吃了，剩了小半盘。老师对小小说："你真棒，吃了这么多菜，比小兔子都棒。如果实在吃不了就别吃了！"小小点点头，很快把汤喝完了。

　　在这个案例中，这名老师通过有效的话语巧妙地引导小小吃她不喜欢吃的蔬菜，同时还充分利用同伴的作用趁机教育其他孩子挑食的不良行为。这种方式既维护了小小的自尊心，又较好地利用了其他孩子的从众心理，让孩子在日后就餐时不由自主地想起老师说过的话语，从而自觉、自愿地改正不吃蔬菜的不良习惯。

　　4. 有助于培养婴幼儿的社会交往能力

　　当婴幼儿处于一个温馨和谐且能得到及时回应的心理环境中，他们的内心世界也更容易平静安宁，这样的心理能有效减少他们不必要的焦虑。与此同时，这种环境还能减少婴幼儿之间争抢玩具、为获得同一本图书而争吵甚至打架的可能。保教人员用心为婴幼儿创设良好的心理环境也会为婴幼儿之间的交往和互动提供更多的机会。婴幼儿只有通过与同伴的交往，才能够更好地理解并使用人际交往的基本常识和技能，认识和控制自己的情绪和感情，进而控制自己的一些不良行为。当婴幼儿的要求得到保教人员及时的回应，其诉求也能得到合理解决。这样的心理环境有助于婴幼儿与保教人员等成人之间建立起良好的互动关系。婴幼儿积极主动地与同伴和成人的交往，有助于婴幼儿社会性的发展。

二、托育机构心理环境创设措施

　　托育机构心理环境主要包括人际关系环境，即家长、婴幼儿和教师之间的人际关系；还包括文化环境，即语言环境、工作氛围和机构文化等。想要营造良好的心理环境，需要构建良好的人际关系环境和文化环境。人际关系环境和文化环境密切联系且相互影响。一方面，营造和谐的人际关系环境是创设良好心理环境的核心；另一方面，构建优质的文化环境是营造良好精神环境的重要组成部分。创设良好的心理环境，可以运用以下三种措施。

（一）建立良好的人际关系

　　托育机构和谐温馨的人际关系主要包括保教人员之间团结合作，保教人员与婴幼儿之间的和睦相处，保教人员与婴幼儿家长之间关系融洽，婴幼儿之间友好相处等。

　　1. 构建和谐的同事关系

　　托育机构的心理环境是托育机构从成立之初以来积淀而形成的、带有自身特色的一种文化氛围，它既融合了机构的办学目标与办学理念，也体现了机构的文化氛围、员工的工作风貌与服务态度。托育机构应以师为本，努力为员工创设自主、和谐、鼓励创新的良好工作氛围，充分发挥每个员工的个性特长，让他们不断体验成功的快乐。机构领导还应为员工创设相互关心、相互帮助的工作氛围，比如随时关心员工的生活、学习和工作情况，在员工有困难时给予及时的关怀与帮助等。

2.建立和谐的师幼关系

在托育机构的各种人际关系中，师幼关系是最重要的，它是决定婴幼儿能否健康成长的核心所在。正如著名教育家赞科夫所言，"就教育效果而言，很重要的一点是看师生关系如何。"[1]因此，营造托育机构心理环境的关键在于师幼关系，在于保教人员对待婴幼儿的态度和方式。构建良好的师幼关系的方式有很多，保教人员可以通过声音、语言、动作、表情、神态等方式与婴幼儿交流，用专业素养赢得家长与孩子的认可。

（1）利用表情和声音传递积极情感

保教人员可以通过微笑和热情来营造积极的情感，保教人员在与婴幼儿互动的过程中充满热情并能面带真诚的微笑，这样的心理环境会使身处其中的员工、婴幼儿和家长随时体验到一种积极向善的美好情感。特别是在指导个别婴幼儿活动时，保教人员若面部和善并使用温和的声音与孩子沟通交流，有助于构建和谐的师幼关系。保教人员的这种素养，不仅与其本身性格特征有很大关系，而且也与其成长的环境和所接受的教育密切相关，比如过于严肃的保教人员难以给婴幼儿平易近人的感觉。因此，在培养保教人员时，应多关注他们成长的背景以及原生家庭状况，同时有必要针对个别学生的不良性格加以必要的引导和指点。

（2）使用口头和肢体语言传递爱意

首先在保教活动中，保教人员与婴幼儿要经常用口头或肢体语言进行交流。在口头交流时，保教人员可以使用赞赏、鼓励或激励等言语来回应婴幼儿活动时的动作、表现和努力，比如对婴幼儿说"宝宝的手指真灵巧""宝宝的眼睛看得真清楚""宝宝反应真快"等话语，婴幼儿会表现出更加自信和积极的探索欲望；当婴幼儿回答保教人员提出的问题时，不管答案正确与否，保教人员都要对其表现出真诚的关注并给予及时的回应，只有这样才会激发婴幼儿回答问题的意愿和信心；保教人员还应随时使用"请""谢谢""欢迎你"等礼貌用语，以此表达对婴幼儿的尊重，从而拉近师幼之间的距离。

其次，保教人员要适当使用态势语。在托育机构中，保教人员可采取鼓掌、拥抱、抚摸、眼神等表达和善意的肢体语与婴幼儿交流。"教师在与幼儿交谈时，恰当的眼神、表情的使用能使幼儿对教师情绪状态和对自己行为的反馈有更为深刻的体会。"[2]师幼互动过程中保教人员还要及时照顾个别婴幼儿的特殊情绪和心理需求，以此赢得婴幼儿发自内心的认可。比如抚摸疲倦的婴幼儿，及时安慰受惊吓的婴幼儿，对爱玩的婴幼儿有一定的约束等。保教人员在阻止不良行为之前，应提前暗示或告诉婴幼儿，让其有心理缓冲时间以避免唐突或被冒犯，从而增强态势语的正面引导作用。总之，在托育机构的一日常规活动中，保教人员若能经常性地蹲下来握着宝宝的小手，眼神温和地看着他们并与之近距离交流，在交流中面带微笑、语气柔和、声音愉悦、措辞恰当，那么婴幼儿就会体验到被尊重和被关怀的感受，引发婴幼儿发自内心地爱戴和尊重老师。

最后，营造宽松自由的交流氛围。在活动过程中，如果保教人员干涉过多，不仅会让婴幼儿觉得自己无论如何做都难以达到老师的要求，时间久了就会形成一种依赖被动的心理特点，而且还会让婴幼儿在活动时缩手缩脚，胆小怯懦。这样的氛围会让婴幼儿因缺乏自主性而感到沮丧，也会影响婴幼儿主动性、积极性和创造性的发挥，从而严重阻碍婴幼儿健全人格的发展。因此，在托育机构工作的保教人员，不仅要为婴幼儿的认知和探索活动营造宽松自由的氛围，还应给予他们恰当的支持与鼓励。只有这样，才能让婴幼儿从心理上产生安全感和自由感，才能让他们在活动时拥有轻松愉悦的心情，从而乐于和敢于与保教人员交流和沟通。

[1]　［俄］Л.В.赞科夫.和教师的谈话［M］.杜殿坤，译.北京：教育科学出版社，1980：24.

[2]　颜洁，庞丽娟.论有利于儿童社会性发展的环境创设［J］.学前教育研究，1997（04）：16-19.

（3）用专业素养赢得婴幼儿及其家长的认可

保教人员应当热爱托育事业，具有良好的专业素养以及稳定的情绪和个人修养，这些是赢得婴幼儿尊重和信赖的前提条件。首先，保教人员爱岗敬业，对婴幼儿充满爱心和耐心，对婴幼儿的身心健康发展都至关重要。比如，保教人员对婴幼儿充满爱心、耐心与责任心，婴幼儿的心情会更好，感受也会非常舒服，内心会因充满被关爱和关注而感到安宁和幸福。如果保教人员整天板着脸，动不动就对婴幼儿大声呵斥，那么整个托育机构的氛围是压抑的、死气沉沉的。在这样的心理环境中，婴幼儿的情绪容易不稳定，还极其容易出现暴怒、焦虑、抑郁等不良的表现，这种心理不仅会削弱婴幼儿参与各种学习活动的积极性，还会严重影响师幼之间及幼幼之间相互交流的频率和机会，最终会对婴幼儿的社会情感、社会认知、社会能力的发展产生不良的影响。其次，保教人员还应具有良好的专业素养，扎实掌握婴幼儿护理和早期教育的专业知识和技能，具备观察和回应婴幼儿不同需求以及处理各种问题的能力。只有这样，保教人员才能赢得婴幼儿及其家长的尊重和认可，更好地构建和谐的师幼关系和家园关系。再次，保教人员稳定的情绪和积极的情感是婴幼儿人格完整和心理健康最重要的影响因素之一。保教人员的个性特征在很大程度上影响着婴幼儿良好情感情绪的养成，保教人员对婴幼儿的态度以及互动模式对婴幼儿的健康成长至关重要。婴幼儿一天中绝大部分时间与保教人员在一起，因此保教人员的专业素养、情感情绪和个人修养无时无刻不在影响婴幼儿。保教人员只有在具有扎实专业知识和技能的前提下，努力为婴幼儿创造一个相互尊重、相互关爱、积极互动的良好师幼关系氛围，才能让婴幼儿信任保教人员，并且乐意待在托育机构。

3. 创设融洽的同伴关系

同伴关系对婴幼儿的健康成长有重要影响。同伴关系是指年龄相同或相近的婴幼儿在共同活动中建立起来的一种相互协作的关系。同伴关系在婴幼儿的社交能力、认知、情感、自我概念、健康人格及社会适应能力的发展过程中，都起着重要的作用。而且，婴幼儿之间的同伴关系也是影响其心理发展的一个重要社会因素，因此应积极引导婴幼儿在托育机构中建立良好的同伴关系。

（1）提供足够的空间和时间

在托育机构的教学活动中，保教人员应尽量为婴幼儿的同伴互动提供足够的空间。例如，在婴幼儿醒着的时候，尽量将他们放在彼此容易观望或回应的地方，让不会行走的婴幼儿在彼此靠近的地方玩耍；不将婴儿单独放在婴儿床、秋千、高脚椅中或被保教人员抱着，为婴幼儿提供足够多的玩具供其玩耍；为学步儿提供通风采光良好的开阔空间。婴幼儿每天在托育机构的大多数时间都应让他们自己玩耍，应为他们提供足够的时间摆弄玩具或教具，为学步儿提供足够的时间练习学步等。[1]

（2）创设婴幼儿交流的机会

在婴幼儿的照护过程中，保教人员应不断提供机会，鼓励婴幼儿主动与同伴进行交流，引导他们用自己的方式交流，让他们乐于交往、善于交往。比如，保教人员可以组织婴幼儿进行集体活动，以此增加婴幼儿之间的交流和互动机会。为了更好促进婴幼儿构建和谐友好的同伴关系，保教人员可组织婴幼儿为伙伴"过生日""制作蛋糕"，营造宽松喜悦的氛围，促进他们之间的相互合作、相互协商；还可组织婴幼儿进行涂鸦、着色、粘贴、团纸等简单的手工活动，引导婴幼儿参与墙面等环境创设，让环境成为婴幼儿自己的环境，成为婴幼儿展示自己技能的舞台，以此促进婴幼儿的社会性发展。

（3）示范恰当的社交行为

保教人员需要经常向婴幼儿示范得体的言行，如保教人员之间礼貌的问候；保教人员对婴幼

---

[1] ［美］希尔玛·哈姆斯，等．幼儿学习环境评量表［M］．赵振国，周晶，周欣，译．上海：华东师范大学出版社，2015：6.

儿说话时面带微笑且语气温和；婴幼儿早上进入托育机构时，保教人员及时问候"早上好"并蹲下来给予孩子热情的拥抱；某个婴幼儿行为表现良好，保教人员可以竖起大拇指或点头给予及时的表扬和认可；保教人员鼓励婴幼儿见面时相互问候或拥抱，引导婴幼儿随时随地使用礼貌用语等。不仅如此，保教人员还应随时向婴幼儿示范正确的行为模式，引导婴幼儿观察并理解其他婴幼儿的行为、表情和感受，例如向婴幼儿示范用力爬的动作，帮助婴幼儿辨认高兴、难过、悲伤等面部表情，向婴幼儿示意不能有意地乱抓咬或推拉其他婴幼儿。保教人员还可以指出并示范婴幼儿之间或成人与婴幼儿之间正面交流的例子，如让婴幼儿注意到同伴之间相互安慰的行为；注意保教人员对待婴幼儿正确言行的态度，如老师称赞主动将椅子搬到桌子旁的某个婴幼儿。

（4）及时制止不良行为

当婴幼儿行为不当时，保教人员应及时阻止并用眼神或语言加以暗示，制止其不良行为继续发展。托育机构中婴幼儿的攻击性行为，常常是因为受到其他婴幼儿攻击性行为的影响。婴幼儿盲目模仿其他婴幼儿行为的能力很强，但他们以已有的认知水平和价值观并不能理解这种行为是否正确。婴幼儿之间的攻击性行为对个体及他人都具有不良影响。被攻击的婴幼儿常被迫退缩或放弃，攻击他人的婴幼儿的不良行为会因此而得到强化，其他婴幼儿也会模仿这些不良行为。在这样的过程中，被攻击的婴幼儿以及旁观的婴幼儿都会体验到负面情绪。而且，如果攻击他人或欺负他人的行为不及时制止，势必会逐渐蔓延并影响到其他婴幼儿，对托育机构全体婴幼儿的身心健康发展都将带来极坏的影响。因此在托育机构，需要保教人员用心观察的婴幼儿的经常性行为，一旦发现有攻击性行为，必须加以制止或引导，通过示范等方式教给他们正确的行为模式，引导婴幼儿学习正确的社交技能技巧，为他们进一步发展人际交往技能奠定坚实的基础。

（二）营造宽松和谐的保教氛围

无论是保育还是教育，都需要保教人员与婴幼儿进行良好的双向互动，这种双向互动，需要在和谐宽松的氛围中才能较好地完成。只有在良好的保教氛围中，才能更好地调动婴幼儿探索和学习的主动性和积极性。良好的保教氛围需要保教人员尊重和平等对待每个婴幼儿，用心照护每个婴幼儿，鼓励婴幼儿独立自主地探索和尝试各种活动等。

1. 尊重每个婴幼儿

对于0～3岁的婴幼儿来说，这一时期是他们身心发展最显著的时期，同时每个婴幼儿的发展速度和程度存在极大的差异。每个婴幼儿大致按照从"头部稳定—翻身—坐—爬—站—扶物行走—走"的顺序来发展，但具体到每个婴幼儿，其发展速度和侧重点却各不一样。比如，有的孩子发育快，个子较高；有的孩子发育慢，个子较矮。同一年龄段的孩子，有的动作敏捷，而有的比较笨拙。而且，即使同时出生的婴幼儿，他们哭闹的方式、喝奶的容量、排便时间、睡眠时间时长以及睡醒方式等都各不相同。比如，1～12个月的婴儿，既有上午睡觉的，也有下午睡觉的；既有大声哭闹的，也有小声哭泣的。保教人员应根据每个婴幼儿的不同特点做好记录，并制订针对性的保教方案以做到因材施教。总之，保教人员只有重视婴幼儿的个体差异并理解他们的不同之处，才能真正实施"尊重每个婴幼儿个性的保育和教育"。尊重每个婴幼儿即尊重每个婴幼儿独一无二的性格特点以及他们内心真实的需求。这就需要保教人员仔细观察每个婴幼儿的行为和表情。比如婴幼儿有时用哭或笑的方式来表达自己的需求，有时用表情、肢体动作或者言语来表达自己心情。当捕捉到婴幼儿的这些需求和表情时，保教人员应及时思考他们表现这些行为背后的原因，然后再采取相应的解决措施，不能因孩子哭就随意界定"这个孩子是个爱哭鬼"，而是应理性地分析婴幼儿出现的不良行为，并设身处地地感受婴幼儿的内心需求。

2. 细心照护

培养婴幼儿各种能力的最好保教方式是将其渗透到入园、进餐、午睡以及各种活动等一日常规活动中。比如，婴幼儿进餐或吃点心时，保教人员应与婴幼儿同坐，并利用进餐时间培养婴幼儿的生活自理能力，引导婴幼儿自己用餐具吃饭，用手扶住饭碗，自己擦嘴，自己洗碗等。在洗碗时，保教人员可以边洗边向婴幼儿解说并演示正确的清洗方法，也可以借助有关图书、图片、歌曲向他们讲解。与此同时，保教人员还应为婴幼儿创设轻松愉悦的进餐环境，对于把餐桌搞得乱七八糟的婴幼儿，保教人员要有耐心，给吃饭慢的婴幼儿留出较多的时间。

与此同时，婴幼儿的睡眠环境对其健康成长至关重要，保教人员应努力为婴幼儿营造温馨舒适的睡眠环境。此外，保教人员还应针对不同婴幼儿的睡眠习惯，给予相应的关照。比如在午睡前后，保教人员可以向动作较慢的婴幼儿演示自己穿脱外套的方法以节省时间；在入睡前带领婴幼儿在室外漫步或播放轻音乐；对于个别难以很快入睡的婴幼儿，保教人员可尝试轻拍其背部或抚摸其小手，帮助他们快速入睡；对不睡觉或较早醒来的婴幼儿，可以为其提供相对比较安静的活动，如玩玩具或绘画等，并指派一位老师看护他们。

对婴幼儿进行保育指导时，保教人员要引导婴幼儿严格遵守与安全相关的规章制度。比如在每次活动前，保教人员都要向婴幼儿讲解安全须知，同时引导婴幼儿有序玩耍，如为了防止婴幼儿在玩滑梯时出现拥挤，保教人员及时引导婴幼儿排队并依次下滑。不仅如此，保教人员还应预测婴幼儿玩耍时将会出现的安全问题，并采取相应的预防措施。比如，婴幼儿玩耍前，保教人员要仔细检查各类玩教具是否有破损；玩耍场地是否存在安全隐患；攀爬架下若有玩具或其他危险设施应及时移开；及时拖干净散溅在教室或厕所等地面上的水渍以防滑倒；关闭电气闸门及锁住危险的地方等。

📋 知识拓展 5.1

婴幼儿的自主探索与认知发展

婴幼儿的认知发展以及对世界的认识是从感知开始的。婴幼儿在自主探索过程中，他们会整合知觉、视觉、听觉、嗅觉、触觉、重力感和运动，来感知事物的物理属性，例如事物的形状、大小、颜色、密度、重量等物理知识，这影响着婴幼儿日后认知能力的正常发展。婴幼儿在自主探索的过程中学习，也在积极构建物理知识、逻辑数理知识和社会知识。这些知识和技能是其未来学习科学、数学、语言艺术、美术、戏剧艺术和体育的基础。婴幼儿自主探索分为有照料者参与指导的自主探索和婴幼儿自己进行的自主探索两种形式。这两种形式都很重要，照料者在照顾婴幼儿过程中可以根据实际情况来加以切换。

3. 鼓励自主探索

鼓励婴幼儿独立自主尝试探索各种活动，对于发展其自主和自我意识极其重要。保教人员要充分发挥自己的主导作用，引导婴幼儿不断发挥主体作用，如让婴幼儿亲自动手、动脑而不是由他人代替其完成活动。婴幼儿通过亲身体验，可以真切地体会到日常生活以及保教活动中的快乐和有趣，从而激发其不断参与各种活动的意愿。在此过程中，保教人员应平等地与婴幼儿交流沟通，及时接纳、认可并且欣赏婴幼儿的各种言行。当婴幼儿向成人求助时，应适时帮助他们解决自主探索过程中面临的困难，及时向婴幼儿传达保教人员对其学习能力的认可和赞扬。此外，保教人员还可以提供同伴合作的机会，如邀请自主探索能力强的婴幼儿帮助和指导其他婴幼儿。婴幼儿的合作学习，有助于减轻部分婴幼儿因害怕失败而回避挑战的心理负担，形成良好的同伴互动和交往，从而促进婴幼儿身心和谐发展。[1]在婴幼儿自主探索的过程中，保教人员还应对他们仔细观察并做好详

---

[1] 吴丽芸，张文鹏，高源 . 托育机构在促进婴幼儿认知学习能力发展中所起的作用——以自主探索为例 [J]. 教育界，2020（41）：85.

细记录，然后加以分析。记录的内容涉及婴幼儿的兴趣爱好、探索过程中与同伴的交流与合作、探索过程中与众不同的方式以及遇到困难时所想出的解决方法等。

（三）构建有效的家园共育机制

陈鹤琴先生在其著作《家庭教育》中指出，"幼儿园的教育不能替代父母，没有家庭的合作，也绝不能教育得十分有效……婴幼儿与父母相亲相爱的力度，相处的时长，对于婴幼儿的影响极大，往往婴幼儿在学校得到一些好处，抵挡不住家庭环境的坏处。对于婴幼儿的教育不是家庭教育能够独立完成的，仅仅学校教育也是不能够独立完成的，只有两者通力配合才能达到应有的效果"。这段话充分表明家园共育对婴幼儿的影响极大。这是因为婴幼儿不仅需要托育机构的培养，更需要家长的积极支持和配合，他们的人格才能得到全面发展。

1. 家园共育的作用

家园共育是指家庭和托育机构双方通力合作，共同促进婴幼儿在早期阶段的发展。构建富有内涵的婴幼儿家园共育机制，是指家园双方在婴幼儿发展过程中互相支持，积极沟通，同心协力，共同寻求有效的教学模式和方法，为婴幼儿更加全面的发展而努力。因此，家园之间应建立经常性的双向沟通机制或平台，方便家长和保教人员经常交流以达成一致的保教理念。只有这样，才能指导家长科学育儿、正确育儿，从而减少家园教育理念不一致而产生的矛盾。一方面，托育机构可以对婴幼儿家长进行科学育儿指导，为家长提供各种有关护理和教育的信息，同时指导家长充分认识家园合作的教育价值，逐步树立起科学而正确的保教理念。只有家长和保育人员对婴幼儿的护理和教育理念一致，他们才能积极配合保教人员的工作。另一方面，托育机构可以充分利用婴幼儿家长的资源，拓宽托育机构的教育资源途径。比如，婴幼儿的家长往往拥有不同的学历，且在不同的单位从事不同的职业，而不同的学历背景和职业的家长都可以为托育机构带来丰富的教育资源，也可以为托育机构提供多种支持和帮助。

2. 建立家园共育机制的方法

首先，要增强家长参与家园共育活动的意愿。家园共育需要家园双方的相互配合与支持。托育机构通过多种途径对家长进行指导的同时，要激发家长参与家园共育活动的意愿。为此，托育机构的保教人员不仅要努力提升自己的保教能力，精心照顾婴幼儿，提升家长对托育机构及其保教人员专业知识和照护技能的信任感和认可感。同时，保教人员还要清楚地了解家长对家园共育的不同要求或建议，根据家长的要求或建议拟订共育方案，激发家长持续不断参与活动的愿望。保教人员还应设计方便婴幼儿家长轮流参与家园活动的方案，让父母或祖辈交替参与。婴幼儿的健康成长需要父母双方用相对均衡的时间和精力投入，而不应该由父亲或母亲某一方来完成。与此同时，拟定的家园共育方案中，要确保其实施的课程或活动方式切实符合婴幼儿及其家长的需求，以此提升家长参与活动的积极性。

其次，为婴幼儿布置的家庭任务应科学合理。目前，由于我国很多托育机构都选择借鉴或直接照搬国外的教学理念、课程设置以及活动形式，多数托育机构存在办学理念不切合我国婴幼儿实际需求、课程设置与婴幼儿实际生活脱节以及操作方式不当等问题。为了在竞争中胜出，有些托育机构还会设置一些华而不实的家园共育活动，过早地给婴幼儿布置难度较大的家庭作业，结果婴幼儿仅靠自己不能完成任务，最后都得靠家长完成，人为增加家长的负担，同时也减少了婴幼儿动手操作的机会，阻碍了婴幼儿动手能力的发展。因此，托育机构应厘清自己的办学理念并制定符合中国婴幼儿实际需要的家园保教理念，布置符合婴幼儿年龄特点的家庭作业。

再次，家园共育活动时间要灵活。托育机构在设计家园共育活动时，一定要考虑本班婴幼儿家长是否有时间参与等情况，在每次活动前，可以发放调查问卷或通过微信访谈，收集家长的意见，结合家长的意见安排家园活动的具体时间、时长以及相关内容。参与家园共育活动的时间最好是家长休息或接孩子的时间段，有的托育机构会将活动安排在家长上班时间而使家长无法参与，无奈只能让家中的老人参加。而婴幼儿很多保教活动的内容并不适宜祖辈参与，这样的家园共育活动的效果不明显。此外，家园共育活动的时间不宜过短，也不应太长，时间过短或过长都会影响家长及其婴幼儿参与共育活动的积极性和主动性。

托育机构心理环境的营造关键在于保教人员。只有保教人员拥有科学的育儿观和价值观，具有不断提升自身专业技能的意识，努力让自己具备良好的心理素质和积极乐观向上的品质，才能为婴幼儿营造一个宽松、和谐、民主、平等而充满爱意的心理环境，激发婴幼儿的学习兴趣和愿望，提升婴幼儿不断探索、想象和创造的欲望。0～3岁婴幼儿的保教工作是个系统工程，需要托育机构和家庭共同努力才能完成，有效的家园合作机制为保教人员和家长提供更多的学习机会，既能帮助家长树立教育好子女的信心，也能帮助保教人员获取更多的支持和资源。

知识拓展 5.2

美国的"故事妈妈"

美国的托育机构非常欢迎家长担任志愿者，即使是全职工作的父母也会设法安排不定期或定期的时段到机构义务服务。较为普遍的是在职妈妈定期为0～3岁婴幼儿唱歌或讲故事，这些妈妈也被称为"歌唱妈妈""故事妈妈"，或者是处理机构事情的"课室妈妈"等。"妈妈"只是一个概称，因为大部分志愿者都是女性。非定期到机构工作的志愿者的服务主要包括创设机构环境、更换设备设施、修整园内花草以及参与活动的筹划与实施等。实在无法到机构担任志愿者的家长可以在其他家长和机构的协助下，在家中完成相关的志愿服务工作。[1]

任务二　创设婴幼儿社会心理环境

案例导入

在宁波北仑某小区楼下，一个摆放着滑梯、摇摇车和童书的"童享客厅"正式启用。这个由儿童与社工头脑风暴出的产物，由孩子们选出的"厅长"管理，成为儿童玩耍的"秘密基地"。目前，北仑已成立25个儿童议事会，不少"金点子"被采纳落实。2021年10月，宁波北仑区儿童友好IP主形象"小北"正式发布。只见"小北"脑袋方，身体小，波浪卷发，豆豆眼。这个灵感来源于北仑标志性的集装箱形象，由当地1.5万余名儿童投票选出，现在成为该社区儿童眼中的"万人迷"。[2]

---

[1] 林秀锦.美国幼儿园的家园共育［J］.保育与教育，2013（05）：4.

[2] 肖淙文，等.换个视角，从一米的高度看城市［N］.浙江日报，2021-11-30.

任务要求

1. 了解婴幼儿社会心理环境及其创设的概念。
2. 掌握婴幼儿社会心理环境创设的具体方法。
3. 能用所学知识分析婴幼儿所处的社区及城市的心理环境创设。

与婴幼儿心理环境创设相关的家庭环境、托育机构环境都深受社会这个大环境的影响，社会心理环境是制约托育机构环境和婴幼儿家庭环境的重要因素。因此创设良好的社会心理环境，就成为构建婴幼儿和谐心理环境的重要内容。

一、婴幼儿社会心理环境创设的概念

相关学者的研究表明，社会心理环境是指"对人的心理活动发挥着实际影响的整个社会生活环境"[1]。因此，婴幼儿社会心理环境可以理解为，对婴幼儿的心理活动发挥着实际影响的整个社会生活环境。婴幼儿社会心理环境创设是指为他们的生长发育提供安全、环保、健康、积极向上的社会生活环境。这些社会心理环境包括以下几方面的内容：人们对待早教的态度、托育机构的办学理念、保教人员的社会地位以及社会各界对婴幼儿的重视程度等。婴幼儿社会心理环境是一把双刃剑，积极的社会心理环境有利于呵护婴幼儿，形成支持性的教育氛围，从而推动社会中的婴幼儿发展；而消极的社会心理环境，将妨碍保教人员、家长和婴幼儿积极性的发挥，从而阻碍生活在社会中的婴幼儿的健康成长。

二、影响婴幼儿社会心理环境的因素

良好的社会心理环境是婴幼儿成长的摇篮，是婴幼儿生活的天堂。婴幼儿的生活、学习乃至一生的发展都是在与社会的交互作用中完成的。陈鹤琴先生曾说："怎样的环境就得到怎样的刺激，得到怎样的印象。"也就是说，婴幼儿可以依据不同的社会环境，建立新的行为习惯和行为模式。婴幼儿良好社会心理环境的创设受到诸多社会因素的影响，比如当地人们对待托育服务或早教的态度、托育机构的文化氛围、保教人员的社会地位等。

（一）不同地区人群对待早教的态度

从布朗芬布伦纳的生态系统理论可以看出，任何一个地区或城市的托育机构都不是一个孤立的教育组织，它都被所在地区或城市中的社会政治经济文化、教育思想、教育理念和风俗习惯等因素影响。在生活节奏快、竞争压力大的一线城市，家长们无不希望自己的婴幼儿"赢在起跑线"。有的孕妇有计划、有步骤地实施胎教，有的家长在婴幼儿出生前就为其准备好了第一个月要实施的早教课程。而在生活节奏较慢、竞争压力较小的四五线城市，家长们认为自己的婴幼儿刚满1岁，上早教为时过早，丝毫不担心落后于他人。无论生活在哪个地区，家长的早期教育理念都将对托育机构的选址、价格、入托时间、入托时长、办园理念、课程设置等有或多或少的影响。

（二）托育机构的文化氛围

托育机构中的文化是指在托育机构内部形成的管理方式、教育理念等的表征。每个托育机构的办学理念、办学风格、管理模式、课程设置、环境创设、师资队伍建设等都各具特色，且又形成自身独特的文化氛围。比如，目前我国绝大多数托育机构都是私立的，这些机构为了吸引生源和家

---

[1]　许书枝，刘勇.社会心理环境的优化与和谐人际关系的构建［J］.莱阳农学院学报（社会科学版），2006（03）：75-77.

长的眼球，不断调整其办学理念等以满足不同家长及其婴幼儿的实际需求，这样的文化氛围对婴幼儿的身心发展不一定健康有益。再者，随着对外开放政策的不断深入，很多国际托育机构在国内渐渐发展壮大，许多先进的国外婴幼儿教育理念被不断引进并加以推广。当前我国最常见托育办学理念主要参照蒙特梭利教育理念、哈佛加德纳多元智能理论、STEAM 教学理念、华德福教育理念等，这些办学理念虽然都有一定的科学性，但由于各个托育机构对这些理念的理解以及调整方向等的不同，从而形成一种中西结合但又不太切合中国婴幼儿实际需求的办学理念，这种独特的中国式的托育机构文化现象，对婴幼儿的成长将产生极大的影响。

（三）保教人员的社会地位

在我国，保教人员的社会地位比较低，在一定程度上降低了他们工作的积极性和主动性，从而对婴幼儿的发展带来不利影响。托育机构对保教人员的文化素质要求比幼儿教师的要求低，他们在受尊重程度和社会地位方面远低于幼儿教师和小学教师。而且，在我国，托育机构保教人员的薪酬待遇普遍很低、福利保障机制不完善。据徐浩、雷振等学者在2019年的调查研究中发现，在重庆主城区的早教机构中，保教人员的月薪大致是 3 000 ～ 4 000 元，而重庆市人社局在2019年起执行的最低工资标准为 1 700 ～ 1 800 元，2019年重庆市统计局公布的数据中主城都市区服务员月平均工资为 4 182 元。[1]可见保教人员的工资水平与服务员的人均收入差距较大。不少保教人员都表示工资太低而经常面临生存压力，这严重影响他们选择从事早教服务工作的意愿，同时也影响他们对待托育事业的态度。

三、婴幼儿社会心理环境的创设措施

构建良好的婴幼儿社会心理环境，首先要高度重视婴幼儿托育服务与管理专业的建设，营造全社会重视保教人员培养的良好社会氛围，尤其要重视对保教人员的职前教育和在职培养，不断提高保教人员的社会地位和薪酬待遇；其次，要营造全社会高度重视婴幼儿托育的社会心理氛围，引导社会各界人士关注婴幼儿的成长。

（一）营造全社会重视保教人员培养的良好社会氛围

婴幼儿托育服务的质量，很大程度上取决于保教人员的专业素养和文化修养。只有高水平的保教人员，才能为婴幼儿提供高质量的护理和早期教育服务。因此，营造全社会都重视保教人员培养的良好社会氛围，提升保教人员的专业水平，是创设婴幼儿社会心理环境的首要任务。

1. 重视保教人员职前和职后的培养

首先，应构建职前和职后相对完善的保教人员培养体系。欧美等发达国家，婴幼儿托育事业比较成熟，究其原因是它们构建了完善的婴幼儿保教人员培养体系。比如美国，婴幼儿保教人员要经历职前培训、入职培训、在职培训等系统的教育和培训方能上岗。其中，职前培训需要保教人员掌握最基本的专业理论知识，同时还有很多实际操作课程以培养其具备多种护理技能；入职培训则采取教学导师制，通过资深导师的经验传授使新教师迅速适应工作；同时社区大学、普通高校、教育部等部门都为托育机构保教人员提供选择广泛的丰富多样的在职培训课程。[2]我国婴幼儿保教人员在学习并结合中国国情和托育事业实际需要的基础上，可以适当借鉴发达国家的实施办法，在高校培养期间应不断加强婴幼儿保教人员的理论学习与实际训练，将婴幼儿保育、早教见习和实习贯穿到高校培养的整个过程之中，同时还应针对性地对婴幼儿保教人员进行相关知识和技能的在职培训以不断提升其专业素养。此外，应加强托育机构以及高校专家对孕妇及婴幼儿家长的指导，如新婚夫妇在怀孕前要做好相应的准备，孕妇在怀孕期间应定期接受产检，为孕妇拟定食谱以保障自身

[1] 徐浩，雷振 . 婴幼儿早教机构师资现状及存在的问题研究［J］. 课程教育研究（学法教法研究），2019（16）：60-61.
[2] 王晓岚，丁帮平 . 美国学前教育师资培养的方式、特点以及启示［J］. 学前教育研究，2010（10）：49-54.

及胎儿所需的营养，孕妇科学有效实施胎教，家长科学育儿等。

其次，要继续加强婴幼儿托育服务与管理专业建设。我国的高职高专院校较长时间以来很少甚至从没有设立婴幼儿早期护理和教育的相关专业，尽管在前些年有师范院校设立了早期教育专业，但侧重点还是培养3～6岁的幼儿师资，很少有专门培养0～3岁婴幼儿的保教人员。而且这些院校开设的课程及其教学内容也很少涉及脑科学、婴幼儿常见疾病的治疗、婴幼儿营养、婴幼儿心理学、婴幼儿潜能开发等最新理论知识，这样的课程体系培养出来的毕业生满足不了婴幼儿托育机构的实际需求。直到2019年，国家先后出台《加大力度推动社会领域公共服务补短板强弱项提质量　促进形成强大国内市场的行动方案》《关于促进3岁以下婴幼儿照护服务发展的指导意见》《托育机构设置标准（试行）和托育机构管理规范（试行）》《国务院办公厅关于促进养老托育服务健康发展的意见》等大力发展托育服务的政策后，全国各地各大高校开始设置婴幼儿托育服务与管理等专业，集中培养照护和教育0～3岁婴幼儿的保教人员，这一举措使得市场上日益紧缺的婴幼儿保教人员的情况在一定程度上得以缓解，但由于入托婴幼儿数量的激增以及托育机构的增加，专业的保教人员仍然紧缺，尤其是接受过专业训练的优秀保教人员更是匮乏。婴幼儿保教人员的专业性强，它要求员工职前应学习婴幼儿教育学、心理学、生理学、营养学、脑科学以及婴幼儿疾病预防与治疗等完备的专业课程内容。但据调查显示，已开设的学前教育或早期教育专业的学生，其学习课程较少涉及婴幼儿照护相关的专业知识，毕业生的知识和护理技能远不能满足婴幼儿实际护理的需要。同时，不少保教人员还表示，婴幼儿护理和早教也是一门复杂的学问，即使通过自身阅读相关书籍，也难以掌握系统的护理知识和技能，进入工作后经常面临不知所措、难以应付的尴尬局面。再加上目前婴幼儿托育机构的保教人员大多是大专或中专毕业生，他们都非常年轻，并未结婚生育，缺乏育儿的实践经验和感悟，因而在实际工作中也难以解决家长在育儿中提出的各种问题。

因此，今后我国各大高校应加强对婴幼儿托育服务与管理专业的建设和完善工作，同时在课程设置、师资配备、教材选用、教学评价等方面形成完整的体系。高校还应与托育机构加强联系与沟通，及时掌握市场对婴幼儿保教人员的需求情况及具体聘用要求等。只有这样，培养出来的师资才能切实满足托育机构的需求。

2. 为保教人员提供相应的关怀

第一，为保教人员提供及时的人文关怀。人文关怀的核心在于肯定人性和人的价值。当托育机构为保教人员提供相对舒适的工作与休息环境，他们才会有良好的心态面对工作。比如，托育机构可以为他们设置专用的休息室及方便个人储物的设备设施，提供安全和后勤保障，比如就餐、休息和健身的场所，为他们设置弹性作息制度；定期组织保教人员外出参加各种活动，如组织员工开展体育竞赛活动、"三八"妇女节组织保教人员看电影、郊游、旅行等；保教人员及其家人生病，托育机构可以派人前往看望或照料等，所有这些无不体现出对员工的人文关怀。

第二，帮助保教人员积极应对职业倦怠。美国临床心理学家费登伯格于1974年提出，职业倦怠是指个体长时间处于紧张、压力的状态下产生的身心疲惫感以及对所从事的工作产生厌恶感和精力衰竭的心理状态，通常表现为精神沮丧、情绪低落、个人成就感低、人际关系冷漠，严重者甚至产生悲观厌世和抑郁情绪。[1]梁慧娟、冯晓霞等学者在对保教人员群体的调查研究显示，我国婴幼儿保教人员的年龄、教龄、工作量、工作压力、工作待遇与职业发展前景等因素都会直接影响其职业倦怠程度[2]。比如，托育机构的保教人员由于工作烦琐、工作压力大但薪酬待遇以及社会地位低等因素，不仅对自己未来的职业前景表现出焦虑和担忧，还会因为他们的心理需求不能及时得到满足而呈现出不同程度的职业倦怠。而员工一旦有某种程度的职业倦怠，就会影响他们对工作的积极

---

[1] 姜妮，李允.高校英语教师职业倦怠的表现、原因及对策［J］.英语广场，2021（31）：88.

[2] 梁慧娟，冯晓霞.北京市幼儿教师职业倦怠的状况及成因研究［J］.学前教育研究，2004（05）：32-35.

性和主动性。因此，各级政府应为托育机构保教人员的薪酬待遇规定最低标准并提供相应的财政补贴。而婴幼儿托育机构也应加强顶层设计，适当提高托育机构保教人员的薪酬待遇，并为他们创设宽松和谐的工作环境。当然，托育机构还应为保教人员建立激励机制，定期鼓励保教人员不断挑战自我，不断努力进取以获取更大的进步。此外，提高自我效能感、增进保教人员的团队凝聚力和归属感也很重要。美国著名心理学家阿尔伯特·班杜拉认为，自我效能感是指"个体对自身能否利用所拥有的技能去完成某项工作行为的自信程度"。[1]提高自我效能感是当下员工解决自身职业倦怠、缓解情绪焦虑的有效措施。保教人员需要对自己的职业生涯做出规划，结合兴趣爱好和擅长领域，确立职业发展目标，按照目标脚踏实地地努力提升自己。他们也可以借助托育机构，根据自己的兴趣爱好加入早教协会、保育员协会等以获取更多有助于自身发展的信息资源。

3. 提升保教人员的社会地位

在以往的社会关注视角中，"教师需要"一词往往更多的是考虑成为保教人员需要达到哪些标准，却忽视了保教人员在工作和学习过程中也需要获得相应的尊重和报酬，比如为保教人员提供食宿等基本的生活保障，为他们提供值得尊重的薪酬待遇和社会地位。保教人员只有在物质和精神上得到一定程度的满足，他们专业素养的提升才能得到保障，更好地用自己的专业知识和技能护理和教育婴幼儿。这有助于降低保教人员流失的概率，让婴幼儿与保教人员的依恋关系相对稳定和长久。而这些因素对婴幼儿的健康成长都是极其重要的。

根据马斯洛需求层次理论，人类只有在基本的生理和安全需求得到满足后，才能追求爱和归属感、尊重和自我实现等更高层次的需求。然而，现实生活中，在托育机构工作的保教人员薪酬待遇太低、工作缺乏稳定性和发展潜力、工作压力大、工作繁重等使得他们最基本的生活需求都未得到满足，更谈不上被尊重和自我实现等需求了。因此，多数托育机构的保教人员一方面为生计所迫，一些员工往往会因为待遇问题离职或跳槽到其他行业，或到薪酬待遇相对较好的托育机构去工作；另一方面，他们也为自己的职业发展前景担忧，每天繁重的保教工作及其压力让他们既没有时间也没有精力去进修，从而提升自己的专业水平。

因而，提高保教人员的薪酬待遇和社会地位，提供专业提升机会显得非常迫切而必要，这些都需要各级政府、托育机构和社会各界的帮助或资助。首先，各级政府以及各托育机构都应在保教人员的专业提升方面提供一定的物质支持。比如，中央和省市等政府可以提供专项财政经费用以培养婴幼儿托育服务人才，或为他们在职进修、提升专业知识和技能水平提供资金保障。与此同时，托育机构也应建立相应的教育和在职培训基金，为不同年龄的员工在线学习或外出学习提供相对充裕的经费保障。托育机构还可以为保教人员提供一定的场所用于他们经常性的交流和学习，比如宽敞明亮且配有现代多媒体设备设施的办公场所等，为保教人员提供专门的休息室、储物柜甚至健身房等。再者，托育机构要适当提高薪酬待遇以提升该职业的吸引力，保教人员也要不断提高自身的素质和能力，努力使自己成为优秀的专业人员。

此外，社会各界也应积极支持保教人员的工作，比如建立保教行业协会、通过各种新闻媒体大力宣传早教的重要性和积极意义，提升婴幼儿保教人员在人们心目中的地位，营造全国范围内都重视保教人员及婴幼儿早期护理与教育的良好社会氛围。[2]

（二）营造重视婴幼儿托育的社会心理氛围

伴随家长对教育重视程度的不断加强，全国不同年龄段孩子的家长对教育的焦虑程度也在不断增长，这些焦虑主要体现在对现有教育发展水平不充分、教育资源分配不均衡而导致的竞争日益激烈的择校焦虑，另一方面还因为各种新闻媒体不时的报道无形中加剧了家长焦虑的程度。尽管改

---

[1] 姜妮，李允. 高校英语教师职业倦怠的表现、原因及对策［J］. 英语广场，2021（31）：90.

[2] 徐浩，雷振. 婴幼儿早教机构师资现状及存在的问题研究［J］. 课程教育研究（学法教法研究），2019（16）：60-61.

革开放40多年来，我国教育事业快速发展，为不同年龄段的孩子提供了较为丰富的教育资源，但随着国民对优质教育资源需求的急剧增加而使得竞争依然十分激烈，很多家长都不自觉地被卷入其中。这种社会氛围，比起教育问题本身来说更容易让家长们陷入内卷之争，让家长难以保持冷静的态度对待哪怕是3岁以下孩子的教育，破坏了教育的整个生态环境。[1]

因此，营造科学对待婴幼儿保教的良好社会氛围至关重要。婴幼儿阶段是人发展的最初阶段，只能遵循其身心发展规律进行护理和早期教育，不能操之过急。否则，将会给婴幼儿的后续发展带来极其严重的不良影响。婴幼儿托育服务事业的发展需要社会各界的广泛支持。这个事业的发展既离不开卫生与健康、医院、保健院及其相关人员如官员、医生和护士的关注与积极参与，也需要各级教育部门、幼儿园、早教机构、社区和家庭及其官员、幼儿教师、婴幼儿保教人员和家长持续不断地用心介入。因此，要充分调动各方面的人力与财力，为婴幼儿照护者的培养提供交叉立体的信息资源支持。可以通过以下三个方面来实施。

首先，高校应为在校婴幼儿托育专业的大学生提供开阔视野、全面发展、实践锻炼的多种学习机会和实践平台。比如，可以组织学生前往当地婴幼儿活动中心、儿童图书馆、儿童教育实践基地、博物馆等校外活动场所观摩学习。政府相关部门应增加这些机构在周末和寒暑假等节假日期间的开放时长和开放对象，尤其要向全体孕妇、婴幼儿及其家长开放。

其次，应积极拓展社区婴幼儿托育服务的路径。比如社区可以为孕妇和婴幼儿建立孕妇指导中心、婴幼儿活动中心等，让孕妇和婴幼儿在需要指导时能及时得到相应的帮助。与此同时，还应大力宣传科学育儿理念，引导社会各界人士尊重婴幼儿身心发展规律并科学育儿。

最后，要为广大婴幼儿家长提供有针对性的指导和培训。中国儿童少年基金会联合北京师范大学在《中国亲子教育现状调查报告》中指出，我国很多家长在育儿方面都存在观念陈旧、方法简单粗暴或采取放任自流、不管不问等问题。有的家长不注重婴幼儿饮食的营养搭配、不注重婴幼儿的卫生习惯等，也有的家长总是把自己的婴幼儿认识了多少字、学了什么特长，视为其成功的标志，却忽视婴幼儿独立人格和良好行为习惯的培养。因此，改变家长对婴幼儿的错误喂养、不良护理与教育的观念是非常必要的。同时，还要引导家长了解婴幼儿身心发展的规律和特点，让他们认识到不同的婴幼儿，其发展速度和侧重点都不一样，同一个婴幼儿在其不同年龄段的发展速度和发展特点也不一样，家长不能盲目跟风，不能要求自己的孩子与别人家的孩子同样发展。因此，需要引导家长尊重婴幼儿特有的个性并能较好地实施因材施教。每个婴幼儿都是独一无二的个体，他们都有各自的秉性和天赋。家长应客观地看待孩子的优缺点，在遵循教育规律和尊重婴幼儿想法的基础上，为孩子选择合适的教育路径。家长也要不断修身养性，对孩子的教育保持冷静客观的心态，家长冷静客观的教育心态对孩子的身心健康发展起着决定性影响。[2]因此，营造良好的早期教育生态环境，需要缓解家长对教育的焦虑，否则再好的教育也难以取得理想的成效。

小　结

托育机构、家庭和社会要创设良好的心理环境，需要整合社会各界的各种资源，处理好多种关系，从而为婴幼儿的可持续良性发展提供强大的社会支持。婴幼儿的社会心理环境创设是一项长期而艰巨的任务，需要保教人员、家长和社会各界人士的热切关注和大力支持。只有为婴幼儿创设良好的社会心理环境，才能促进婴幼儿多元化的表达与互动，让婴幼儿有更大的发展空间。安全健康的社会心理环境，对婴幼儿智力与能力的正常发展、刚毅宽容性格的形成、丰富情感的培养、广

[1]　黄芳.积极探求消解教育焦虑的职教对策［J］.江苏教育，2022（02）：73-74.

[2]　李一陵.改善教育生态离不开家长焦虑的纾解［N/OL］.中国青年报（2018-09-26）［2022-02-15］.http://opinion.people.com.cn/n1/2018/0926/c1003-30313143.html.

泛兴趣的激发都有着积极的促进作用。与此同时，营造重视保教人员及其婴幼儿的社会心理环境，既能赋予保教人员蓬勃向上的工作动力，从而有效地激发他们的工作热情；也能让婴幼儿获得来自社会各界的关心和爱护，从而得到更好的发展。

思考与练习

一、单项选择题

1. 相比较而言，以下哪项不是托育机构教师应具备的基本条件（　　）。
 A. 爱心、耐心和责任心　　　　　　　　B. 会讲英语或法语
 C. 有较强的沟通能力　　　　　　　　　D. 观察敏锐、操作熟练、善于学以致用

2. 6个月婴儿夜惊的原因是（　　）。
 A. 白天过度紧张　　　B. 睡眠生理过程紊乱　　C. 做噩梦　　　D. 疾病的预示

3. （　　）是婴幼儿良好心理环境创设的方法。
 A. 平等对待婴幼儿　　B. 尊重婴幼儿　　C. 和善对待婴幼儿　　D. 以上都是

4. 婴幼儿家庭心理环境创设的措施包括（　　）。
 A. 夫妻感情和睦　　B. 家庭成员友好相处　　C. 用心陪伴婴幼儿　　D. 以上都是

5. 婴幼儿的精神状态是反映（　　）的重要指标。
 A. 语言能力　　　B. 运动能力　　　C. 健康与否　　　D. 病情轻重

二、简答题
如何理解托育机构心理环境对婴幼儿发展所起到的作用？

三、实训任务
请说说为托班（24～30个月）婴幼儿创设良好的心理环境时应注意哪些问题。

聚焦考证

一、单项选择题

1. 0～1岁婴幼儿早期语言训练的特点是（　　）。
 A. 发声练习　　　B. 以声音代物体　　　C. 以词代句　　　D. 单音重复

2. 适合激发10～12个月婴儿说话需求的常用方法包括（　　）。
 A. 语言刺激　　　B. 发音　　　C. 鼓励模仿成人发音　　D. 不宜视听刺激

3. 婴儿（　　），体现了婴儿社会适应性能力。
 A. 生活自理能力、社会交往能力、保持良好情绪和人格发展
 B. 身体适应能力的发展
 C. 语言能力的发展
 D. 平衡感的增强

4. 以下鼓励婴幼儿穿脱衣服的方法中不妥的是（　　）。
 A. 婴幼儿自己穿脱衣服遇到困难就及时帮他穿脱
 B. 设计穿脱衣服的游戏，培养孩子的兴趣
 C. 穿衣训练最好从夏季开始
 D. 尽量选择穿脱方便的衣裤

5. 下列鼓励婴幼儿学会独立进食的方法中不妥的是（　　）。
 A. 孩子吃饭吃得不好或吃得慢时就批评

B. 孩子吃得好时，及时表扬鼓励

C. 家长做好示范，耐心教孩子怎样拿勺子或筷子

D. 不刻意盯着孩子吃饭，放手让他自己吃

二、判断题

1. 婴儿缺乏维生素D可导致前额突出，囟门边软，肋骨缘外翻。（　　）

2. 婴儿用药剂量的多少不可按体重来计算。（　　）

3. 保育员学习预防铅中毒的目的是帮助婴幼儿识别并避免铅中毒的危险。（　　）

4. 婴幼儿发生烧烫伤后应立即脱离热源，再用凉水冲洗伤口。（　　）

5. 婴幼儿操作器材时，不会时保教人员应及时代替他们完成。（　　）

模块六
婴幼儿阅读环境创设

模块导读

为婴幼儿创设良好的早期阅读环境，已成为全社会共同关注和努力的一项工作，早期阅读不仅限于给婴幼儿念儿歌、讲故事、看绘本，也可以利用生活中的各种物品来进行，小到家里各种带有文字或图案的物品，大到街道上的指示牌、标语等，都是婴幼儿早期阅读的材料。托育机构、家庭和社区等为婴幼儿营造良好的阅读环境也很重要。比如保教人员、家长、社区工作人员等根据婴幼儿身心发展特点及兴趣爱好，为婴幼儿提供喜欢的读物，同时摆放富有童趣的沙发、适合孩子身高的桌椅板凳等供他们使用；在阅读期间，保教人员及家长或社区工作人员还可以为婴幼儿示范阅读技巧并在必要时提供及时的帮助与指导。这些都是为婴幼儿创设良好阅读环境的有效举措。

学习目标

1. 了解婴幼儿阅读环境创设的基本概念及其阅读环境创设的作用。

2. 掌握在不同场合创设符合婴幼儿需求的阅读环境的方法。

3. 具备归纳分析婴幼儿阅读环境创设优缺点的能力，能指导家长较好地为婴幼儿创设良好的家庭阅读环境。

4. 运用所学知识为婴幼儿创设阅读环境时，注重将社会主义核心价值观、中华民族共同体意识等融入阅读环境创设中，同时为婴幼儿提供能培养尊敬长辈、尊师重教、尊重他人、团结友爱、讲究卫生、爱护环境、勤劳致富等优良品质方面的读物。

内容结构

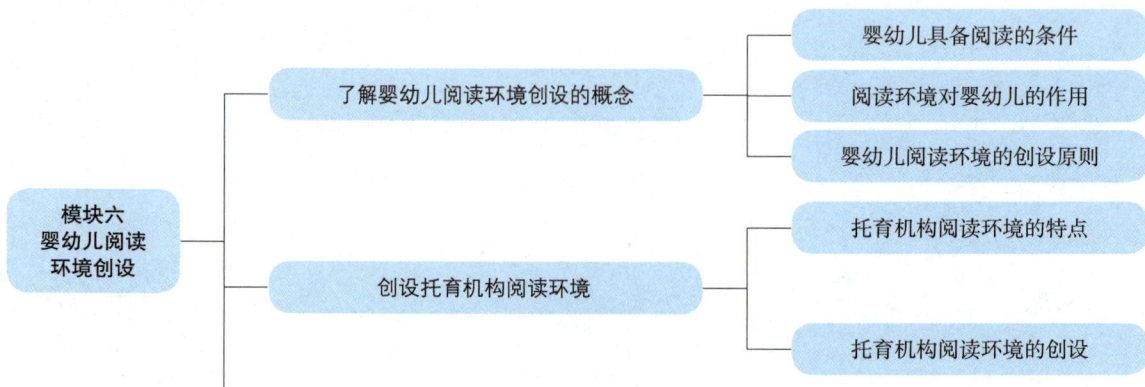

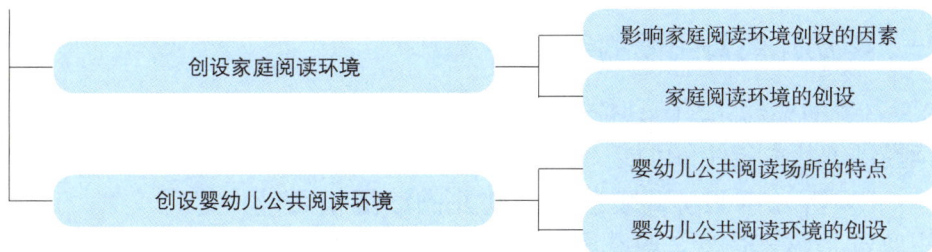

```
                                      ┌─ 影响家庭阅读环境创设的因素
             ┌─ 创设家庭阅读环境 ──┤
             │                        └─ 家庭阅读环境的创设
         ────┤
             │                        ┌─ 婴幼儿公共阅读场所的特点
             └─ 创设婴幼儿公共阅读环境 ┤
                                      └─ 婴幼儿公共阅读环境的创设
```

任务一　了解婴幼儿阅读环境创设的概念

案例导入

美国心理学家推孟在"天才发生学"的研究成果中指出：有44%的天才男童和46%的天才女童是在5岁以前开始阅读的。早期阅读比传统意义上的阅读宽泛得多，它是指0～6岁的婴幼儿运用视觉、听觉、触觉、口语，甚至还有身体动作等综合手段来理解色彩、图像、声音、文字等多种符号的综合活动。但早期阅读不等同于早期识字。[1]

任务要求

1.了解婴幼儿阅读的概念及阅读环境与其发展的关系，熟悉阅读环境对婴幼儿的作用。

2.掌握婴幼儿阅读环境创设的原则，能够根据原则进行阅读环境创设。

早期阅读是指婴幼儿凭借色彩、图像、成人的语言以及文字来理解以图画为主的读物的所有活动。[2]

人类的语言能力不是天生的，是在后天环境中不断学习、运用、练习并发展起来的。婴幼儿的学习绝大多数是通过各种感官如触觉、视觉、听觉和嗅觉等获得的。一方面，婴幼儿主要模仿周围环境中成人的语言来发展自己的语言能力；另一方面，可以通过阅读等途径来促进婴幼儿语言发展。因此，托育机构的保教人员、家长以及公共阅读场所的工作人员，应为婴幼儿创设一个安静稳定的阅读场地，为他们提供愿意说话、敢于说话的机会并积极回应其说话，这对婴幼儿的语言发展至关重要。

环境是无声的教育资源，构建良好的阅读环境是婴幼儿开展早期阅读活动的必备条件。早期阅读环境是指为婴幼儿阅读时提供的物质环境和精神环境的总和。物质环境主要指阅读空间或场地、阅读材料、阅读道具等；精神环境主要指阅读环境中的人际关系与阅读氛围，人际关系是指保教人员与婴幼儿之间的关系、家长与孩子的关系以及同伴关系等，阅读氛围是指婴幼儿阅读时同伴或成人对待阅读的态度，如他们对阅读的喜爱程度、成人朗读书籍的情绪情感表现、读者之间自由交流表达观点的方式方法以及宽松自由的阅读氛围等。总之，良好的阅读环境对婴幼儿各种能力的发展都具有重要的促进作用。

---

[1]　刘焕琪.幼儿早期阅读的环境创设［J］.中国科教创新导刊，2014（15）：30-31.

[2]　黄园婷.上海市早教机构对0～3岁婴幼儿早期阅读活动组织和实施的现状研究［D］.华东师范大学，2010：3.

一、婴幼儿具备阅读的条件

0～3岁的婴幼儿，已具备初步的视听能力和手眼协调能力，他们的生理和心理发展特点都为其阅读提供了基本条件和可能。

（一）视听和手眼协调发展为婴幼儿阅读提供可能

视听觉是语言信息来源获取的重要途径，婴幼儿的视觉、听觉在0～3岁期间发展迅速。一般来讲，胎儿20周时视听觉系统就开始发展，这时胎儿会对母体外的声音、光线做出一定的反应，而且胎儿还具有一定的记忆能力。0～3个月的婴儿对声音不是很敏感，偏向于高频的声音，当听见50～60分贝的声音时，会睁开眼睛、全身抖动、两拳紧握、前臂屈曲。4～7个月时能对35～40分贝的较轻声音做出可靠的反应，听到母亲的声音会停止活动并转向声源。[1]这时，父母与婴儿之间或家庭成员之间有意无意的对话，是该月龄段婴儿获取语言信息的有效途径之一。如果父母经常与婴儿说说话或轻声唱歌，为婴儿朗读书籍，一边抚摸孩子一边与他进行眼神或语言交流，可以较好地促进婴幼儿的听力和触觉等感官发展。在婴幼儿的成长过程中，保教人员或父母在阅读过程中可以选播一些轻松愉快的轻音乐，与婴幼儿一起朗读书籍等，或有意识地训练婴幼儿的听力和感觉，并在必要时给予指导和帮助，让婴幼儿感到阅读是特别美好的事情，从而激发他们的阅读愿望和兴趣。婴儿5个月左右时是其建立手眼协调的时期，这个时期的婴幼儿可以抓握眼前的物品。7～12个月的婴幼儿，手眼协调能力发展逐渐增强，能够自己拿稳比较小的书籍或其他物品。婴幼儿手眼协调能力的发展为其阅读提供了前提条件。

知识拓展6.1

0～3岁婴幼儿阅读特点

一般来说，可以通过文字符号或者色彩鲜艳的图片等来吸引0～3岁婴幼儿注意力，但他们的阅读认知模式还不具备系统性，在整个阅读过程中主要依靠一定的视觉或者听觉刺激，并在无意识的心理下结合环境来获取信息。因此，作为家长或保教人员要对他们进行阅读指导，为他们创造良好的阅读环境。一方面，保教人员和家长要为他们的阅读活动创建合适的场所，而且还要充分了解不同阶段婴幼儿的阅读兴趣和阅读特点，针对其表现出的个性化需求，采取个别化的引导手段，提升其阅读兴趣。另一方面，保教人员和家长在进行早期阅读时要注重督促婴幼儿保持一定的阅读频率，在阅读活动中根据婴幼儿的特点激发他们的阅读积极性和主动性，让他们在阅读时集中精力，提高阅读效率，在获得知识的同时也能获得快乐。[2]

（二）心理发展为婴幼儿阅读奠定基础

发展心理学家认为，0～3岁婴幼儿的心理发展具有规律性，他们的认识与思维模式表现出具体形象的特点，具体形象的实物更能在他们的大脑中产生印象并留下痕迹。婴幼儿的发展特点决定了成人在进行阅读环境创设时，一定要依据婴幼儿的生理、心理以及兴趣爱好等特点，只有这样，创设的阅读环境才能更好地激发婴幼儿的阅读兴趣和愿望，促进婴幼儿的语言发展。而且，婴幼儿

---

[1] 赵青.0～3岁婴幼儿卫生与保育［M］.北京：北京师范大学出版社，2021：41.
[2] 郭亚琴.早期阅读在幼儿语言发展中的作用［J］.读写算（教研版），2014（06）：135.

的有意注意时间较短，无意注意时间较长。因而，为了吸引婴幼儿的注意力，保教人员及家长需要用心布置良好的阅读环境，比如为阅览室饰品进行色彩搭配，努力让环境布置得清新高雅，提供生动有趣的读物，让宝宝一进入就立刻喜欢这样的环境。总之，在创设阅读环境的时候，既要考虑婴幼儿的年龄特点，站在婴幼儿的立场购置和摆放阅读材料，又要考虑婴幼儿的兴趣爱好以及认知发展水平，为婴幼儿提供不同年龄的阅读伙伴，才能较好地发挥阅读环境的作用。

二、阅读环境对婴幼儿的作用

阅读是人类获得知识的有效途径之一，阅读不仅是个体在现代社会终身学习的必备技能，也是获取各种信息的重要手段。婴幼儿期是语言学习的最佳时期，婴幼儿一般从9～12个月开始牙牙学语，到2岁时已能说出200个左右的词汇。早期阅读对婴幼儿语言发展很重要，因而创设良好的、符合婴幼儿兴趣、爱好和年龄特点的早期阅读环境，可以有效刺激婴幼儿大脑发育，激发其阅读愿望和阅读兴趣，有助于发展婴幼儿多种能力。

（一）有利于刺激大脑发育

婴幼儿早期阅读服务包括为婴幼儿提供听、说、读、写、玩等多方面的服务与指导。有的学者认为，当婴幼儿在早期接触到丰富且积极的语言时往往会被培养成自信、有能力的儿童，他们在学习领域中的表现也十分突出。婴幼儿在这一时期多感官的体验对其神经的发育有着很大的促进作用。婴幼儿大脑中的语言中枢系统，只有在受到不同的语言或声音刺激后才能得到有效的发展。[1]婴幼儿从出生到1岁左右的这段时期是其语言发生的准备阶段（前语言阶段），而在2岁左右时是语言发生的开始阶段，也可以叫作掌握语言期。因而在0～3岁期间，为婴幼儿提供各种各样的读物等视觉刺激物品，可以不断地刺激其大脑语言中枢神经的发育。

良好的阅读环境不仅是一种无声的教育资源，而且也是早期阅读活动的有机组成部分，可以较好地激发婴幼儿阅读的积极性和主动性。比如，在阅读区或阅览室为婴幼儿提供各种图片、物品或玩教具等，让他们认识形象具体的实物并记住这些物品的名称、外形以及材质等，这种过程能较好地刺激婴幼儿的大脑发育。年龄较小或初识图画书的婴幼儿，以片段式、碎片化的阅读为主。这一阶段的婴幼儿阅读的图画书反映了他们常见的生活事物，因而故事性较弱。[2]尽管此时的婴幼儿还不能分析、理解和领会具体含义，但却能够把一切事物及相关因素作为一个完整的模式接受下来并有选择性地印在神经网络里。因此，创设不同的阅读环境能激发婴幼儿的探索和思考，比如婴幼儿在科普馆或儿童书店参观，他们会看到各种各样配有图片的读物，从而激发他们思考相关问题，以此刺激大脑神经系统的发展。

（二）有利于激发阅读兴趣

为婴幼儿创设富有童趣且选择多样的阅读环境，有利于培养他们的阅读兴趣和阅读能力，这些对他们的后续发展将产生重要的影响。受其年龄特点的影响，温馨和谐的阅读环境更容易帮助0～3岁婴幼儿形成放松、舒适的心理状态，能够较好地激发婴幼儿积极主动阅读的愿望和兴趣，并能较长时间维持这种愿望和兴趣。婴幼儿期的阅读活动从性质上看属于图像符号识别活动，他们非常喜欢简单明了、画面清新、色彩对比鲜明以及轮廓分明的图画书，而且婴幼儿多数都喜欢动态的读物。因此应为他们提供的丰富多彩且种类多样的读物。

（三）有利于多种能力的发展

良好的阅读环境不仅能够有效地发展婴幼儿良好的注意力，培养他们善于观察的能力，而且还能使其记忆、思维、想象以及创新等能力都得到较好的发展和提高。在舒适的阅读环境中，婴幼

[1]　王子妮.中美公共图书馆婴幼儿阅读服务比较研究［D］.黑龙江大学，2021：4.
[2]　肖阳.0～3岁婴幼儿早期阅读特点与指导原则［J］.上海托幼，2021（09）：18.

儿通过各种书籍、图像、符号、标牌、雕塑等实物进行阅读，图画书中的情节、情景、画面和语言等都会引起孩子对生活中相似事件的联想和回忆。比如，有时候孩子在做某事时，会自然地想起自己看过的书中相似的情节，有的孩子看到周围环境中有他们曾经阅读的内容时，就会将其联系起来。有时，成人声情并茂向婴幼儿阅读或讲解某本读物，并配以恰当的道具或音乐，这种方式也能较好地帮助婴幼儿更好地认识读物中的各种物品或理解一些字词或句子的意思，从而不断提升他们的认知水平。在陪伴婴幼儿阅读期间，保教人员或家长应尽量鼓励婴幼儿自己拿书或翻书，这不仅可以训练婴幼儿手部肌肉及其力量和精细动作的发展，也可以训练婴幼儿手眼协调能力。

（四）有利于奠定未来学习基础

早期阅读是奠定婴幼儿未来学习的基础。婴幼儿期是人阅读的初始阶段，婴幼儿的阅读过程是一个将其观察、记忆、想象、创新和表达等多种思维活动融于一体的综合学习过程。保教人员及家长应采取有效措施为婴幼儿创设适宜的早期阅读环境，激发他们的阅读愿望和阅读兴趣。婴幼儿通过阅读，可以获取与生活密切相关的信息资源，同时还能将书中所学知识灵活应用在日常生活之中，这些知识和技能都能较好地为他们进入幼儿园及小学后的各学科学习打下坚实的基础。而且，婴幼儿在阅读的过程中，会得到来自同伴或家长或保教人员的支持和帮助，这不仅可以让他们获得关爱他人、帮助他人的品质，同时也可以学习一些必要的社交技能，这些对他们以后的社会性发展都是有益的。

三、婴幼儿阅读环境的创设原则

创设婴幼儿阅读环境时，应遵循相应的原则，包括适宜性、稳定性、舒适性原则。

（一）适宜性原则

每个婴幼儿都具有独立的思维，成人应该尊重婴幼儿的个性特点。我国学者林崇德在其主编的《心理学大辞典》中指出，个性也可称人格，是指一个人的整个精神面貌，即具有一定倾向性的心理特征的总和。个性就是个体独有的并与其他个体区别开来的整体特性。[1]婴幼儿年龄虽小，但也有和大人一样的感情活动和内心世界。每个婴幼儿所处环境不同、经历不同，其思维方式以及对事物的看法也会不尽相同。在为不同的婴幼儿进行早期阅读环境创设的时候，要从婴幼儿的实际发展水平和心理需求出发，尽量为他们创设适宜的早期阅读环境，让他们在这个环境中阅读以培养良好的阅读习惯。在创设阅读环境时，还应考虑不同孩子的个性需求。比如，针对热情活泼、外向型的孩子，阅读环境应尽量简单化，不宜在墙面上张贴太多图片或悬挂色彩艳丽的装饰品以分散孩子的注意力；对于安静内向的孩子，在创设阅读环境的时候，在墙面上可以适当张贴一些图片并摆放别出心裁的小饰品等，以此培养孩子的观察能力。此外，应为不同年龄的婴幼儿提供不同高度的书架，以方便会走路及不会走路的婴幼儿取放图书，比如既可以有1～2岁婴幼儿的书架，也可以有0～1岁婴幼儿的书篮。

（二）稳定性原则

由于婴幼儿的心理特点以无意注意为主，很容易受到周围环境的影响，外界的小刺激都会造成婴幼儿的言行发生变化或者迁移；而新的刺激物，很容易成为支配其行为的主要兴趣点。婴幼儿心理上的这种无意注意的特点使得他们的心理特征表现出较强的冲动性与不稳定性。因此，为婴幼儿创设的早期阅读环境一旦完成，就不要轻易发生较大的变动，他们已经习惯了原有的阅读环境，其注意力就不会过多地放在周围环境上，而是更多地将注意力放在阅读对象中。如果阅读环境经常发生变化，婴幼儿的注意力就容易被分散，不利于培养婴幼儿阅读兴趣的稳定性和持续性。

---

[1] 林崇德，等.心理学大辞典［M］.上海：上海教育出版社，2003：410.

知识拓展6.2

注意婴幼儿用眼卫生

合理安排各年龄段婴幼儿的阅读时间，可以较好地预防婴幼儿视觉器官和神经系统疲劳。根据婴幼儿注意、动作以及神经系统发育等特点，建议每次阅读时间安排为：1.5～2岁为5～8分钟；2～2.5岁为8～12分钟；2.5～3岁为12～15分钟。而且，婴幼儿的阅读活动应与户外活动交替进行，比如让婴幼儿阅读几分钟后，看看花草树木，放眼远眺，松弛眼部肌肉；也可以变换阅读场所，带着婴幼儿开展户外阅读等。与此同时，还应科学安排膳食，促进婴幼儿生理健康发育：1～3岁是婴幼儿眼球发育的快速增长期，科学安排膳食，适量增加维生素，有助于婴幼儿眼球的正常发育。在安排膳食时，应经常挑选富含维生素A的食品，如：瘦肉、肝类、胡萝卜、韭菜、甜薯、柑橘等，为婴幼儿的眼睛发育提供必要的营养。[1]

（三）舒适性原则

婴幼儿阅读环境中的物品应该是安全舒适的。首先，婴幼儿的阅读环境应该是安全的，比如在装饰材料、家具以及读物材质的选择上必须严格执行绿色环保标准，选用安全可靠的材料；配置的桌椅板凳的四角要避免锋利的尖角，应以圆形角为主，地面可以铺上鲜艳、充满童趣图案、柔软舒适的地毯，以避免孩子跌伤等。其次，阅读环境应是舒适的。比如可以把图书区安排在采光和通风比较好的窗边，为婴幼儿营造充满温暖阳光、悬挂柔和窗帘的阅读空间，这可以较好地激发婴幼儿的阅读愿望和兴趣。而且，摆放的物品也应符合婴幼儿的兴趣爱好和心理需求。比如，在早教机构或家中的阅览室或阅读区，可以适当投放一些造型可爱的抱枕或靠垫供婴幼儿依靠，也可以摆放一些小型沙发或小凳子，这些设置能较好地让婴幼儿主动接纳并积极参与进来。最后，阅读环境应是安静的。阅读区应设置在相对安静的角落，同时用拉门或柜子间隔开，形成一个相对独立的空间。[1]

任务二　创设托育机构阅读环境

案例导入

某托育机构托大班的阅读区只有一些书籍、地垫和桌子，无法充分引起幼儿阅读的兴趣和表现欲。但在孩子们学完绘本《金鸡冠的公鸡》后，教师在阅读区投放了相应的图画，以及由幼儿参与制作的猫、画眉鸟、公鸡、狐狸等角色的服装、头饰、尾巴和故事场景道具如河流、森林、公鸡的家等模型，这下点燃了孩子们对表演故事的热情。接下来的几周，阅读区一直是门庭若市，充满了孩子们表演的笑声和故事台词："公鸡呀公鸡，金鸡冠的公鸡，你的脑袋油光光，你的胡须丝一

---

[1]　边丽君，肖燕萍．婴幼儿早期阅读环境科学性的实践研究［J］．学前教育研究，2005（02）：37-39.

样，你把头探出窗口，我给你吃颗小豆。"[1]

任务要求

1. 掌握托育机构阅读环境的特点。
2. 熟练掌握托育机构阅读环境的创设措施。
3. 灵活运用阅读环境创设措施为婴幼儿创设良好阅读环境。

随着人们生活水平的逐步提高，我国出现了各种各样的托育机构，经济条件较好、重视孩子教育的父母纷纷将孩子送往这些机构接受教育。相对于家庭教养，托育机构作为一种有组织、有计划、有专业人员负责的单位，其阅读活动的开展有着不同于家庭阅读活动的诸多特点。托育机构的教育相对于家庭教育而言，教育场景与方法更系统、更专业。在阅读方面，这些机构也更重视环境的营造、读物的提供、专业人员的指导以及同伴的互动。

一、托育机构阅读环境的特点

第一，托育机构拥有独立的阅读环境。0～3岁是婴幼儿语言发展的关键敏感期，而良好的阅读环境能有助于促进婴幼儿的语言发展。目前我国多数托育机构都会单独设立一个阅览室或在教室创设阅读区，并将其与其他活动区域如建构区或美工区等隔离开来，为婴幼儿提供一个相对安静、尽量不被打扰的阅读环境。

第二，托育机构注重创设彼此交流的阅读氛围。婴幼儿阅读期间，保教人员与婴幼儿之间、婴幼儿与同伴之间的交流与互动，可以较好地提高婴幼儿的阅读效果。在个别婴幼儿需要帮助或指导时，应有相对专业的人员为之提供相应的服务。托育机构这样有计划、有步骤、有专业人员指导的阅读活动，更有助于婴幼儿的语言、感官和逻辑思维的发展。

第三，托育机构的阅读形式多种多样。托育机构会提供多种类型的早期阅读活动，促进婴幼儿主动参与互动、积极进行自我建构。这些活动既包括有组织的集体阅读活动，也包括针对部分婴幼儿的阅读活动，还包括满足个别婴幼儿特殊需求的个别化阅读活动。在组织形式方面，既包括在相对固定的时间内进行的有计划、有目的的阅读指导活动，也包括在日常生活中随机对婴幼儿自发阅读的指导和帮助活动。

二、托育机构阅读环境的创设

为了更好地引导婴幼儿阅读，托育机构的保教人员可以为他们提供丰富多样的阅读材料，营造温馨稳定的阅读场所，提供与婴幼儿生活密切相关的阅读内容，以及建立有效互动的阅读关系。

（一）提供丰富的阅读材料

在早期阅读活动中，保教人员应根据婴幼儿的年龄特点和认知水平，为婴幼儿提供大量丰富且有意义的、形象的、生动的阅读材料，并将其摆放在孩子容易拿到的地方，方便婴幼儿自由选择阅读材料并能进行自主阅读。为了更好地帮助孩子积累词汇以发展语言表达能力，保教人员可以为婴幼儿创设语言区。在此区域可以为婴幼儿提供：相应的图画书、画册、图片、词语接龙游戏卡片等；不同季节、种类的厨具、陆地动物、海洋动物、人体不同部位、不同情绪、节日物品、班级常规管理模型等认知卡（见图6-2-1）；适合不同月龄段婴幼儿翻阅的童话、儿歌、社会、自然科学等绘本、故事书或其他读物（见图6-2-2）。还可以摆放一些头饰、指偶、录音、图书、卡通图片、

---

[1]　刘书艳.幼儿阅读家庭环境调查研究［D］.福建师范大学，2017：02.

图6-2-1　有关冬天的绘本

图6-2-2　绘本馆的绘本

剪刀、胶水、双面胶、透明胶、纸、笔等材料，引导婴幼儿通过多种方式阅读，以此激发婴幼儿阅读的愿望。

为婴幼儿提供阅读材料时应注意以下几个问题：一是应根据婴幼儿的年龄特点提供读物。比如依据婴幼儿的视力与辨色能力特点，越是年龄小的孩子越要提供画面和文字都较大的图画书，一般是画面多于文字；随着婴幼儿年龄的增长，提供的读物画面应相对较小，图画较少，文字较多。二是应依据婴幼儿对色彩的敏感度来提供读物。婴幼儿都喜欢色彩鲜艳的东西，为他们提供的阅读材料也应注意颜色要鲜艳，这样更容易吸引婴幼儿的注意力，如《香喷喷的轮子》《不在墙上乱画画》《小胖猪啊呜》等绘本。三是注意读物中语言的正确性、优美性与趣味性。保教人员要为婴幼儿提供文字正确、语言优美、阅读朗朗上口、句型短而多次重复的阅读材料，如《宝宝认识大象》这本绘本，可以更好地激发婴幼儿学习发音和字词句等。为婴幼儿选择并提供内容简单、画面活泼可爱、情节富有童趣的阅读材料，能较好地促进婴幼儿保持较久的阅读意愿。

（二）营造温馨稳定的阅读场所

婴幼儿阅读方式多种多样，只要是和阅读有关的任何行为，都可以算是阅读。比如有的宝宝随手倒拿一本书，在那儿念念有词……这是一种阅读；有的宝宝上街，看到认识的字会说："这是'中'，这是'下'，这是'我'……"这也是一种阅读。这些阅读场景中的阅读方式往往带有一定的随意性和局限性。婴幼儿的无意学习在一定程度上可以为他们学习语言提供更多的途径，但断断续续的阅读时间以及不固定的阅读场所，难以帮助婴幼儿获取系统化的知识和技能。因此，为婴幼儿提供温馨安静的阅读环境，为

视频

托育机构室内阅读区

他们创设有组织、有计划、有步骤的阅读活动，提供相对固定或充裕的阅读时间和机会，有助于婴幼儿持续专注地阅读。在开展阅读活动时，保教人员还可以改变传统的课堂教学的模式，为婴幼儿营造一个舒适而安静的区域，并在地上铺上漂亮柔软的卡通地毯，教师和婴幼儿席地围坐在一起进行阅读（见图6-2-3和图6-2-4），在这样一种类似家庭的温馨氛围里，可以把婴幼儿比较正规的"上课"转变为"阅读游戏活动"，有助于激发他们渴望阅读的愿望。有的托育机构还会在家长等候区提供书架及婴幼儿绘本（见图6-2-5）。总之，良好的阅读环境不仅能系统训练婴幼儿学习语言，还能让婴幼儿亲身体验待在这种环境中的不同感受，这对其今后的语言发展也是非常重要的。

（三）阅读内容与婴幼儿生活密切相关

托育机构提供的阅读内容应与婴幼儿的生活息息相关。一般而言，涉及日常生活密切相关的事物名称、几何图形、线条、动物等的阅读材料，能更好地促进婴幼儿的认知发展。著名教育家陶行知先生曾说过，"生活即教育"，他认为生活教育是生活所原有、生活所自营、生活所必需的教

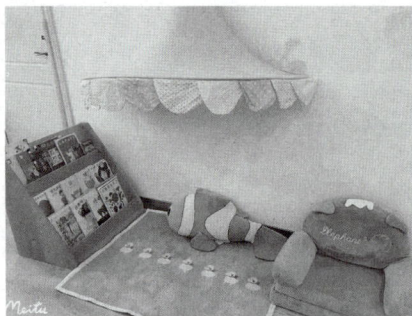

图6-2-3　教室阅读角　　　　　图6-2-4　大厅阅读角　　　　　图6-2-5　等候区阅读角

育。婴幼儿的注意具有倾向性，与其生活有关联及有意义的内容，更容易引起婴幼儿的注意，有助于调动婴幼儿隐性学习的愿望。因此，如果保教人员为婴幼儿提供的阅读内容涉及婴幼儿熟知的事物，婴幼儿更容易将二者联系起来，也更容易激发其对阅读的兴趣。婴幼儿的思维很具体，他需要通过具体形象的图画或物品来获得对文字的理解，如果阅读的图书都是文字，无法激起婴幼儿的阅读兴趣。因而，保教人员为婴幼儿提供文字符号与图画或图示紧密联系的阅读载体，是符合婴幼儿认知发展特点的。比如保教人员可以将与婴幼儿生活息息相关的规范文字张贴出来；将婴幼儿日常接触的门、窗、桌、椅、书柜、沙发、活动区角、班级等区域标出名称；在婴幼儿的作品、用品、婴幼儿的生活照片旁标出宝宝的名字；用文字表示一些常规和注意事项，如在门口写"请慢些走"，在楼梯口写上"请靠右行"，在洗手间的水龙头上贴上"别忘了把我关上"；可以将婴幼儿喜欢的食品标签收集起来贴在阅读区的墙面上，还可以为婴幼儿创造使用礼貌用语的条件和环境，如在墙面上张贴"谢谢""对不起""没关系"等图片，并有意识地引导婴幼儿关注标签或图片上的文字。这种图文并茂的标示，既符合婴幼儿认识具体形象事物的认知和思维特点，也能让婴幼儿更好地理解所见、所闻的事物。

此外，保教人员还可以为婴幼儿提供与生活密切相关的、不同季节的阅读内容。比如，春天来临，冰雪融化，万物复苏，鲜花绽放，有许多翩翩起舞的蝴蝶在花丛中飞来飞去。每当这个季节，保教人员可以为婴幼儿朗读诸如《好饿的毛毛虫》之类的绘本，让孩子们知道原来美丽的蝴蝶是由毛毛虫变来的。夏天来临，池塘中会出现青蛙，这时可以给孩子讲《小蝌蚪长大了》，让孩子知道蝌蚪长大了会变成青蛙。秋天到了，可以给孩子讲《树上的苹果不见了》，让孩子知道秋天是收获的季节并体验丰收的喜悦。冬天白雪皑皑，可以给孩子讲《松鼠先生和第一场雪》，引导孩子欣赏冰天雪地的神奇景象。

总之，保教人员应将婴幼儿的阅读活动融入和渗透在一日常规活动中，为婴幼儿提供与生活经验匹配的各种阅读材料，引发婴幼儿的思考和想象。

（四）建立有效互动的阅读关系

良好阅读环境的构成要素不只是一个场地和一些阅读材料。参与阅读的人及其相互关系才是引导婴幼儿学习"与书对话"的关键。可以说，阅读环境中最为重要的要素就是人。良好的师幼关系是创设良好早期阅读心理环境、提高婴幼儿阅读能力的重要因素。托育机构中的阅读互动主要是指保教人员与婴幼儿之间，以及婴幼儿相互之间的互动。

1. 有效的师幼互动

首先，保教人员要与婴幼儿建立"师幼互动"的阅读关系。保教人员可以引导婴幼儿在轻松、愉快的亲密气氛中选书、看书、读书，必要时配以道具向婴幼儿介绍书名或朗读书中的内容，这有助于构建良好的师幼阅读关系。比如，保教人员用道具并配以适当的音乐为婴幼儿演示阅读《大象鼻子长》《小兔尾巴短》《小蚂蚁搬家》等书籍，书中生动可爱的动物形象及故事情节能激发婴幼儿的阅读兴趣；保教人员惟妙惟肖地为婴幼儿表演图画书的故事情节并引导他们提问、讨论、思考并回答问题，当婴幼儿不能回答时，给予及时的指导或解答，促进孩子思维能力的发展。

其次，保教人员可以为婴幼儿创设情境阅读的模式，引发师幼之间的互动。比如，保教人员为婴幼儿阅读《帮助动物回家》时，可带领婴幼儿一起创设"动物乐园"，在阅读时让每个孩子戴上自己喜欢的小动物头饰扮演不同小动物，并引导孩子根据小动物的生活习性、脚印寻找动物的家，如小鸟的家在树上，小鸟的脚印是树杈形的；小猴的家在树洞里，它的脚印是手掌形的。再如，当师幼一起阅读《帮助森林里的小动物找影子》这个故事时，可与婴幼儿一起把墙面布置成森林的环境，贴上小动物的影子，让孩子根据影子来拼拼、说说哪些小动物在森林里。[1]

最后，保教人员还可以引导婴幼儿运用绘画、表演、歌唱、游戏等不同方式展示阅读后的心得体会。阅读活动结束后，保教人员可以组织婴幼儿开展角色游戏活动，让婴幼儿挑选自己最喜欢的角色进行表演；鼓励婴幼儿阅读之后表达自己的观点，或者讲出自己最喜欢的某段故事情节；邀请他们模仿故事中动物、人物的声音或对话以提高语言表达能力；引导婴幼儿用绘画、手工作品或泥塑的形式，将故事中的不同角色表现出来。

2.良好的幼幼互动

在阅读期间，保教人员要注重引导幼儿之间相互分享、相互合作、不断交流。比如，保教人员可以允许几个婴幼儿共读一本图书，并将有趣的图书及时推荐给其他伙伴；也可引导婴幼儿将自己的书带到托育机构来与其他孩子分享，以此发展婴幼儿分享读物的意识。在每次阅读活动中，保教人员可以播放视频或音频故事，引导婴幼儿仔细观看或聆听；将婴幼儿分成小组并对阅读材料中的内容进行讨论；引导婴幼儿相互之间说说阅读材料中的不同故事情节。这些方法都可以激发婴幼儿之间的交流与互动。

任务三　创设家庭阅读环境

案例导入

钱钟书的女儿钱瑗受其父母影响，由淘气转为好学。钱钟书先生出口成章，令女儿佩服又好奇，遂请教秘诀，钱钟书说："哪有什么秘诀，多读书，读好书罢了。"钱瑗的母亲操劳一家大小衣食住行，只要有空也总要翻翻古典文学和现代小说，每次都读得津津有味，钱瑗也学他们那样，找父亲的藏书来读，果然有趣，从此好读书，读好书入迷。[2]

任务要求

1.了解影响婴幼儿家庭阅读环境的各种因素。

2.掌握婴幼儿家庭阅读环境创设的措施。

3.运用所学知识为婴幼儿创设良好的家庭阅读环境。

---

[1]　边丽君，肖燕萍.婴幼儿早期阅读环境科学性的实践研究［J］.学前教育研究，2005（02）：37-39.

[2]　陈虹利.创设良好家庭环境培养幼儿阅读兴趣［J］.课程教材教学研究（幼教研究），2015，（Z1）：22.

　　家庭不仅是婴儿出生后接触的第一个环境，也是孩子接受教育的第一个环境。家庭不仅影响着孩子的认知能力，还影响着他们的性格特征，家庭在孩子的成长过程中发挥着不可替代的作用。近年来，国家大力提倡全民阅读，许多家庭也看到了阅读在孩子成长成才过程中的重要作用，很多家长不惜代价为孩子买书，让孩子多看书。然而，一些家长购买的很多书变成了家庭中不起眼的摆设，究其原因主要在于家中没有为孩子创设良好的阅读环境，没有为孩子做好喜欢阅读的榜样，无法激发婴幼儿的阅读兴趣。

一、影响家庭阅读环境创设的因素

　　影响婴幼儿家庭阅读环境创设的因素有家庭成员关系、家庭成员的阅读习惯等。

（一）和谐的家庭成员关系

　　家庭成员之间和睦友好的关系对婴幼儿来说是最好的教育资源。良好的家庭成员关系应是和谐融洽，如夫妻恩爱且感情和睦，年轻的父母与祖辈之间关系和谐，家中成人与婴幼儿的关系友好。要营造良好的家庭成员关系，家庭成员之间的教育观念必须大致相同。比如夫妻之间以及父母与祖辈之间在教育孩子的观念上应基本一致，这对孩子的成长极其重要。目前绝大多数年轻的父母都有工作，照看婴幼儿的责任基本由祖辈负责，祖辈通常年纪偏大、教育观念陈旧、接受新思维较慢。因此，父母与祖辈之间应随时交流沟通，适当引导祖辈阅读一些基本的育儿书籍以确保家庭教育观念的一致性，从而减少隔代教育之间的冲突和矛盾，更好地促进两代人和谐关系的建立。

　　家庭是婴幼儿成长的第一环境，父母是孩子最早最直接的接触者。婴幼儿与父母之间的血缘关系和浓厚的亲情会使其对父母产生高度的依恋关系，也使得父母成为教育子女最直接、最权威的力量。婴幼儿时期是孩子与父母建立亲密关系的关键期，阅读活动则是建立亲密关系的一种重要途径。比如父母与婴幼儿共读时，可以将婴幼儿抱在怀里或者放在腿上，这种方式有助于加强父母与婴幼儿之间的亲密。婴幼儿在父母怀抱中，安静地听父母朗读故事，随着故事情节的发展与父母进行眼神或肢体的互动，这种温暖而舒适的感受可以加深亲子之间的感情。

（二）良好的阅读习惯

　　习惯是指经过较长时间养成的一种生活方式。阅读习惯顾名思义就是读书习惯，是经过较长时间培养而成的读书生活方式。在当代，阅读图书不仅是婴幼儿获取信息的一个重要途径，还是养成良好品德的有效举措。良好的阅读习惯会伴随孩子一生，对他们未来的学习、生活与成长将起到重要的作用。

　　1. 家长的榜样示范

　　父母是孩子的第一任老师，家长的行为习惯将对婴幼儿产生最直接的影响，孩子的言行是父母的一面镜子。父母喜欢阅读的家庭书香四溢，婴幼儿在这样的家庭环境中成长，会潜移默化地受到影响。反之，成天坐在电视前或一回家就抱着手机的家长，肯定培养不出喜欢读书的孩子。

　　首先，家庭中可以为不同成员提供相对固定的阅读场所。比如，书房、客厅一角、书柜前等。饭后，家中不同成员可以在固定的阅读场所，阅读自己喜欢的书籍。在这样的家庭环境中，家庭成员不仅为婴幼儿营造了浓浓的阅读氛围，还树立了喜欢阅读的榜样，有助于婴幼儿养成喜爱阅读的习惯。其次，家长与婴幼儿共读前应先阅读相关书籍。然后，家长可以带着自己的感受和理解，给婴幼儿大声朗读或轻声讲解故事情节，帮助婴幼儿更好地理解作者所描绘的动人世界。

　　2. 积极的亲子共读

　　吉姆·崔利斯的《朗读手册》里有一段话："你或许拥有无限的财富，一箱箱的珠宝与一柜柜的黄金，但远不会比我更加富有——因为我有一位读书给我听的妈妈。"[1]拥有愿意给自己读书的父

---

[1] ［美］吉姆·崔利斯. 朗读手册［M］. 沙永玲，麦奇美，麦倩宜，译. 海口：南海出版公司，2009：1.

母，是婴幼儿最幸运的事情。其实，在怀孕期间，胎儿在母体里最熟悉的声音是母亲的心跳声，当胎儿的听觉器官发展到一定程度的时候，母亲如果经常给胎儿唱歌、说话、念一首儿歌或讲故事，有助于母亲与胎儿之间建立良好的情感连接。随着科技的发展，阅读手段是丰富多样的，比如父母可以用手机上的播放软件为婴幼儿播放儿歌、童话故事、诗歌等。尽管如此，婴幼儿最需要的仍然是父母充满爱心的陪伴。父母的陪伴会让婴幼儿获得足够的安全感和幸福感；父母的陪伴是婴幼儿最大的心理安慰，能激发他们积极主动地投入阅读活动中去。因此，当婴幼儿提出想自己独自看书时，请父母也拿起图书安静地陪在孩子身边阅读；当婴幼儿需要父母的示范或为其朗读时，应及时提供服务。家长为婴幼儿阅读图书的方式，能让孩子切实感受到来自父母的关爱。家长与婴幼儿共读时，一定要发自内心地把这段时光当作与孩子共同探究世界以及感悟生命的美妙过程，只有这样，才能让婴幼儿真心爱上阅读。

案 例 分 析

　　有个两岁的小女孩每天都听妈妈读故事，有一天电视台播放了一个讲故事节目，妈妈觉得终于可以解脱了，让小女孩每天看电视听故事就可以了，但是小女孩只听了三天就不再继续听。妈妈便问小女孩为什么不听了，小女孩说，因为这些故事不是妈妈讲的。在孩子幼小的心灵中，父母的语言和声音是最熟悉、最亲切的。父母对婴幼儿的关爱和陪伴犹如空气和水，是孩子们成长过程中必不可少的养料。

3. 独立的阅读能力

松居直说："对孩子来说，看着图画书，独自沉醉在幻想中的那一刻，正是他们与图画书的故事世界融为一体的时候，也是他们真正阅读图画书的一刻。"[1] 婴幼儿需要父母的陪伴，需要将阅读活动作为其与父母构建亲密关系的桥梁，但婴幼儿同样需要一定的时间独自进入阅读世界，尽管婴幼儿并不识字，但他们能通过画面的变化精准识别图像，理解书中故事情节的发展。因此婴幼儿需要一段时间学会将自己融入书中，学会与图画书独处。因此，家长还需要有计划、有目的、有步骤地培养婴幼儿学习独立阅读书籍的能力。

二、家庭阅读环境的创设

为了有效地激发婴幼儿的阅读兴趣和阅读愿望，家长可以在家中为婴幼儿创设良好的阅读环境，营造良好的阅读氛围，提供适合婴幼儿年龄特点的阅读材料，为他们表达或展示阅读成果提供相应的平台。

（一）营造温馨的阅读环境

在家庭中，家长要尽量为婴幼儿布置一个温馨的阅读区，阅读区最好在阳光充足、通风良好的地方，区域里可以专门给婴幼儿配备适合其发展水平的各种绘本和故事书等，同时家庭成员还可以按照孩子的身高，安放一个专门的图书架用于分类摆放孩子和父母的阅读的材料，方便大家根据自己的需求取放（见图6-3-1）。固定、有序的图书摆放有助于婴幼儿形成良好秩序感，也能给他们带来愉悦的阅读享受。父母还可以在这个区域铺上富有童趣的地毯，同时放置一定数量的桌子、

---

[1] ［日］松居直. 我的图画书论［M］. 郭雯霞, 徐小洁, 译. 乌鲁木齐：新疆青少年出版社, 2017：11.

凳子、抱枕或懒人沙发等（见图6-3-2），让孩子随时按照自己的意愿选择读书的姿势，这样的阅读环境更容易引起婴幼儿的阅读兴趣（见图6-3-3）。

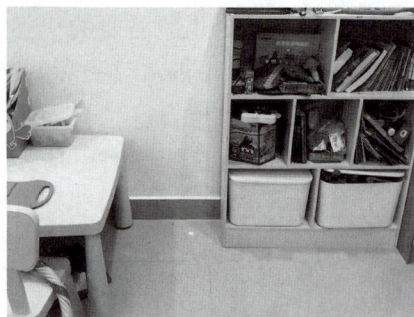  

图6-3-1　家庭阅读区　　　　　　　图6-3-2　书桌　　　　　　　　图6-3-3　书架

（二）创设融洽的阅读氛围

　　培养婴幼儿的阅读习惯离不开良好的家庭阅读氛围。引导婴幼儿爱上阅读是一个慢慢渗透的过程。首先，家长要有坚持阅读的习惯，成为孩子的榜样。忙碌一天的父母，晚饭后坐在阅读区阅读，孩子也会模仿家长的样子认真阅读。其次，家庭成员阅读后，可以就阅读内容讨论交流，鼓励各自发表不同的观点和看法，其他成员耐心倾听。这个过程既是引导婴幼儿学习尊重并理解他人的良好时机，也是引导婴幼儿学习并掌握人际交往方式的有效途径。家长还可以向婴幼儿朗读并表演书中的角色和故事情节，引导婴幼儿仔细观察并模仿家长的动作和声音，让婴幼儿从中体会阅读带来的乐趣。最后，家长在与孩子共读时，既要关注阅读材料中的文字表述，也要关注插图等非文字信息，对婴幼儿进行耐心细致的讲解，帮助婴幼儿更好地理解书中内容，激发他们进一步阅读的愿望。

（三）提供适宜的阅读材料

　　家长应该为婴幼儿选购安全健康的阅读材料。目前我国市场上阅读材料良莠不齐，需要家长用心选择。家长为婴幼儿选购书籍时，可以采取看、闻、翻等几个环节，来判断书质量的好坏。"看"是指看书的书名、封面和封底等信息；"闻"是指闻闻气味，不合格的书籍往往带有臭味或异味；"翻"是指翻阅书中的目录等，浏览其内容是否健康，是否有暴力或色情等不良信息。此外，家长还要注意图书厚度及纸张软硬度是否适合婴幼儿，选择不易划伤的纸质材料，图纸不能有反光等现象。此外，家长选购读物时还应注意阅读材料题材的多样性，具体可以从以下三个方面考虑。

　　首先，应选购符合婴幼儿年龄发展需求和身心发展特点的书籍。婴幼儿的读物既包括各种书籍，也包括物品的包装袋、说明书、店家海报、道路标示等文字、图像符号材料。家长应为婴幼儿选购生动形象的读物，可以更好地吸引婴幼儿。比如绘本《好饿的毛毛虫》不仅画面生动形象，故事情节也充满变化。婴幼儿通过阅读，可以了解书中涉及的各种水果和事物的名称、形状、颜色、味道，每周日期的表达，数字概念，数量词等信息，同时也能感受毛毛虫逐渐长大，最后化蛹成蝶的神奇变化。再如绘本《鸭子骑车记》，鸭子在骑车的过程中遇到了性格鲜明、外形特别的母牛、绵羊、小猫、小狗、小猪、老鼠等动物，还有大树、草坪、蓝天、白云、房屋、自行车、孩子等婴幼儿熟悉的生活元素，这样的读物更能引发婴幼儿的阅读兴趣。由于婴幼儿的注意力是以无意注意为主，需要外界强烈的刺激才能引起反应。因此应为婴幼儿选择色彩明快、篇幅短小的图画书。比如法国作家埃尔维·杜莱的作品色彩明快，文字内容不多，很适合0～2岁婴幼儿阅读。他的代表作绘本《点点点》，主要通过红黄蓝三种颜色的变化，让孩子在与图书互动的过程中获得快乐。他的绘本《瞧，这本书没有名字》图画简单，画风童趣质朴，仿佛出自孩子的手笔，让婴幼儿产生亲切感。父母为婴幼儿选择图文并茂且色彩鲜艳的图画书，可以帮助孩子更好地认识所涉及事物的名称和外形，激发婴幼儿阅读的好奇心和求知欲。

再次，要为婴幼儿选购培养其各种能力发展的阅读材料。比如，"贝贝熊"系列绘本，讲述了孩子会面临的各种问题：偏食、怕黑、见啥要啥、房间凌乱、沉迷电视、说谎、乱花钱、对陌生人的态度以及与父母相处等，内容与婴幼儿生活密切相关，同时还有相应的解决方法。宝宝阅读后，能够学到很多生活知识及技能。再如"小熊宝宝"绘本系列丛书，深受婴幼儿的喜爱。作者通过描绘一只憨态可掬的小熊及其好朋友小兔子、小刺猬、小河马、大猩猩等在一日生活中会遇到的问题，教会孩子如何提高自理能力、交往能力及情绪管理能力。《小熊宝宝EQ绘本》通过各种小动物的经历，向婴幼儿介绍了打嗝、打呼噜、哭闹、尿床等现象。婴幼儿阅读后，可以更好地了解常见生理现象的相关知识，并掌握处理的基本技能。

最后，应为婴幼儿提供设计新颖的阅读材料。现在有许多婴幼儿读物设计新颖独特，比如布书、翻翻书、洞洞书以及立体书等，通过书页的设计来吸引婴幼儿的注意力。如《猜猜我是谁》的每页都有一个洞，通过这个洞可以看到下一页的一部分内容，激发婴幼儿猜测下一页的画面以及出现的角色或故事情节，猜到最后一页是一面镜子，这时婴幼儿可以把玩一下并照照自己。这本书的开本比较小，适合婴幼儿自己拿取；书的材质是硬纸板，便于幼儿翻阅，每页采用了圆角设计，也不会刮伤婴幼儿。当父母与婴幼儿共读这类书时，父母可以提问，引发孩子思考并回答。这种设计新奇的读物，可以增加婴幼儿阅读的趣味性，也有助于激发婴幼儿的创造力和想象力。

（四）创设表达的平台与机会

首先，家长可以在阅读区的墙面上，与婴幼儿一起设计展示其阅读成果的主题墙，用于张贴婴幼儿的绘画、手工作品图片或者由父母记录的读后感等文字。其次，家庭成员之间可以开展各种形式的读书交流会，如家庭故事会、家庭小剧场，引导婴幼儿用布偶玩具等表演熟悉的故事，分角色扮演书中的不同动物或人物等。再次，家长还可以利用各种废旧材料和孩子一起制作故事里不同角色及其头饰、服装等作为道具。这些方式不仅能较好地促进亲子之间的关系，也能促进婴幼儿多方面能力的发展。

总之，早期阅读是婴幼儿认识世界、解释世界、融入社会、发展自我的重要过程，对婴幼儿的终身发展都将起到至关重要的作用。作为家长，既要为他们营造良好的阅读环境，提供相应的阅读材料，又要引导他们善于将其阅读后的感想通过各种形式表达出来，以此培养婴幼儿喜欢阅读和坚持阅读的良好习惯，为其终身阅读打下良好的基础。

任务四　创设婴幼儿公共阅读环境

案例导入

由建筑大师安藤忠雄设计、捐赠的"儿童的图书森林"中之岛图书馆位于日本大阪的中之岛公园内，其中收藏了丰富多样的绘本、故事书、烹饪书、艺术书、摄影书等读物。安藤忠雄先生希望通过书本和艺术文化来提升孩子们丰富的想象力和创造力。通过设计，他将书籍和书架单元整合到建筑中以保持室内环境的整洁和开放。弧形墙体被设计成网格状的口袋，每个口袋都存放着一本朝外的书籍，这本书本身也构成了空间中引人入胜的装饰元素。馆内陈列的所有读物也不依照婴幼儿的年龄来摆放，希望婴幼儿可以在这个图书馆里随意浏览阅读，让无拘的本性带领孩子探索，以激发婴幼儿发自内心渴望阅读的乐趣。[1]

任务要求

1. 了解婴幼儿公共阅读场所的特点。
2. 掌握婴幼儿公共阅读环境创设的具体措施。
3. 能就婴幼儿生活的城乡公共阅读环境创设进行调查，分析其优缺点。

公共阅读场所主要是指图书馆、书店、书屋、报刊亭、咖啡馆、阅览室等。根据阅读对象，书店又可以分为成人书店、儿童书店和婴幼儿阅读场所等。其中婴幼儿图书馆、婴幼儿书屋或绘本馆是近几年在一些城市中兴起的一种以婴幼儿读物为主要收藏对象及运营载体的阅读场所，这些阅读场所受到婴幼儿及其父母尤其是受过高等教育的年轻父母的追捧，满足了家长培养婴幼儿阅读兴趣的迫切需要。

一、婴幼儿公共阅读场所的特点

婴幼儿公共阅读环境具有专业性、广泛性、舒适性等特点。

（一）阅读场所的专业性

婴幼儿公共阅读场所的专业性首先体现在收藏的书籍适合婴幼儿的身心发展需求。婴幼儿阅读场所是商业化运作的一种图书馆或书店，馆内或店内收藏了大量国内外知名、优秀、经典的图画书，这些作品经过了时间和空间的检验并得到了广大读者的认可。婴幼儿图书馆或书店读物，无论是印刷、纸张还是书中的内容和插图，都能较好地培养婴幼儿正确的价值观和人生观，为婴幼儿展示神奇的世界，因而受到全国各地婴幼儿及其父母的喜爱。目前我国很多城市的图书馆里也专门为婴幼儿开设绘本馆（见图6-4-1），或者单独建立少儿图书馆（见图6-4-2和图6-4-3），可以看出社会各界对创建婴幼儿阅读场所的重视。

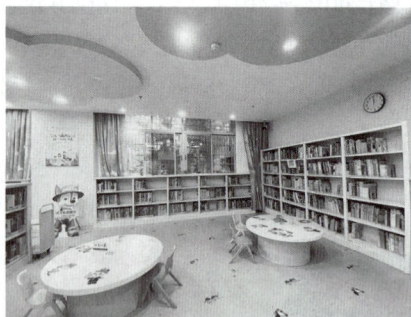

| 图6-4-1　三亚市图书馆的绘本馆 | 图6-4-2　三亚市图书馆少儿阅览室 | 图6-4-3　鄂尔多斯东胜区少儿图书馆 |

其次，在阅读期间，有专业人员提供帮助和指导。婴幼儿图书馆或书店的阅读指导教师多数都接受过专业的文学教育或婴幼儿教育，具有较强的专业素质和相关技能。因此，他们在为婴幼儿讲读书籍的时候，通常都能做到声情并茂，同时伴以道具或配上符合故事情节的音乐，为婴幼儿创设身临其境的阅读情境。不仅如此，他们在阅读指导过程中还能做到因材施教，针对不同婴幼儿的实际发展水平和个性特点制订合适的阅读方案或给予相应的指导。专业素养高且懂婴幼儿身心发展

[1] 罗茜. 面向留守儿童的乡村公共图书馆阅读空间环境设计［J］. 中国建筑装饰装修，2022（01）：160-161.

规律的绘本阅读指导教师，是开启婴幼儿阅读书籍的点灯者和领路人，他们能将婴幼儿带入一个奇妙的阅读世界。

最后，婴幼儿图书馆或书店还会定期举办一些阅读活动。比如定期举办故事会，由专门的教师为婴幼儿讲读故事或提供一些才艺展示的场所（见图6-4-4和图6-4-5）。婴幼儿通过才艺展示，一方面可以相互观摩和学习其他伙伴的艺术作品，另一方面也可以结识更多的同龄人，培养其社交能力。婴幼儿图书馆或书店中往往还会有各类书籍阅读推广人，他们主要由书籍创作人及出版人构成。婴幼儿阅读推广人具有较强的专业知识，并且对婴幼儿书籍有深厚的情结，他们喜爱婴幼儿、热衷于为婴幼儿讲读并推广读物。婴幼儿及其家长在这种环境中，既可以学习专业的阅读知识和技能，又可以及时分享阅读心得。

图6-4-4　图书馆中符合婴幼儿身高的书架　　　　　　图6-4-5　才艺展示厅

（二）阅读材料的广泛性

婴幼儿图书馆及书店既有丰富多样的藏书，也有各类材料用品。比如，专为婴幼儿提供的布书、触摸书、洞洞书、闪卡、洗浴书、纸板书等；各种婴幼儿玩具，如木偶、布偶、积木、动物保龄球；专门针对感官训练的用具，如供婴幼儿镇定和调节的身体袜、瑜伽小子、触觉探索用品、魔方、竖琴、绘画工具、小精灵、编织袋等。有的图书馆和书店还为婴幼儿提供各种唱歌或游戏活动，如组织婴幼儿及家长演唱儿歌，组织婴幼儿一起做拍手游戏、降落伞游戏、吹泡泡、手指游戏等活动。[1] 婴幼儿图书馆及书店开展的各种与早期阅读相关的有趣活动，不仅拓宽了婴幼儿阅读资源的范围，还能定期为婴幼儿及其父母提供早期阅读最前沿的信息资源。

（三）阅读环境的舒适性

为了更好地吸引婴幼儿及其家长前往公共阅读场所阅读，应努力为他们创设舒适的阅读环境。比如在阅读区摆放富有童趣的小机器人，在墙上张贴可爱的卡通人物图片，在地上铺上柔软的有动物图案的地毯或色彩鲜艳的泡沫板等，为婴幼儿提供造型多样的、矮矮的书柜或书篮，在书柜两侧挂上书袋，在阅读区域挂上浅绿色的窗帘等。与此同时，还可以为家长提供相应的阅读书籍及桌椅凳子等。在阅读区域，可以为婴幼儿及其家长提供一些生活服务设施。比如为婴幼儿提供符合其年龄特点的便池、洗手盆，为婴幼儿提供专门的婴儿车通道及其放置场所，为婴幼儿提供备餐室或母婴室，为家长提供卫生间和洗手池等。

此外，还应为婴幼儿提供舒适的阅读精神环境，父母和图书管理员需要随时观察并及时鼓励婴幼儿良好的阅读行为。比如，婴幼儿能安静阅读或读完之后将书籍放回原处，父母和图书管理员要及时表扬或认可，以此培养婴幼儿良好的阅读习惯。

---

[1]　王子妮．中美公共图书馆婴幼儿阅读服务比较研究［D］．黑龙江大学，2021：34.

二、婴幼儿公共阅读环境的创设

由于婴幼儿图书馆和书店是公共阅读场所之一，因此在创设环境的时候，既要考虑到公共安全方面的因素，又要考虑到其本身的功能；在图书购置与摆放方面，既要考虑众多婴幼儿及其家长的需求，也要考虑到个别婴幼儿的特殊需求。主要可以从以下三个方面进行创设。

（一）阅读环境舒适方便

我国的婴幼儿图书馆和书店应为0～3岁的婴幼儿及其父母提供尽可能多、尽可能优秀的读物。由于目前的婴幼儿阅读场所多数是出于商业的需求，这些机构设置既要符合商业运作的要求，同时也要考虑到消费者的需求，创设温馨舒适的阅读环境是运营商首先要考虑的事情。婴幼儿图书馆或书店不仅应提供符合婴幼儿多元发展需求的读物，其室内布置也可以充满童趣，同时还可以有一些适合婴幼儿的配套设施如婴幼儿洗手台、存包处、亲子卫生间、饮水区、母婴室、尿布更换室、婴幼儿餐厅以及图书消毒机等。父母带着孩子来到这里不仅仅是为了借书或读书，而是将其当成一个亲子共读的场所（见图6-4-6至图6-4-9）。

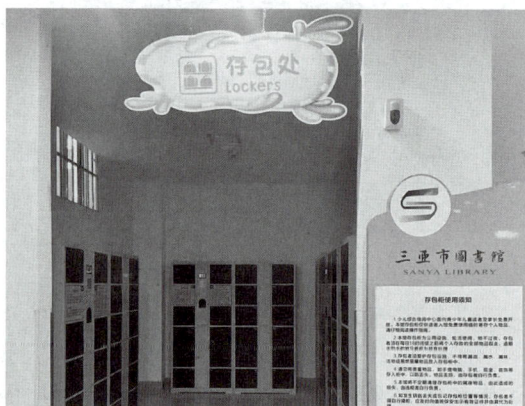

图6-4-6　存包处

图6-4-7　图书消毒柜

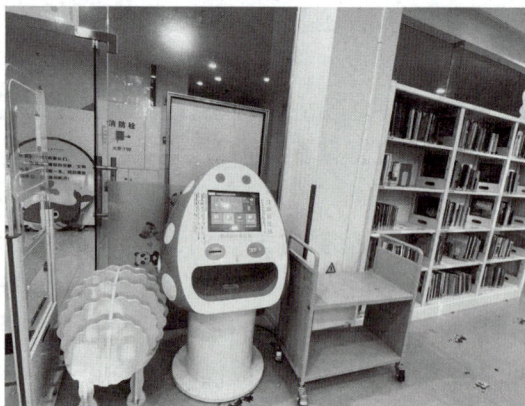

图6-4-8　自助借阅机

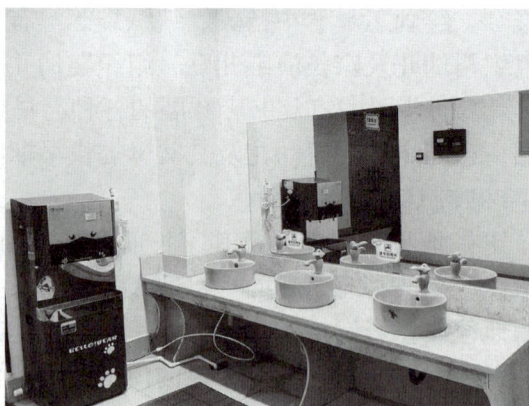

图6-4-9　洗手池

（二）阅读材料分门别类

在摆放阅读材料方面，婴幼儿图书馆和书店应努力做到方便不同月龄的婴幼儿取放。比如，图书馆和书店可以针对不同月龄层次的婴幼儿，将各种读物分门别类地有序排放在与婴幼儿身高大致相当的书架上；可以按照作家作品的方式，将同一位作家的作品都摆放在一起，让读者可以迅速地找到；也可以将不同类型的图书分类摆放，比如纸板书放在一起、精装书放在一起、平装书放在一起；还可以按照读物内容进行分类摆放，比如根据婴幼儿习惯养成、品质培养、情绪管理、亲情友情、认识自我、成长经历、安全意识、人际沟通、名人传记等主题，将相关读物分类摆放，便于家长及婴幼儿寻找和阅读（见图6-4-10至图6-4-12）。

图6-4-10 综合类绘本　　　　　　图6-4-11 新绘本　　　　　　图6-4-12 小月龄宝宝绘本

（三）阅读方式多种多样

　　婴幼儿图书馆和书店为婴幼儿提供丰富多样的阅读活动，可以更好地吸引家长及其婴幼儿前往。比如广州省立中山图书馆的爱婴阅读会以亲子游戏的形式鼓励家长与孩子共阅读、共游戏，通过互相抱抱、搭建小房子、学习动物行走等游戏方式调动婴幼儿的感官，让孩子感受到来自父母的抚爱，增加对身体以及生活的认知，进一步加强语言和阅读能力的发展。首都图书馆少儿活动中心为婴幼儿举办了"婴幼儿的神奇故事会"，故事会为不同年龄段的婴幼儿提供阅读服务，一类是0～18个月婴幼儿的故事会，一类是18～36个月婴幼儿的故事会。教师在带着不同月龄段的婴幼儿阅读时，可以使用不同道具表演故事，还可以带着孩子们唱歌谣、做律动。深圳市与张家港市确立和组织了"阅读起跑线计划"，并准备了100份阅读大礼包，用于在"世界阅读日"向家中有婴幼儿的市民发放，同时提供免费的亲子阅读指导。[1]三亚市图书馆为婴幼儿提供绘本馆以及才艺展示区，同时配备符合婴幼儿身高的桌椅凳子、洗手盆和卫生间，方便婴幼儿使用。以上这些书店和图书馆为婴幼儿提供了丰富多样的阅读方式，不仅增强了对婴幼儿及家长的吸引力，而且还加深了婴幼儿对读物内容的理解和思考。

📰 小 结

　　0～3岁婴幼儿的早期阅读，是他们认识社会和自然的重要方式之一，是婴幼儿身心健康发展的重要条件，也是婴幼儿个性正常发展的一个不可忽视的影响因素。0～3岁婴幼儿阅读，对他们的语言能力、观察力、想象力、创新能力和逻辑思维能力等的发展及情感、健康人格的培养都有极大的促进作用。保教人员、家长和公共阅读场所的工作人员既要熟悉并了解早期阅读环境创设的策略，又要掌握早期阅读环境创设的方法和技巧，只有这样，才能更好地帮助婴幼儿阅读。

✏️ 思考与练习

在线练习

一、单项选择题

1. 创设婴幼儿阅读环境的原则不包括（　　　）。

　　A. 浪费性原则　　　　B. 适宜性原则　　　　C. 稳定性原则　　　　D. 舒适性原则

---

[1] 王子妮.中美公共图书馆婴幼儿阅读服务比较研究［D］.黑龙江大学，2021：24.

2. 为婴幼儿提供良好的阅读环境和条件，以下不正确的是（　　　）。

    A. 提供符合婴幼儿年龄特点的书　　　　　　B. 提供相对安静的地方

    C. 提供丰富多样的读物　　　　　　　　　　D. 让婴幼儿自主阅读

3. 婴幼儿阅读应该在（　　　）进行。

    A. 通风采光比较好的地方　　　　　　　　　B. 夕阳处

    C. 黑暗中　　　　　　　　　　　　　　　　D. 阳光直射下

二、简答题

1. 阅读环境对婴幼儿的发展有哪些作用？

2. 托育机构中阅读环境创设的策略有哪些？

聚焦考证

一、单项选择题

1. 下列对"指认卡片"游戏的描述，正确的是（　　　）。

    A. 可以为1岁以内的婴儿设计该游戏　　　　B. 每次给婴儿呈现的卡片数量越多越好

    C. 将卡片放在婴儿面前，让其说出名称　　　D. 成人说出卡片的名称，让婴儿指认

2. 下列对"看书、翻书游戏"的描述，正确的是（　　　）。

    A. 可以为1岁以内的婴儿设计该游戏

    B. 每天训练7、8次

    C. 大人与婴儿面对面坐着，看书的主体是成人

    D. 成人在婴儿多遍倾听的基础上，可以提出简单的问题

3. 婴儿学习分享和宽容的方法有（　　　）。

    A. 强化婴儿对"我的"概念的理解　　　　　B. 家长对婴儿不宽容

    C. 如果与别人争吵，建议婴儿做出适当让步　D. 不用成人的言传身教

4. 引导婴儿阅读主要是促进（　　　）。

    A. 听力发展　　　　　　　　　　　　　　　B. 智力发展

    C. 智力、情感、身体健康的发展　　　　　　D. 大脑的发育

5. （　　　）是对婴儿语言发展的四个阶段的正确表述。

    A. 单字句，电报句，简单句，复合句　　　　B. 单字句，多字句，简单句，复杂句

    C. 复合句，单字句，电报句，简单句　　　　D. 单字句，电报句，复合句，简单句

二、判断题

1. 早期阅读是指婴幼儿凭借文字来理解以图画为主的读物的所有活动。（　　　）

2. 托育机构内的楼梯下面容易发生不安全事故，所以不能让婴幼儿在此休息、看书、做游戏等。

    （　　　）

3. 投放于公共阅读场所的阅读材料品种多、数量大，因此只有对婴幼儿进行科学阅读指导，才能最大化地发挥阅读材料的教育作用。（　　　）

4. 家庭、托育机构或公共图书馆为婴幼儿提供的读物，应该与婴幼儿的生活密切相关。（　　　）

5. 总的说来，目前我国为婴幼儿提供阅读场所及其阅读材料的公共图书馆，仍然偏少。（　　　）

模块七
托育机构环境创设实例分析

模块导读

不同国家、不同地区的托育机构，由于当地的文化传统、办学理念、政策制度以及机构入托规模等不同，在整体和局部的环境创设都有所不同，又具有各自的特点。本模块主要就国内外比较典型的托育机构的区角及整体环境创设进行分析，从中可以看出其优缺点，以此加深学习者对环境创设相关理论知识与技能的理解和运用。

学习目标

1. 了解不同托育机构在整体和区角环境创设方面的区别与共性。
2. 能简单评价托育机构在环境创设方面的优点与存在的问题。
3. 能够运用所学的理论知识和相关技能指导托育机构进行环境创设。
4. 学习者应用辩证的观点看待当前我国托育机构的办学理念，积极研发适合我国婴幼儿发展的相关课程以及创设与之相适应的环境，避免崇洋媚外的思想。同时，学习者应具备关注弱势婴幼儿环境创设的意识，力所能及地为城乡家庭贫困的婴幼儿提供必要的环境创设与指导。

内容结构

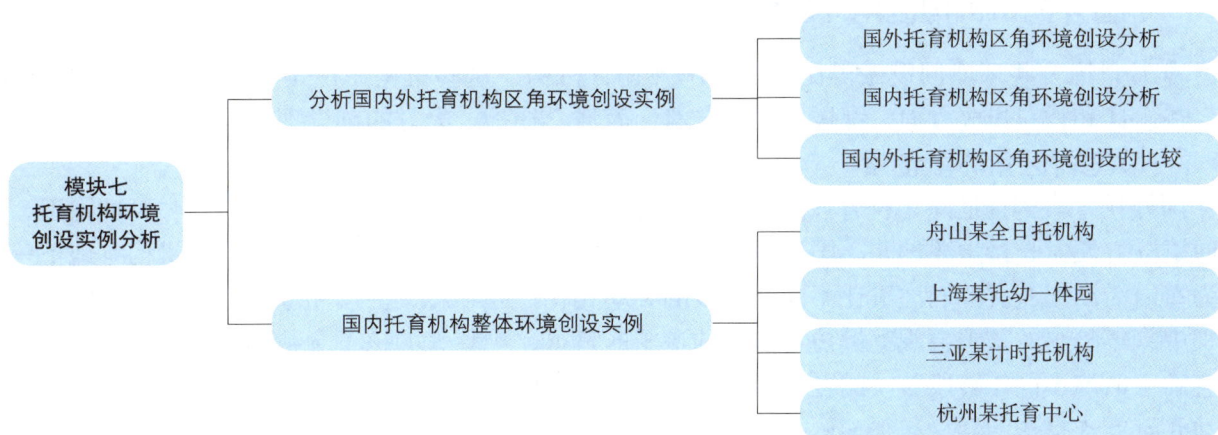

任务一　分析国内外托育机构区角环境创设实例

案例导入

托育机构的不同区域，其材料的投放有所不同，在投放材料时应该明确材料对婴幼儿的作用。比如，益智区投放的材料其主要目的在于促进幼儿认知能力的发展，因此，在这个区域投放可以投放钓鱼的磁铁、豆子、小碗、夹子、纽扣版、几何图形及其插孔板等可以锻炼幼儿的手眼协调、手部精细动作以及手部控制能力的器材。而在娃娃家，保教人员应为婴幼儿配备现实生活中常用的设备和操作材料的模型，如在厨房使用的小灶台、各类烹饪用具、碗筷、菜板、菜刀、蔬菜、水果等模型，其目的是引导婴幼儿模拟日常生活的情景以掌握基本的生活技能。只有这样，才能更好地促进孩子积极主动地加入相应的活动。[1]

任务要求

1. 了解国内外托育机构在环境创设方面的区别与共性。
2. 能简单评价国内外托育机构在环境创设方面的优点与问题。

不同的国家，由于政治、历史、文化、经济等因素不同，其托育机构的办学理念也不同。不同的办学理念，不仅体现在课程设置和一日常规活动方面，也体现在托育机构的环境创设方面。分析我国与其他国家托育机构的环境创设，可以更好地借鉴外国的经验，不断改进和完善我国托育机构的环境创设理念。本任务选取瑞典、新加坡、美国、英国和日本等国家的托育机构室内外环境创设并加以分析，一方面因为这些国家的政府高度重视婴幼儿的托育服务，办学理念及其环境创设在较长时期内积累了丰富的经验；另一方面这些国家高度重视户外活动，这对于托育事业处于起步阶段的中国来说，有一定借鉴意义。学习者学习这部分内容既可以具有比较的思维，也可以更好地理解不同文化背景下托育机构环境创设的特点。

一、国外托育机构区角环境创设分析

本书介绍一些环境创设做得比较好的国外托育机构，这些机构无论是室内还是室外的不同区域，在设计和材料投放方面，都极其崇尚自然、简洁、朴素、大方的创设理念。

（一）室内区角环境创设

国外托育机构选址除了符合该国安全标准之外，多数会选在公园、花园或树林、草坪附近，交通便捷以方便家长接送婴幼儿。国外托育机构的整栋建筑往往只有地上一层，有的机构有地下一层作为室内活动场所。他们注重让不同月龄段的婴幼儿在一起学习、活动和玩耍，在实施混龄教育的过程中，年龄小的孩子会观察模仿年龄大的孩子的言行，年龄大的孩子会帮助年龄小的孩子，这样更有助于锻炼不同年龄段孩子的各种能力。因而在机构内的一些区域，普遍会投放适合不同月龄段婴幼儿玩耍或操作的器材。很多国家的托育机构室内划分为阅读区、创作区、托育机构外墙以及母

---

[1] 陈凤.2—3岁幼儿托育机构区角材料投放策略［J］.教育观察，2021，10（12）：15，17.

婴室等，但其装饰材料都比较朴素、自然，崇尚节俭（见图7-2-1至图7-2-4）。如瑞典的托育机构室内环境创设，非常简单和朴素，不追求奢华的装饰，重点关注环境创设是否有助于婴幼儿获得相应的知识与技能以及各种能力的发展。

图7-1-1 绘画区

图7-1-2 阅读区

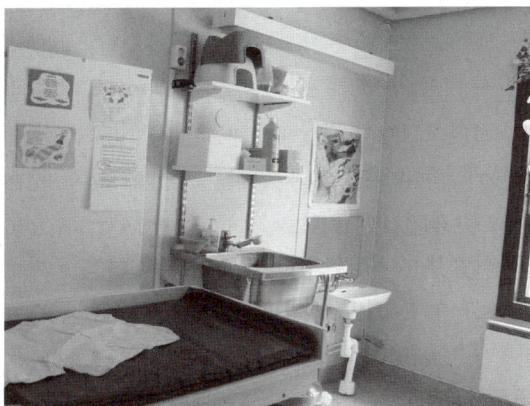

图7-1-3 母婴室

图7-1-4 教室外墙图片

（二）室外区角环境创设

国外托育机构不仅重视婴幼儿托育机构的室内环境创设，还尤其重视婴幼儿室外活动场所的环境创设。在瑞典，保教人员必须为婴幼儿提供室内及室外活动的时间和机会，婴幼儿的很多活动都在室外进行，托育机构须为婴幼儿提供有益的室外活动区域，如果没有室外活动场所或能直接使用的区域，托育机构需要在机构附近适当的地点安排婴幼儿进行室外活动。同样，英国和日本等国也极其重视为婴幼儿提供必需的室外活动场地，若没有室外活动场地，机构会通过在婴儿房外加盖遮雨棚并搭建露台等方式来解决没有室外活动场地的困境，并将有遮雨棚的露台与主要活动区域隔开。这样一来，无论天气好坏，保教人员都能带领婴幼儿在露台开展室外活动。有的托育机构会充分利用所在区域的公共场地，将其改造成为婴幼儿的室外活动场地。而且，国外托育机构室外活动场地也保持原始天然的特色，比如瑞典、日本、澳大利亚等国的婴幼儿户外场地多由细小的碎沙石铺成，将树枝、轮胎、木桩、水管、板条、矮围栏、阶梯等，富有变化、不规则地分布在场地的各个角落。活动场地也有适合婴幼儿开展不同活动的区域如草地、泥地、土坡、木屋、沙地等。托育机构的相关负责人及其保教人员都非常重视室外环境的安全，室外场地的每个角落都在保教人员视线范围之内，而且做到每日、每周、每月都定期检查场地及设备设施。在此以瑞典和新加坡托育机构室外环境创设图片加以分析。从图7-1-5至图7-1-7中可以看出，瑞典托育机构的室外运动场地地面是自然沙土，而且沙坑多数在茂密的树林里，在沙坑旁边设计的小木屋用于放置婴幼儿的玩沙工具，婴幼儿在玩耍时，既能接受一定的光照，也能避免下雨时被淋湿。在草坪或自然沙土上，保教人员会为不同年龄的婴幼儿提供玩耍的玩具，如适合孩子们戏水的充气游泳池、充气小水盆、足球射门网等，不同年龄的婴幼儿可以选择躺在草坪上与同伴聊天，也可以自己选择踢球或戏水，孩子们在自然的环境中可以自由游戏。

图7-1-5　室外放置玩沙工具的小木屋　　　图7-1-6　室外戏水池　　　图7-1-7　室外足球射门网

在新加坡，托育机构多数设置在居住社区内，托育机构会为婴幼儿提供各种各样的婴儿车、三轮车或滑板车（见图7-1-8和图7-1-9）。社区建筑中间的空地，每天在相对固定的时间由托育机构的相关人员将其围起来，作为婴幼儿活动的场所。孩子们可以选择自己喜欢的滑板车或三轮车进行户外活动。而且，新加坡尤其注重室外活动，托育机构也经常组织家长带着孩子到公园里的草坪中上课，保教人员会在草坪中摆放各种教具用于婴幼儿的早教课程。孩子在这样开阔而生机盎然的环境中，由父母陪伴着上课，开心又幸福（见图7-1-10和图7-1-11）。安全舒适的室外环境能更好地激发婴幼儿根据自己的兴趣爱好，选择喜欢的玩具或活动方式，自由自在地玩耍，让他们能真正体验到玩耍的乐趣。当婴幼儿与自然、开放与启发性的各种器械互动时，可以激发他们的思维发展。

图7-1-8　三轮车　　　　　　　图7-1-9　滑板车

此外，国外托育机构非常重视挖掘大自然中的各种资源，作为婴幼儿的环境创设元素或教育资源。在美国，保教人员经常带领婴幼儿到户外去捕捉虫子或观察野外生长的花草，通过亲手触摸、亲眼观看来引导婴幼儿对不同生物的了解。在户外，保教人员还会引导婴幼儿观察蜘蛛等昆虫，或

图7-1-10　室外临时活动场地

图7-1-11　室外活动课

者长得很茂盛的野草的外形、颜色以及特点等。比如美国某托育机构中，保教人员带着婴幼儿爬上小岩石，穿过小路走向茂密的植被区域，孩子们突然被甲虫缓慢的步伐迷住了。当教师捡起这只昆虫放在自己的手上时，立刻引起孩子们密切而专注的神情，他们仔细观察甲虫后肢、中部和前腿上的爪子是如何帮助它在保持平衡的同时，牢固地附着在老师手指皮肤上。[1]研究表明，让婴幼儿接触有生命的动物或昆虫，更有助于发展他们的语言思维和表达能力。

此外，一些国家的政府或企业还注重在家园附近、超市、宾馆、饭店、车站、医院、购物广场等公共场所等地免费为婴幼儿创设玩耍区、阅览室、游戏区、母婴室等，同时配备专门的盥洗室和洗手盆等，营造社会各界都高度重视婴幼儿实际需求的良好社会氛围。

二、国内托育机构区角环境创设分析

目前我国托育机构的类型很多，在此选取分布于我国华东、华南等地区的四所不同的计时型、全日托等私立托育机构的室内外区角环境创设加以分析，以帮助学习者类比国内外托育机构的环境创设，进一步加深对托育机构环境创设相关知识和技能的理解，了解包括园所入口处和前台、大厅、教室、室内外活动区、卧室、盥洗室、母婴室等区角的环境创设。其中三亚新爱婴鹿想托育中心和海口番贝贝托育中心（世贸店）是全日托机构，三亚新爱婴早教中心、悦宝园是计时型托育机构。

（一）园所入口处、前台及大厅

1.入口处及前台

位于三亚的新爱婴早教中心整体布局设计比较科学合理，机构内每个区域的色彩协调柔和，地面和墙面干净整洁，给人一种温馨而高雅的感受。早教中心的入口处设计成一个蓝色的拱形门（见图7-1-12），门的左边有两扇窗户，可供婴幼儿或保教人员观看室内外的情况。进入门口，有一个接待的前台，墙面上有不同颜色的长方形装饰，最上方有早教中心的标志，整个墙面的颜色比较协调，设计的图案比较简单温馨（见图7-1-13）。

多数托育机构的入口处，都有醒目的机构名称标志牌。比如，三亚新爱婴鹿想托育中心由一栋别墅改建而成，别墅总共两层，入门处有台阶（见图7-1-14）。但该园在通往户外活动场地的地方，还有一个入口，这个入口处

视频

托育机构入口处及大厅

[1]　María Guadalupe Arreguín.Environmental Education for Toddlers and Their Caretakers as a Context for Language Development[EB/OL]. (2020-05-07) [2022-02-06]. https://files.eric.ed.gov/fulltext/EJ1298026.pdf P11-P13.

图7-1-12　入门处

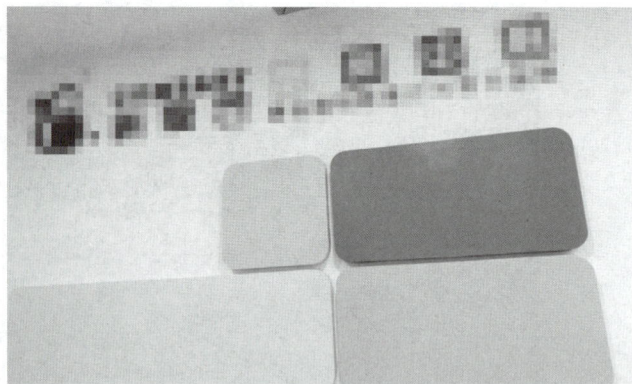

图7-1-13　前台墙面

是一个铺有仿草坪的缓坡。进门之后，便是一个接待处（见图7-1-15），有专门的员工负责接待工作。机构进门处设置人脸电子检测器，主要用于监测体温等。图7-1-16中的托育园位于一栋商业写字楼的三楼，没有户外活动场地，进入园内的通道以及采光相对较差。且入园门口附近的环境创设比较凌乱，色彩太多，张贴或悬挂的物品也太多让人有眩晕感。该园可以适当减少装饰品，同时注意色彩搭配的协调性和美感。

图7-1-14　正门

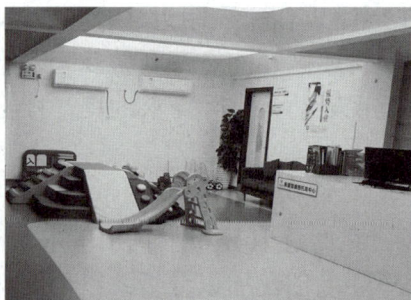

图7-1-15　接待处

图7-1-16　某托育园入口处

2. 大厅

托育机构的大厅应开阔、丰富，对婴幼儿友好。如海口番贝贝托育中心（世贸店）拥有大面积的大厅，大厅有吊顶，会添加一些装饰，大厅周围有适合孩子玩耍的玩具以及爬梯。大厅同时也是活动区，会在区域摆放一些活动器材。中间柱子的边角，会用软质材料包裹，防止婴幼儿撞伤（见图7-1-17和图7-1-18）。

图7-1-17　大厅

图7-1-18　大厅的活动区

（二）教室

托育机构都非常重视教室的装修和布置，教室会根据不同的作用划分不同的区域，地面也会做相应的处理。既有铺设地垫的，也有铺木地板的。有的机构是连锁店，因而在门上、墙上以及玩具上都会留下相应的标志。如三亚新爱婴早教中心在教室的地面上，铺有黄色和橙色的四方形软垫，且上面有环形塑胶带和小苹果图案，每个苹果图案便是老师、婴幼儿及其家长的座位。教室的墙壁上有收藏物品的一排白色橱柜，同时在橱柜中间凹陷的地方设计一个平台，放置一些教玩具等（见图7-1-19）。又如三亚鹿想托育中心的每间教室都很大，通风采光不错，教室划分成不同的区域，如教学区、睡眠区、图书角、角色扮演区等（见图7-1-20）。

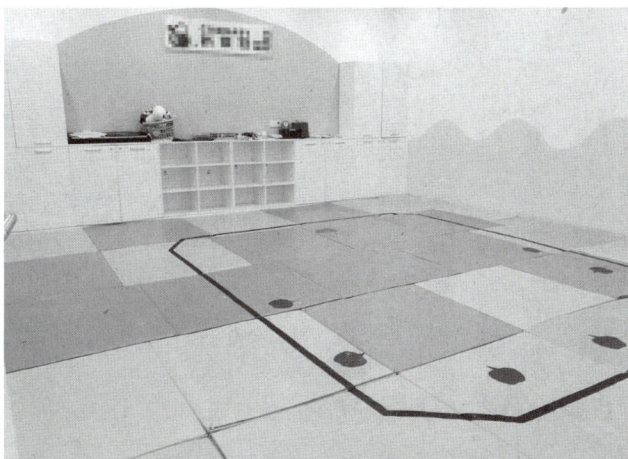

图7-1-19　教室

图7-1-20　教室

教室的墙面和走廊要精心设计。如海口番贝贝托育（世贸店）中心会在墙面上张贴一些富有童趣的绘画作品。教室直角转角处和墙角都采用了泡沫条包装，以预防婴幼儿撞伤。教室顶部的吊顶，设计了多个白炽筒灯，还有一个排气扇，保证教室随时有新鲜空气进入。吊顶还有一个红色圆形图案，增加了趣味性。吊顶周围和墙面上悬挂有红色的中国国旗，让孩子从小认识国旗。教室班级名称牌，统一制作，设计精巧美观。教室外面有一个比较宽阔的走廊，教室门外左边摆放一排长柜，专门供婴幼儿摆放鞋子和书包等用品，鞋柜上摆放小瓶绿色水养植物加以简单装饰（见图7-1-21）。教室门外的右边是一根长木凳，方便婴幼儿坐着换鞋等。走廊的另一边，在窗户下面的平台上也摆放一些绿色植物，显得很有生气（见图7-1-22）。又如三亚新爱婴鹿想托育中心教室外的走廊宽敞明亮，墙面和走廊地面的颜色主要是蓝色和白色，同时适当摆放一些绿色植物，窗户上悬挂白色纱质窗帘，整体环境比较清晰明亮（见图7-1-23）。

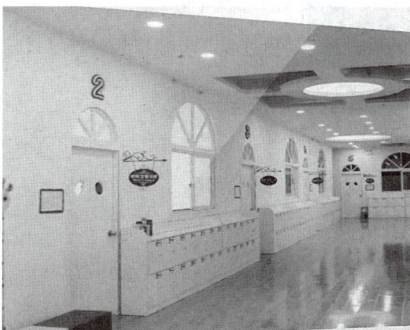

图7-1-21　教室

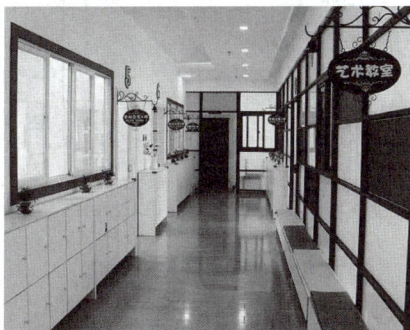

图7-1-22　走廊1

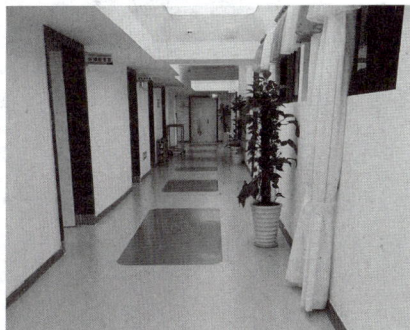

图7-1-23　走廊2

（三）室内外活动区

室内外活动区是婴幼儿进行各种活动的场所，不同的区域应为婴幼儿提供不同的活动器械。其中，室内活动场所的器械的体积比较小，室外摆放的器械体积一般比较大。

1.室内活动场所

托育机构的活动区，一般摆放有适合不同月龄段婴幼儿训练的平衡木、钻筒、滚筒、小斜坡、小拱桥、彩色皮球、平衡桥、攀爬梯和攀岩墙等。其中，平衡木有长条形的，也有"Z"字形的。还有符合婴幼儿身高的吊环、投篮、双杆等，其中吊环和双杆下面铺有厚厚的软垫，以保护婴幼儿的运动过程不受伤。图7-1-24至图7-1-26为三亚新爱婴早教中心教室内的平衡木、攀爬墙和悦宝园的活动室。在活动室四周的墙面上，用浅蓝色绘制了山形图案等，与白色墙面色彩协调且简洁明了。

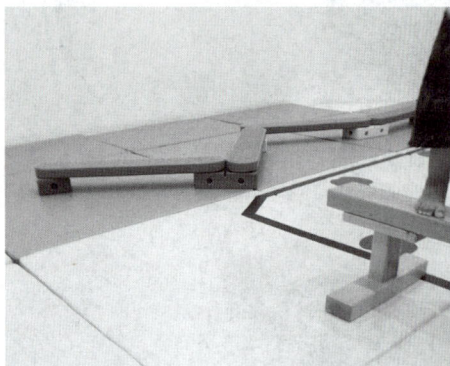

| 图7-1-24　平衡木 | 图7-1-25　攀爬墙 | 图7-1-26　活动室 |

2.室外活动场所

托育机构室外活动区的设计各具特色，形式多样。比如，海口番贝贝托育中心（世贸店）教室外的活动区，区域的地面铺设木地板，墙面装修成草坪，在草坪上还点缀一些比较宽大的小草和红色的枫叶，让这个区域充满活力（见图7-1-27）。在区域的另一角，种植了一些盆栽花草，由相应班级婴幼儿认领管理这些花草（见图7-1-28）。同时，该中心也在墙角为婴幼儿提供了玩沙池，沙子是统一购买的白色沙子，里面摆放一些小型玩沙用具，沙池周围地面铺有地垫，种植了一些花草作为隔离带，使得这个区域相对安静和独立；沙池的另一侧，摆放一个较大型的旋转滑梯，滑梯前面有一个戏水池（见图7-1-29）。这个托育中心的室外活动场所尽管相对较小，但布置得比较精美和高雅。

| 图7-1-27　室外活动区 | 图7-1-28　走廊绿化角 | 图7-1-29　室外活动场区 |

目前我国也有不少托育机构在小区内，机构会借助小区的绿化以及公共场地，设置户外活动场所。比如三亚新爱婴鹿想托育中心，位于一个绿化不错的高档小区内，机构与小区物业协商，将

小区内部分活动场所划归该托育中心作为婴幼儿户外活动场地。该机构的户外活动场地有沙坑、铺设有草坪地垫的斜坡、婴幼儿小型木质滑梯以及木质秋千等（见图7-1-30）。在另一侧，机构还在槟榔树下铺设了仿草坪地垫，并在这个区域边缘创设了鸡蛋壳形状的雕塑，蛋壳内的空间可供婴幼儿躲藏玩耍。不过，该机构的户外场地太空旷，摆放的活动设备设施相对较少，若能再添置一些活动器材，将更有利于婴幼儿自主玩耍（见图7-1-31）。

图7-1-30　户外改造后的小草坪

图7-1-31　户外场地

（四）玩教具

托育机构都很重视为婴幼儿提供各式各样的教玩具，并会根据教学目标的不同，为不同月龄段婴幼儿提供不同的玩具。比如海口番贝贝托育中心（世贸店）有大型攀爬平衡玩具供婴幼儿进行大动作训练（见图7-1-32），也有小型玩教具如用于计数的数字小木板，每个木板上有不同的数字，孩子们可以在保教人员的引导下，学习用不同数字的木板重新构成新的数字（见图7-1-33）。有的机构还会为婴幼儿提供角色扮演玩具，比如消防安全帽子、消防马甲等，供婴幼儿进行角色游戏。

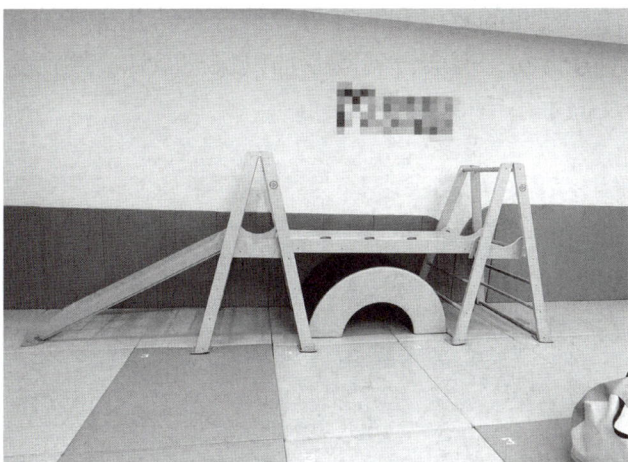

图7-1-32　平衡玩具

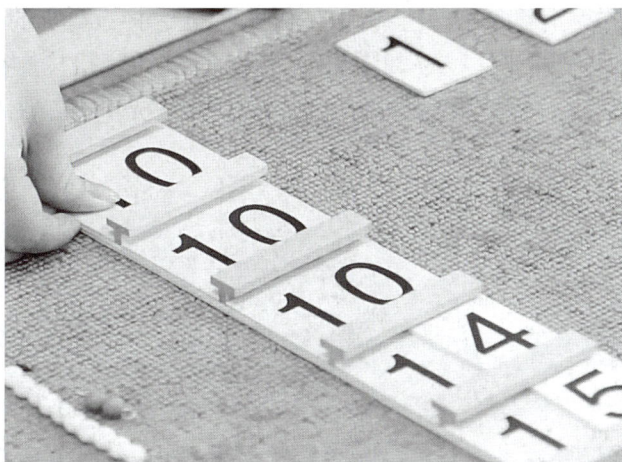

图7-1-33　数字教具

（五）阅读区

托育机构可以设置阅读区，为不同年龄的婴幼儿提供符合其年龄特点的故事书、绘本等读物，通常机构提供的绘本中画面很大，文字很少，以短句为主。有的机构会专门设有阅读室，更多的托育机构则在教室、走廊、大厅父母等待区的某个角落，配置矮书柜或书架，摆放适合婴幼儿阅读的绘本或故事书，供婴幼儿及其父母阅读。阅读区的地面，大多铺有软垫或有卡通图案的地垫，有的还会放置一些抱枕和沙发，供婴幼儿阅读时使用。图7-1-34和图7-1-35为两家托育机构的阅读角，区域不仅通风采光良好，而且在地上铺设了柔软的地垫，矮柜上摆放着各种绘本，营造了一种温馨舒适的阅读氛围。

图7-1-34 阅读角1

图7-1-35 阅读角2

视频

托育机构盥洗室

（六）盥洗室

托育机构须为婴幼儿提供盥洗室，且应根据不同月龄段婴幼儿的特点为其提供不同的盥洗用具。比如，海口番贝贝托育中心（世贸店）的洗手盆有高低两种，方便不同身高的孩子洗手（见图7-1-36）。洗手盆之间，可以摆放不同的绿色植物予以点缀，同时还应摆放洗手液或肥皂，墙上装设烘干机。从洗手间进入教室的门可以设计成圆形的，并在坡度处放置一个固定的斜面木板，方便婴幼儿进出。有的托育机构的洗手间分男女厕所，不同性别的厕所配备的用具有所不同，但都注重安全、环保和卫生的要求。厕所的便池、尿斗的宽度和高度等应符合婴幼儿身高的需求（见图7-1-37和图7-1-38）。有的托育机构厕所不分男女，但会设置隔断加以保护隐私；厕所旁会有一排专用洗手盆，洗手台上配有洗手液、肥皂及擦手小毛巾。

图7-1-36 洗手池

图7-1-37 小尿斗

图7-1-38 小便池

（七）母婴室

托育机构一般都设有母婴室。母婴室面积较小，室内摆放的物品主要有沙发、婴儿床、婴儿椅、尿布台、矮柜等。母婴室通常都有窗户，并悬挂遮光效果比较好的窗帘。比如，三亚新爱婴鹿想托育中心和悦宝园的母婴室，内有婴幼儿椅、矮柜、成人椅等（见图7-1-39和图7-1-40）。

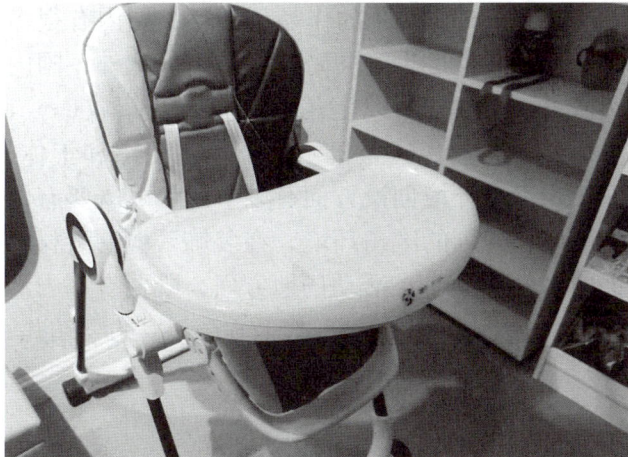

图7-1-39　婴儿椅

图7-1-40　母婴室

（八）楼梯通道

楼梯通道是托育机构中婴幼儿经常通过的地方。在创设该环境区域时，首先应保证楼梯通道的安全无危险；其次，还应保证楼梯通道有良好的采光和通风，如果楼梯采光条件不太好的，应安装照明电灯。比如，三亚新爱婴鹿想托育中心的一楼和二楼之间的楼梯，安装了节能电灯，并保证随时发光以便照亮楼梯，方便行走（见图7-1-41和图7-1-42）。有的机构通道比较狭窄或弯曲，且还在通道出口处设置门扇。为了保证通道的安全，不仅要在其通道顶部安装照明灯，而且还应注意门扇的安全。比如图7-1-43中的机构在符合孩子身高处的门扇处，特意留出一道门缝，以避免婴幼儿拉门时被夹伤手指。

图7-1-41　楼梯

图7-1-42　通道

图7-1-43　防止夹伤的门

三、国内外托育机构区角环境创设的比较

从国内外托育机构的区角环境创设来看，国外托育机构室内环境创设摆放的物品较多，注重婴幼儿对于环境创设的参与性，托育机构经常用婴幼儿的一些作品来装饰主题墙或区角。国外托育机构重视观察和记录婴幼儿的活动过程，保教人员会从记录中反思其照护或早期教育中存在的问题，思考对策，以提升婴幼儿托育服务质量。保教人员还会将婴幼儿相关的资料、图片或视频整理为成长档案，供家长和婴幼儿了解其成长过程中的点滴进步。此外，国外托育机构尤其注重婴幼儿的户外活动，没有活动场地的机构会积极寻找并创设相应的场地，投放相应的器材供婴幼儿玩耍使用。

国内托育机构基本依据相关早教理念开设课程并创设相应的环境，尤其注重室内环境的创设，区角非常干净、整洁，使用的器材及元素更多的是成品或保教人员自己设计的作品，较少摆放婴幼儿的作品。而且，国内有很多早教及托育机构没有户外活动场地，婴幼儿活动被局限在室内。此外，国内的托育机构多数是计时制，招收的多数是1岁以上的幼儿，较少招收0～1岁的婴儿，因而没有尿布更换室或母婴室。这些机构也不提供餐点和午休，因而没有就餐室和睡眠区。因此对于我国的托育机构，今后在环境创设方面有以下建议：既要有保教人员设计和规划的室内外环境，也要有婴幼儿参与设计和规划的区角环境；在装饰环境的素材方面，既要有保教人员提供的素材，也要有婴幼儿亲手制作的作品；在活动场地方面，既要有室内活动场地，也要有室外活动场地；在接受生源方面，可以接收1～3岁的幼儿以及0～1岁的婴幼儿。

托育机构室内环境创设

任务二　国内托育机构整体环境创设实例

案例导入

江苏某托育机构利用各种不同质地的材料，为2～3岁的幼儿创设神奇的触摸墙。该机构老师及幼儿用海绵、纽扣、包装纸、丝瓜瓤、金属片、绒布、塑料瓶、奶粉罐、卡通灯等材料布置成"海底世界""动物火车""花园"等主题的墙面，让孩子们触摸坚硬与柔软、光滑与粗糙、温暖与冰冷等不同材质的表面；观察并比较物体外观的大小、颜色、形状、材质等；聆听不同音色和音量的声音；闻闻香、臭或品尝甜、酸、苦、辣等不同的味道。该托育机构为婴幼儿提供的这种环境及其器材既能促进其感官的发育，又能发展婴幼儿的观察力、判断力、想象力等诸多能力。[1]

任务要求

1. 了解国内托育机构在整体环境创设措施。
2. 简单评价国内托育机构整体环境创设的优缺点。

目前国内市场中的托育机构主要有三种类型：第一类是独立新建的全日托和半日托机构，这类机构大部分在《托育机构设置标准（试行）》出台后所建，其选址、建筑和室内装修大多符合《托育机构设置标准（试行）》的要求和规定；第二类是由早教机构转化而来的计时托机构，大部分是位于购物中心的非独立建筑，普遍存在缺少户外活动区域的问题；第三类是依托于幼儿园的托班，主要招收2.5岁～3岁的幼儿，他们与3～6岁幼儿共同使用户外场地和公共区域。该类托班依托于幼儿园，其环境设置更多参照幼儿园的环境设置要求，但在某些方面应该有一些特色，比如有的托班会在教室不同区域内提供一些符合2～3岁幼儿身心特点的教玩具。

我国的计时托机构在选址方面须符合国家安全卫生标准，这类机构往往租用商业店铺，并将其装修成符合婴幼儿身心发展需要的早教中心。这类机构周围交通方便，家长可以将孩子送来并与

[1] 丁玲玉.好玩的环境——2～3岁幼儿机构教养环境的设计与思考［J］.都市家教（上半月），2011（05）：77.

孩子一起接受早教，结束后便带着孩子回去。在此列举分布于我国不同地域的四家托育机构，分析其课程设置及相应的环境创设。所选取的机构既有计时型托育机构，也有全日托机构，而且其位置既有位于小区内的，也有位于商业中心区域的，具有一定的典型性。

一、舟山某全日托机构

该机构是舟山一所全日托的私立婴幼儿托育机构（见图7-2-1和图7-2-2）[1]。

图7-2-1　园所外观

图7-2-2　教室

（一）机构概况

该机构始建于2019年5月，目前在当地拥有东港中心、临城中心两个园区，是一个采用蒙氏教育特色理念，同时接受全日托婴幼儿的综合性机构。作为舟山首家且获得政府备案的托育机构，该机构有多位教师具有国际蒙特梭利专业教师认证（AMS）资格证，部分教师曾受训于加拿大蒙特梭利研究院（The Canadian Montessori Institute，即CMI）、美国蒙特梭利国家师资准备机构（Montessori Teacher Preparation International，即MTPI）。

（二）课程及其环境创设

该机构各个区域提供的器材、教学教具、游戏活动等，均围绕着不同月龄段婴幼儿的性格特点来设置并实施课程。该园主要有蒙氏早教课程、蒙氏托育课程两大类，其中每一大类又根据婴幼儿的不同月龄段，划分成不同类型的课程，形成了相对完善的课程体系，并创设了相应的环境。

1. 蒙氏早教课程

该机构的蒙氏早教课程是主要依据婴幼儿成长的不同"敏感期"进行的早期发展课程，保教人员根据这些课程对婴幼儿进行有针对性的教学及相应的环境刺激，捕获他们最佳的学习时机和最想学习某些知识和技能的时机。该机构提供诸如蒙氏数理课（3～6岁）、Nido课程（5～15个月）[2]、婴儿社会课程（Infant Community，即IC课程）（15～28个月）、CASA课程（2.5～6岁）[3]、感统课（6个月～6岁）、奥尔夫音乐课（1.5～4岁）、亲子烘焙课（2～6岁）、绘本阅读课（2～3.5岁）等丰富多样的课程。婴幼儿通过这些课程的学习，在科学、社交、语言、艺术、运动等方面都得到

---

[1]　该部分资料与图片来源于舟山蒙特梭利儿童之家。

[2]　注：nido 是意大利语，意为鸟巢的意思。

[3]　注：Casa 是意大利语"Casa dei bambini"的缩写，意思是"家"。100 多年前，蒙特梭利建立了第一个 2.5～6 岁的教室，她称之为儿童之家，即 Casa dei bambini（home of children）。现在蒙氏教育中，普遍都把 2.5～6 岁的教室叫作 casa。

了很好的发展。此外，该机构还有IC幼儿之家（1.5～3岁）和CASA儿童之家（3～6岁）课程，其中，IC幼儿之家课程为1.5～3岁幼儿提供长达近两年的自我发展途径和机会。CASA儿童之家课程主要为婴幼儿提供语言、感官、数学、阅读、自然人文等教学内容。该机构为婴幼儿提供的各种不同类型的课程，引导婴幼儿不断通过亲身操作并获得各种技能技巧，体验成就感和自豪感。婴幼儿通过亲身操作不同的教玩具或其他器材，能掌握独立挂起自己的外套、独自叠放衣物、独立操作玩具、独立如厕、共同准备食物、照顾环境、照顾自己与他人等基本技能，为今后独立自主生活及人际关系的构建奠定了良好的基础。在这个过程中，该机构的保教人员还注意营造温馨和谐的园内氛围，给予婴幼儿特别的理解、尊重和支持，让婴幼儿在充满关爱的氛围中感到自由、轻松与幸福。

2. 环境创设

该机构前台装修简洁大方，并摆放绿萝等盆栽植物，起到了很好的点缀和美化作用（见图7-2-3）。户外地面用木质地板铺设，在四周设置木质栅栏，将其围成一个相对独立的休闲区域。在这个区域还摆放有月亮形的矮桌子及其椅子，供婴幼儿随时休息（见图7-2-4）。

图7-2-3　园所前台

图7-2-4　休闲区域

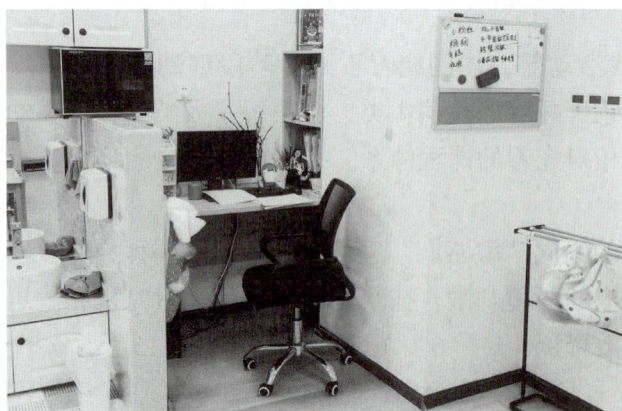

图7-2-5　办公区

机构中不同月龄婴幼儿所在的教室，也按照不同的课程划分成不同的区域，如日常生活区、语言区、感官区、数学区、绘本阅读区、自然人文区等，并在这些区域配备相应的教玩具、材料等。婴幼儿在这样的环境中，不仅能学会照顾自己，同时也能学会照顾环境。该机构的教师办公区设在教室内部的角落，办公区比较小，但配备了书桌和电脑（见图7-2-5）。

（三）反思与建议

该机构在课程设置方面根据不同月龄段的孩子，细分了相应的课程。这些课程能较好地训练婴幼儿的各种能力。建议该机构1.5～3岁的班级可再细分，从托育班级的划分来说，1.5～3岁的幼儿所在的"IC班"还可以根据月龄细分为更小的班级，如1.5～2岁班级和2～3岁班级，这样能更好地为不同月龄段的婴幼儿提供更加符合他们身心发展特点和敏感期的课程。

该机构地处舟山，在今后可以开发出富有本土特色的托育课程及教玩具，比如可以将舟山的海洋文化、渔业文化以及社区丰富的教育资源融入课程中，并带领本机构的保教人员编写本土教材，起到引领当地托育机构办学理念本土化的作用。

该机构的物质环境比较符合婴幼儿发展的特点，遵循了自然、安全、健康的设计规则。建议该机构在物质环境创设上可以开辟展示婴幼儿活动、作品的区角、墙面或展板。该机构还可以充分利用附近的公共健身场地，设置符合婴幼儿的活动区角，并提供相应的器械，以此拓宽婴幼儿户外活动场所。

二、上海某托幼一体园

该机构是位于上海市虹口区的一所民办全日制托幼一体园。[1]

（一）机构概况

该机构创立于2003年，室内建筑面积500平方米，室外面积200平方米，是在上海市教育局备案的一家婴幼儿早期教育机构。该机构为3～6岁的幼儿提供学前教育，为0～3岁的婴幼儿提供日托服务，满足了现代年轻父母对婴幼儿的早期教育和托育需求。该机构使用国际化双语教学，这种双语教学是建立在蒙特梭利教学理念的基础上，运用PBL（即Problem-Based Learniny，问题驱动教学法）的项目制课程管理模式，培养拥有独立性、自信心等良好品质，以及具备幸福力、自控力、社会交往力等多种能力的婴幼儿。

（二）课程及其环境创设

该机构的日常教学课程主要有蒙氏数学课程、PBL项目课程、互动式英语课程和烘焙课程。蒙氏课程教学主要是在蒙氏教室中，保教人员运用蒙特梭利教学方法让每个婴幼儿完成自己的操作任务，在这个过程中逐渐锻炼婴幼儿的秩序感、独立性、自信心、观察力和专注力等。对于小月龄段的婴幼儿，专注完成自己的工作内容是充满吸引力和魅力的。在每个月的教学过程中，机构会定期设置不同的PBL教学项目，让孩子们在做项目的时候增加语言的丰富度，了解活动缘由和进展过程。互动式英语教学采用浸润式的英语教材，为婴幼儿提供听说英语的环境和机会，以此奠定良好的语言基础。该课程有14个级别，婴幼儿需要学习4年，学完后相当于母语国家小学的英语水平。该机构每周都会有一次主题烘焙课，具体内容涉及食育课的讲解，也会让婴幼儿自己动手制作，从而增加他们对食物的了解以及自主进食的兴趣。

该机构设置了可供全园婴幼儿集体或以班级为单位进行文艺、体育、家长集会等多功能活动的空间；室内桌椅以及矮柜和墙上壁柜等都是木质材料，墙面有展示教材、作品的空间（见图7-2-6）。如图7-2-7中的阅读区摆放有放书的矮柜和相关绘本。

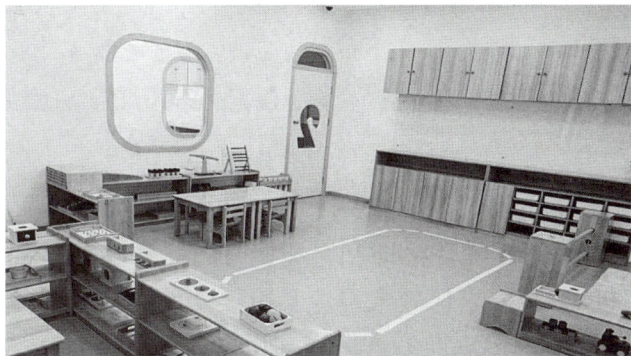

图7-2-6 教室整体布置

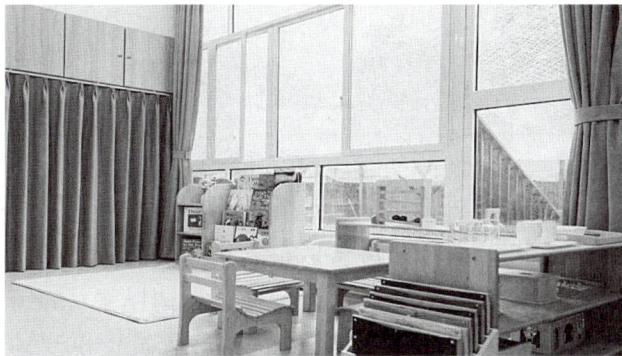

图7-2-7 教室里的阅读区

---

[1] 该部分资料与图片来源于上海婴贝佳早教中心。

该机构教室会摆放小黑板和粉笔。同时，门窗设计成弧形或圆形，室内采光和通风条件比较好（见图7-2-8）。机构专门为婴幼儿设置了一个2层楼的小木屋，并在木屋里摆放了各种书籍，木屋的旁边还有洗手池等，体现了尊重婴幼儿喜欢私密空间的特性（见图7-2-9）。

该中心在活动室的墙面上，安装有墙面齿轮玩具板、墙体拼图板以及其他墙面建构玩具（见图7-2-10），还设置绿色植物观察区和种植区，并开辟一块面积较小的玩沙、玩水区域，方便婴幼儿在日常生活中亲近大自然。该机构拥有一个户外活动场地，铺设了仿草坪地毯，方便婴幼儿开展各种各样的户外活动。户外操场边有棵大树，在没有树阴的地方设置了遮阴棚；在户外活动的墙面上，张贴着富有童趣的各种汽车玩具等（见图7-2-11）。

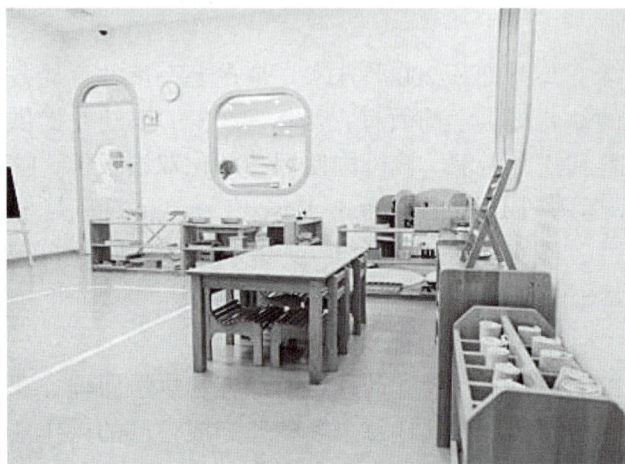

图7-2-8　教室里的教学区

图7-2-9　私密空间

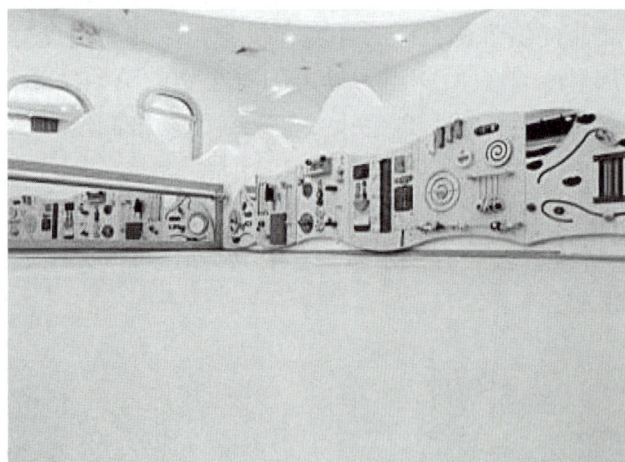

图7-2-10　墙面建构区

图7-2-11　户外场地

该机构的师资配备方面，要求所有保教人员拥有幼儿教师资格证和育婴师证，且毕业于学前教育专业，这些要求符合《托育机构设置标准（试行）》中要求保教人员应具有婴幼儿照护经验或相关专业背景。该机构还会为保教人员提供婴幼儿保育、保健以及心理健康知识方面的培训。

（三）反思与建议

该机构从课程设置上来说，总体比较全面系统，建议应该注意婴幼儿日常课程开展的方式，比如增加游戏活动方式，以便更好地促进婴幼儿在身体、动作、情感、认知、语言与社会性方面的发展。对于0～3岁的婴幼儿来说，培养婴幼儿中文能力是发展婴幼儿语言能力的基础，因此该园所设置的托育课程应注意引导婴幼儿尽量多用中文交流和讨论，以此来发展婴幼儿对母语的感悟能力。

在环境创设方面，该机构还有户外活动场地，这是很多托育中心没有的。建议该机构可以创设更多的室内活动场地比如母婴室等，方便母亲为婴儿哺乳。

三、三亚某计时托机构

该机构位于三亚，是一家计时托的托育机构，地处于市区住宅区比较密集的地方，占地面积比较大，生源很多。[1]

（一）机构概况

该机构始建于2018年10月，坐落于三亚市中心一个商场的第一、二层楼（见图7-2-12），中心周围交通便利、基础设施完备，方便家长随时送婴幼儿接受托育服务，较好地缓解部分家长的育儿压力，同时也能让婴幼儿得到更好的早期教育。该机构为当地0～7岁儿童提供高品质的早期教育课程和托管服务。该机构的前台设在底楼，前台旁为家长及其教师提供换鞋的长凳，前台边有寄存处可以存包等（见图7-2-13）。

图7-2-12　店门

图7-2-13　大厅里的前台

（二）课程及其环境创设

该机构主要根据著名教育心理学家霍华德·加德纳的"多元智能"教育理论，研发并构建了相对全面完善的"多维度立体式课程体系"，其课程涉及音乐、艺术、健身、厨艺、球类、街舞、芭蕾舞、戏剧表演等八大领域八个层次。这些课程根据婴幼儿的年龄特点和发展状态来开设，呈现出阶梯式、立体化的特点，通过课程，可以进一步激发婴幼儿的潜能，培养其各项能力，引导婴幼儿在活动中获得不同的体验。该机构采用中英文双语教学并逐步培养婴幼儿的双语教育思维，加深婴幼儿对语言的感悟能力，为他们今后中英文的进一步学习打下坚实的基础。

该机构的健身早教课程，是一套专门发展婴幼儿体能的多维度综合型课程。该课程分为新生儿期、幼儿期及学龄前期三个阶段，运用国际标准体操器材，通过阶梯性训练方式，全面锻炼婴幼儿的运动体能，促进他们身心健康发展。其中，新生儿的课程主要帮助婴儿了解自己与外界的关系，帮助他们构建自我认知，与父母建立起更好的亲子关系。其课程具体涉及有氧被动操、亲子按摩、乐器聆听、内耳前庭训练等，经过这些课程的训练，有助于孩子获得健康成长所需的感官刺激，初步建立

---

[1]　该部分资料与图片来源于三亚NYC纽约国际儿童俱乐部。

起必要的安全感。同时，该课程还注重培养家长与婴幼儿之间的亲子关系及与人交往能力，促进婴幼儿社会性的发展。此外，该机构还有芭蕾、科学、建构课等。

在环境创设方面，这个机构比较注重室内色彩的和谐搭配，比如整个教室周围墙面和地面的色调是柔和的橘黄色和黄色，并在相应的位置配置有平衡木、平衡杠、吊环等，墙面上还张贴了一些各国的旗帜及球类图片等。为了更好地实施课程，该机构提供了大量的教具如障碍物、平衡木、攀爬架等，从而充分调动婴幼儿主动参与活动的热情与积极性，有助于婴幼儿获得一定的自信心和成就感。对于学步儿，该机构设置专门的行走和止步训练课，让处于行走敏感期的婴幼儿获得科学系统的自我感知能力。主题式体能训练，则注重锻炼婴幼儿的前庭觉和肢体肌肉力量，为他们今后的运动能力打下良好的基础。投掷与击物训练，可以有效地提升婴幼儿的手眼协调能力。为此，该机构在室内活动区为婴幼儿提供了低矮的蹦蹦床、吊杠、学步车和滚筒等，同时在地面上铺设软垫，在低矮的蹦蹦床附近搭建了台阶，区域四周有橱柜，可以收纳很多物品。所提供的设备设施颜色鲜艳，色彩比较协调。区域的吊顶，装饰有树叶或云朵形状的图案，给人一种清新自然的感觉。尽管该区域在底楼，但通风采光都不错，区域非常明亮，窗外有绿树掩映，给人赏心悦目的感觉（见图7-2-14和图7-2-15）。

图 7-2-14　运动室

图 7-2-15　运动区

该机构的音乐早教课程，主要通过小型现场演奏会的形式，由保教人员引导婴幼儿体验6大洲40余个国家不同类型的音乐，丰富的音乐体验可以让婴幼儿直观地感受韵律、节奏、节拍，从而发展婴幼儿的音乐才能，为婴幼儿体验高品质音乐课程提供了较好的机会。该机构也为婴幼儿提供了舞蹈室，铺设色彩较浅的木地板，并配有一面大大的镜子，吊顶采用蓝色、紫色、橙色以及浅粉色的圆形木板装饰，整体风格比较清爽自然（见图7-2-16）。另外该机构还创设了一个音乐室，整个教室用垫子铺设地面，靠墙是一排排橱柜，橱柜的台面上摆放有吉他等乐器（见图7-2-17）。

该机构的艺术早教课程，主要为婴幼儿提供丰富、创新性的艺术工具、艺术材料，让婴幼儿体验完整而多样的艺术形式。在课程学习过程中，婴幼儿通过观看和聆听保教人员讲解世界各地的艺术名作，了解世界艺术大师的成长经历及创作历程，培养艺术兴趣，陶冶艺术情操，逐渐锻炼想象力和创造力。为了更好地进行艺术活动，机构还为婴幼儿创设了艺术教室，教室中间摆放环形桌椅凳子，凳子和桌子的高度符合婴幼儿的身高，教室的一面墙上，张贴有一些涂鸦图片，另外一面墙还有一排橱柜，橱柜里存放婴幼儿绘画、雕塑、拓印等相关材料（见图7-2-18）。同时，保教人员在活动中为婴幼儿提供包括诸如绘本阅读表演、自由创作等在内的多种器材，充分激发孩子的想象

图7-2-16 舞蹈室

图7-2-17 音乐室

力，并在创作环节中引导孩子亲身体验诸如拓印、印染、绘画、拼贴、雕塑等多种形式的艺术创作，然后将其作品悬挂在公共场所。

该机构拥有特色厨艺活动，由保教人员带领2～7岁孩子体验不同国家的代表美食。婴幼儿可以通过亲自动手制作，认识百余种健康食材，激发独立动手的愿望，同时也增加他们了解世界饮食文化、学习餐桌礼仪、培养积极乐观的生活态度的机会。幼儿在课程中还可以了解每种菜肴的食材组成，学习烹饪知识。较好地锻炼了孩子的动手能力及其对食物的感知能力，也增进了师幼关系。为了更好地进行食育活动，机构还为幼儿提供了一个厨艺教室，教室里布置了3人座的桌子，成长方形摆放。幼儿座位正前方，有一个长长的烹饪台，墙面上下各有一排悬挂式橱柜，还有一个冰箱。橱柜和冰箱外面都张贴有蔬菜、食物等卡通图片，墙面的四周张贴了不同国家的旗帜（见图7-2-19）。

图7-2-18 艺术教室

图7-2-19 厨艺教室

此外，该机构的图书室是中西风格相结合的装饰，墙面上配有圆形的、摆放书籍的敞开式柜子，靠墙的地面上铺有软垫。墙的另一边，则摆放矮矮的书架，上面摆着整齐的读物，方便婴幼儿取放（见图7-2-20和图7-2-21）。

该机构共有两层楼，通往二楼的楼梯比较宽阔，且有木质扶手和玻璃围墙以保障安全，木质扶手的高度适合婴幼儿的身高。同时，楼梯的墙面上也张贴了一些亲子游戏的图片（见图7-2-22）。另外，该机构还有一个母婴室，墙上有挂壁式尿布台，室内摆放有摇篮、小沙发、小茶几，方便母亲哺乳（见图7-2-23）。

图7-2-20 阅览区

图7-2-21 图书角

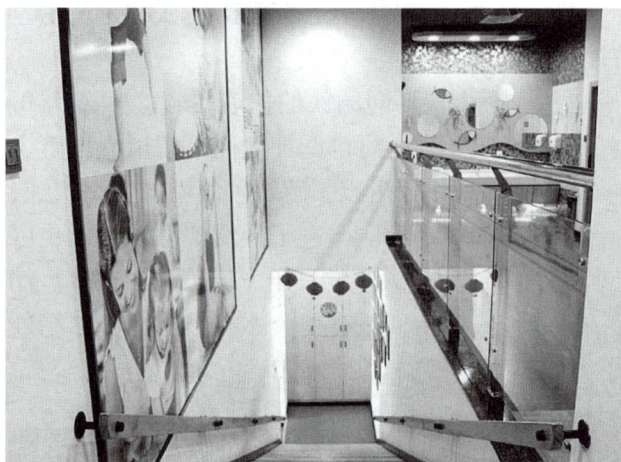

图7-2-22 楼梯

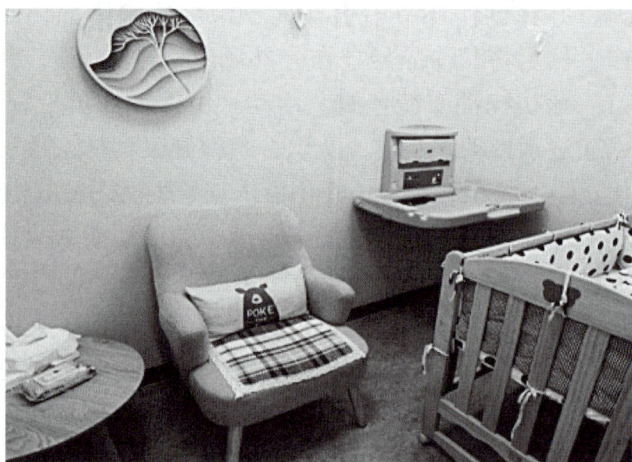

图7-2-23 母婴室

（三）反思与建议

该机构的课程类型较多，健身、音乐、艺术、球类运动、厨艺、街舞、芭蕾舞、戏剧表演八种，形成多维立体的课程体系。不过，保教人员在训练和开发婴幼儿不同种类能力的同时，还应注意小月龄婴幼儿基本行为习惯及能力的培养，如生活习惯、生活能力、语言表达能力、社会交往能力等。

该机构会根据课程设置不同的区域，并在不同区域配备了相应的器材、设施等，器材类型和数量基本能满足婴幼儿的需求。但园区内缺少厨房、保健室等区域，建议未来可以开辟这些区域，方便为家长和婴幼儿供餐，让机构在新冠疫情常态化防控情况下对婴幼儿进行观察。该机构保教人员的办公室，位于二楼的一个角落，没有窗户，采光和通风较差，尽管配有电灯和空调，但让人感觉沉闷。同时，因为办公室经常关着门，不利于保教人员观察门外的情况。建议将办公室的位置调整到有窗户的房间。只有保教人员的健康和权利得到保障，才能更好地护理和教育婴幼儿。

此外，该机构还缺少户外活动场地，建议今后可以联合所在社区或利用街头公园开辟户外综合活动场地，引导婴幼儿在保教人员的看护下进行户外活动。目前该机构的户外亲子活动较多，也在某种程度上弥补了户外活动较少的遗憾。

四、杭州某托育中心

位于杭州城区的这所托育中心租用商铺，为0～3岁婴幼儿提供托育服务。[1]

（一）机构概况

该机构依托互联网技术，采用AI智能系统＋正面管教相结合的管理和办园理念，提供一体化线上线下托管、护理和早期教育服务，采用8：00～20：00的超长托管模式，为在职家庭提供全方位照护需求。该机构通过手机端对家长全时段全过程的直播，管理透明，课程系统，旨在实现无忧托管。为了保障隐私安全，该机构严格执行只有园区登记在册的家长具备查看本班孩子的权利。

（二）课程及其环境创设

该机构全部采用小班化教学，师幼配比为1：6。该机构的课程体系主要围绕婴幼儿的身体运动、人际交往、语言音乐、逻辑思维、自然观察、自我认知、视觉空间等发展，设置了专项课程和赋能课程两大类。该机构组建了属于自己的核心教研团队，由国内知名师范院校专家、教授以及从业多年且拥有丰富教学经验的优秀骨干教师组成，实时更新调整教学模式及内容，让婴幼儿的课程呈现出新鲜而有趣的特点。为了更好地实施这些课程，该机构精心设计内部环境，并提供相应的器材供婴幼儿操作。

1. 前台、教室及走廊

该机构的前台、教室及走廊等室内环境创设，采用黄色为主体色调，同时配有一些红色、蓝色或深黄色的装饰品，让整个机构的内部环境显得干净清爽。其中前台是白色的一排办公桌，对面靠墙处有一根长凳，方便家长及其婴幼儿入园时休息（见图7-2-24）。入口处有白色栅栏矮门，方便婴幼儿进出（见图7-2-25）。走廊与楼梯相连，走廊比较宽阔，而且墙角处也用软质材料包裹，防止婴幼儿撞伤。楼梯墙面张贴婴幼儿的绘画作品，且走廊和楼梯都安装了照明灯，方便婴幼儿随时出入（见图7-2-26）。

图7-2-24　前台　　　　　　　图7-2-25　入口处　　　　　　图7-2-26　走廊与楼梯

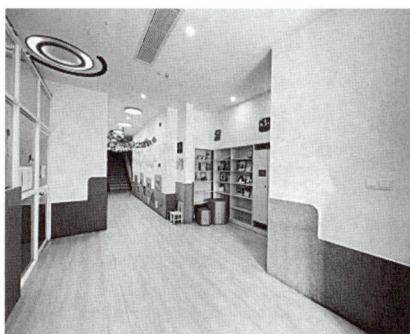

教室位于通风采光良好的位置，教室窗户比较大，且配有米色的窗帘。窗户外面，可以看见绿色的植物，给人一种放松的感觉。可以看出该教室位于底层，方便婴幼儿出入或进行户外活动。教室的墙角有黄色软垫，防止婴幼儿撞伤。教室的一面墙上，张贴了一些淡绿色和深绿色的树形状的图案；另一面墙则装饰有小猴子玩耍的森林，富有童趣。教室地面用软垫铺设，防止婴幼儿跌伤（见图7-2-27）。该机构中不同月龄段婴幼儿的教室，其墙面装饰的物品有所不同，有的教室墙面会张贴卡通图片，显得活泼生动。教室有吊顶，吊顶上悬挂有各种颜色的五角星或其他形状的折纸

---

[1]　该部分资料与图片来源于杭州孩盟国际托育中心。

图片。吊顶处的电灯则是比较大的圆形节能灯（见图7-2-28）。该机构还有专门的感统训练教室，地面用五颜六色的、有格子图案的地垫铺设，室内摆放训练婴幼儿各种感官的器材，墙面的大幅玻璃窗上张贴有婴幼儿运动的图片（见图7-2-29）。

图7-2-27　教室1

图7-2-28　教室2

图7-2-29　感统训练室

2.蒙氏生活区

该机构创设的蒙氏生活区，其目的是培养婴幼儿掌握基本生活技能，养成良好的生活习惯。该机构为婴幼儿提供了各种玩教具如拼插板（见图7-2-30和图7-2-31），以及配套设施如柔软的毯子、手套等（见图7-2-32和图7-2-33），婴幼儿通过玩耍这些玩教具，可以较好地刺激他们的视觉、听觉、触觉、嗅觉等各种感官，从而训练他们大小肌肉的灵活性、手眼协调能力，培养婴幼儿具备初步的自控能力、观察力、辨别力、分类能力、注意力、审美能力。该机构的保教人员一方面引导婴幼儿独立自主地探索以培养其独立性、自主性以及自信心和责任感，另一方面也通过小组或集体活动，培养婴幼儿初步的交往能力、合作意识等，从而促进幼儿个性和社会性的发展。

图7-2-30　生活区

图7-2-31　拼插教玩具

图7-2-32　器材

图7-2-33　毯子

3.益智区

该机构还创设了益智区，并在该区投放了与颜色、大小、形状相关联的教师自制玩教具（见图7-2-34和图7-2-35），并在益智区墙面上张贴插塑作品具体操作环节的示范海报和游戏规则海报（见图7-2-36和图7-2-37），以培养婴幼儿的动手操作能力、想象力、创造力以及规则意识。婴幼儿在摆弄、操作各种器材的过程中，充分调动了他们观察比较的能力，通过感受不同颜色物体的形状，比较其大小、长短、高矮、粗细，理解不同几何图形的具体含义。婴幼儿通过亲自拼插或拼摆活动，较好地促进了他们思维能力、想象力、创造力的发展。机构中丰富多样的活动，也有助于激发婴幼儿的探索兴趣和欲望。

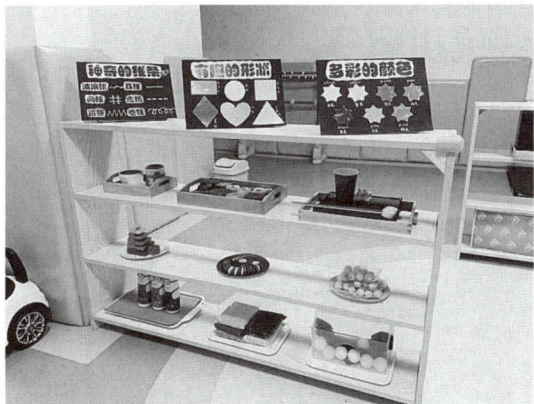

图 7-2-34　玩教具 1

图 7-2-35　玩教具 2

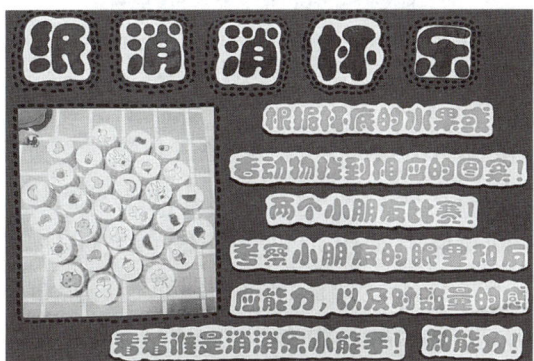

图 7-2-36　游戏规则 1

图 7-2-37　游戏规则 2

4. 建构区

该机构还为婴幼儿创设了建构区。在该区域，保教人员整体摆放常见的建构玩具如一次性茶杯、插塑玩具等（见图 7-2-38）。活动中，婴幼儿通过不同的雪花插片、水管以及纸杯等将其拼插成自己喜欢的形状，更好地了解平面空间和立体空间的具体建构措施及其形状（见图 7-2-39 至图 7-2-41）。建构活动对婴幼儿的发展意义如下：① 可以积累对数学相关概念的理解，如

图 7-2-38　建构玩具

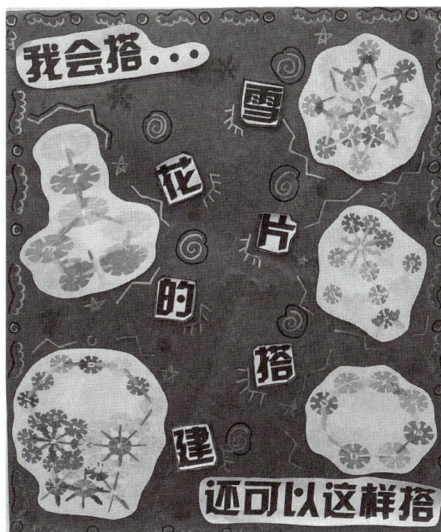

图 7-2-39　雪片搭建

图 7-2-40　水管玩法　　　　　　　　图 7-2-41　搭建房屋

重量、平衡、计量、高矮以及大小；② 可以感知空间方位如前后、左右、上下、里外等概念；③ 可以促进婴幼儿的手眼协调及大小肌肉等运动技能的发展；④ 提升婴幼儿的艺术感知能力如造型和审美能力；⑤ 提高婴幼儿的创造能力如想象及创新能力；⑥ 通过建构不同形状的物品，引导婴幼儿认识不同的几何图形；⑦ 促进婴幼儿的认知发展能力，如认识各种建筑物、交通工具和动物；⑧ 满足婴幼儿的情感需求，如体验成功带来的喜悦，满足其想象和动手的需要；⑨ 促进婴幼儿的社会性发展如学习交往合作的技能。

（三）反思与建议

该机构内部环境创设，整体较为科学合理，使用的建筑材料和设备材料符合安全环保标准。室内光线明亮，通风设置较好，颜色搭配总体比较协调，但教室里黄色区域太多，可以适当减少黄色装饰面积，改用其他比较柔和的色彩。该机构充分利用内部可利用的一切空间，既有可挪动的玩教具，也有相对固定的设备设施。不仅如此，该机构尤其注重创设安全的环境，比如在地板和墙面直角处都铺设了塑料软垫，既防止婴幼儿跌伤和撞伤，也方便0～3岁婴幼儿在地上躺着或爬行。为方便婴幼儿进行大运动，该机构还设置了宽敞的感统教室，以满足婴幼儿跳跃、奔跑、跳舞等活动需求。但该机构缺乏户外活动场所，建议可以寻找附近的户外公共活动场地与设施，并根据婴幼儿的身心发展需求，加以改造利用。从该机构教室区角划分及其玩教具投放来看，教室区角家具齐全，玩教具的投放与婴幼儿月龄段符合，且所有玩教具都固定放在开放式的低矮架子上、容器或箱子里，这样方便婴幼儿随时取放。部分玩教具缺少相应的标识，建议将玩教具上做出明显的标记，或者放在较为显眼的地方。

视频

托育机构整体环境
创设实例

小　结

本模块通过对国内外托育机构区角环境创设，以及对我国4所托育机构整体环境创设实例的分析，发现如瑞典、新加坡等国家的托育机构，室内外环境创设崇尚简朴、自然，而且也极其重视为婴幼儿提供户外活动场所；国外托育服务的对象范围比较广，已经发展到为孕妇及其胎儿和婴幼儿提供专业的环境创设指导或托育服务，因而其环境创设也会考虑这个月龄段婴幼儿的实际需求。我国托育机构目前重点为1～3岁幼儿提供托育服务，并根据不同年龄段的孩子，为他们创设安全、温馨的环境；我国的托育机构，较多注重机构内环境创设，且内部环境呈现出干净、高雅和美观的特点；没有户外活动场地的托育机构的比例较大，较少有托育机构接受0～1岁孩子的入托并为孕妇提供必要的指导，相应也缺乏针对婴儿及母婴照护的环境创设。

思考与练习

一、单项选择题

1. 托育机构应注重（　　）的环境创设。
    A. 室内环境 　　　　　　　　　　　　B. 户外环境
    C. 周边环境 　　　　　　　　　　　　D. 以上都是
2. 国外托育机构尤其注重（　　）的创设。
    A. 室内环境 　　　　　　　　　　　　B. 户外环境
    C. 周边环境 　　　　　　　　　　　　D. 社区环境
3. （　　）是创设儿童友好城市的措施。
    A. 为婴幼儿创设街头小型动物园 　　　B. 为婴幼儿提供绘本馆
    C. 为婴幼儿提供专门的人行道 　　　　D. 以上都是
4. 托育机构的盥洗室应包括（　　）。
    A. 洗手池（盆） 　　　　　　　　　　B. 厕所
    C. 浴室 　　　　　　　　　　　　　　D. 以上都是
5. 托育机构的建构区摆放的玩教具应符合婴幼儿的（　　）。
    A. 月龄特点 　　　　　　　　　　　　B. 身高
    C. 兴趣爱好 　　　　　　　　　　　　D. 以上都是

二、简答题
婴幼儿托育机构选址应注意哪些问题？

三、实训任务
托育机构如何布置具有迎新特色的节日环境创设？

聚焦考证

一、单项选择题

1. 应尽可能把药物放在远离婴幼儿（　　）的地方。
    A. 家具　　　　B. 玩具　　　　C. 食物　　　　D. 餐具
2. 有婴幼儿的家庭不要把（　　）放在桌子上无人看管。
    A. 塑料杯　　　B. 塑料瓶　　　C. 电热锅　　　D. 塑料盘
3. 应把（　　）都锁在柜子里。
    A. 清洗剂　　　B. 漂白粉　　　C. 消毒剂　　　D. 以上都是
4. 家具角一定为（　　），如果不是，要安装防护桌角。
    A. 锐角形　　　B. 直角形　　　C. 圆形　　　　D. 三角形
5. 把（　　）放在婴幼儿够不到的地方。
    A. 药物　　　　B. 剪刀　　　　C. 刀片　　　　D. 以上都是

二、判断题

1. 与婴幼儿进行节律游戏时重在培养婴幼儿的兴趣和节奏感，不应过分追求技能。　　（　　）

2. 婴幼儿在认知游戏活动中，主要通过操作、摆弄玩具和实物认识和了解物体的性能和特点。

（　　）

3. 让宝宝长时间听播放的音乐，可以培养宝宝成为音乐天才。 （　　）

4. 组织婴幼儿进行艺术表现采用模仿表现法时，不追求模仿的结果，应注重模仿的过程。 （　　）

5. 经常和婴幼儿到邻居家串门或到公园散步寻找年龄相同的伙伴，可以较好地帮助婴幼儿建立同伴关系。 （　　）

主要参考文献

一、著作

1. 本书编写组.0～3岁婴幼儿早期教育家长指导手册［M］.福州：福建人民出版社，2010.
2. 赵青.0～3岁婴幼儿卫生与保育［M］.北京：北京师范大学出版社，2021.
3. 荆晶.童之境：斯德哥尔摩体验［M］.上海：上海远东出版社，2016.
4. 林崇德，等.中国成人教育百科全书［M］.海口：南海出版公司.1994.
5. 伍光和，等.自然地理学［M］.北京：高等教育出版社，2008.
6. 贾月明，蓝益平.家庭教育学［M］.长沙：湖南师范大学出版社，2020.
7. 袁爱玲，廖莉.幼儿园环境创设理论与实操［M］.上海：华东师范大学出版社，2017.
8. 李丰.保教知识与能力［M］.北京：光明日报出版社，2016.
9. 李营.0～3岁婴幼儿潜能开发与游戏［M］.北京：人民邮电出版社，2018.
10. ［美］茱莉亚·布拉德.0—8岁儿童学习环境创设［M］.陈妃燕，彭楚芸，译.南京：南京师范大学出版社，2014.
11. 袁爱玲.幼儿园教育环境创设［M］.北京：高等教育出版社，2010.
12. ［俄］Л.В.赞科夫.和教师的谈话［M］.杜殿坤，译.北京：教育科学出版社，1980.
13. ［美］希尔玛·哈姆斯，等.幼儿学习环境评量表［M］.赵振国，周晶，周欣，译.上海：华东师范大学出版社，2015.
14. 林崇德，等.心理学大辞典［M］.上海：上海教育出版社，2003.
15. 中华人民共和国住房和城乡建设部.托儿所、幼儿园建筑设计规范（2019年版）［M］.北京：中国建筑工业出版社，2019.
16. ［美］吉姆·崔利斯，朗读手册［M］.沙永玲，麦奇美，麦倩宜，译.海口：南海出版公司，2009.
17. ［日］松居直.我的图画书论［M］.郭雯霞，徐小洁，译.乌鲁木齐：新疆青少年出版社，2017.

二、期刊

1. 潘月娟.婴幼儿身体发育历程［J］.家庭教育，2003（09）：44-46.
2. 钱国英，杜媛，杨丝婕.婴幼儿身心发展特点在益智玩具设计中的应用［J］.包装工程，2020，41（10）：37-41.
3. 金明霞.建构区对幼儿空间知觉能力发展的研究［C］//.2020年教育信息化与教育技术创新学术论坛（贵阳会场）论文集（四）.［出版者不详］，2020（05）：34-36.
4. 李洪燕.怎样培养孩子的记忆力［J］.读与写（上，下旬），2015（20）：503.
5. 宋娟，等.婴儿早期养育方式和环境与婴幼儿生长发育关系研究［J］.中外医学研究，2004，12

（02）：46-47.

6. 沈菊，李三汉.论绿色生态住宅自然环境的塑造［J］.中国住宅设施，2008（01）：59-62.

7. 李继华，江洪.社会环境对体育教师发展的影响［J］.当代体育科技，2013（31）：102-103.

8. 蔡红燕.关于文化环境概念的再辨析［J］.保山学院学报，2019，38（06）：36-40.

9. 张霞.浅析幼儿园物质环境创设对幼儿教育的影响［J］.内江科技，2021，42（09）：156+110.

10. 武玮.幼儿园物质环境创设的问题与对策探析［J］.教育教学论坛，2020（27）：327-328.

11. 赵立平，等.新生儿护理技巧［J］.临床合理用药杂志，2014，7（08）：64.

12. 万国斌.家庭环境对婴幼儿智力发展的影响［J］.国外医学·精神病学分册，1998（01）：20-23.

13. 王卡兰.《幼儿园教育环境创设》实践教学［J］.文学教育（下），2015（08）：152-154.

14. 范果叶，王文丽，张瑞芳.婴幼儿智能发育影响因素研究进展［J］.内蒙古医学杂志，2016（03）：305-306.

15. 张惠，薛晓玲，刘晓红.居住环境与分娩方式的关系［J］.中国妇幼保健，2005（16）：2116-2117.

16. 张琳.母亲情绪对胎儿的影响［J］.心理科学通讯，1983（01）：49-50.

17. 王婷雪，徐秀.孕妇情绪对胎儿及婴幼儿影响的研究进展［J］.中国妇幼卫生杂志，2015，6（05）：71-74.

18. 彬山阳一，村田和平，马怀珂.子宫内发育迟延（IUGR）的胎儿和内分泌环境［J］.国外医学·妇产科学分册，1987（02）：92-95.

19. 郭彦君.咖啡因暴露对胎儿生长发育的影响［J］.中外医学研究，2012，10（36）：151-154.

20. 向蓉，雷万鹏.家庭教养方式如何影响儿童问题行为？［J］.教育与经济，2021，37（05）：49-57.

21. 徐秀，等.婴幼儿抚育环境和动作发展的研究［J］.中国儿童保健杂志，2007（05）：455-457.

22. 黄春香，等.婴幼儿气质与家庭环境的关系［J］.中国临床心理学杂志，2001（03）：184-186.

23. 丁玲玉.好玩的环境——2—3岁幼儿机构教养环境的设计与思考［J］.都市家教（上半月），2011（05）：77.

24. 刘书辉，赵敏.幼儿园班级安全环境创设的实践研究［J］.佳木斯职业学院学报，2015（03）：197-198.

25. 上海市人民政府办公厅关于印发《上海市3岁以下幼儿托育机构管理暂行办法》的通知［J］.上海市人民政府公报，2018（10）：47-56.

26. 林秀锦.婴幼儿托育中心的环境规划与室内设计［J］.保育与教育，2012（07）：40.

27. 颜运才.幼儿园和托儿所建筑消防设计中应注意的问题［J］.山西建筑，2007（32）：53-54.

28. 高慧琴.托班幼儿就餐习惯的培养研究［J］.考试周刊，2009（14）：231.

29. 屈严."幼儿园进餐流程细化及进餐环境营造的研究"实践系列活动的综合案例分析［J］.都市家教（下半月），2017（04）：226.

30. 张兴利.营造温馨、安全的婴幼儿睡眠环境［J］.早期教育（教育教学），2020（05）：23-25.

31. 于龙.对《机织婴幼儿床上用品》标准的认识［J］.纺织标准与质量，2017（06）：18.

32. 黄欣欣.幼儿园的消毒方法［J］.早期教育，2003（11）：21.

33. 仲军宏.幼儿园卫生保健管理质量提升的有效策略与路径分析［J］.文存阅刊，2020（01）：186.

34. 郭铁军，刘思宁.基于用户行为的移动母婴室设计研究［J］.工业设计，2021（06）：102-103.

35. 谈建平.中小学、幼儿园配电及照明节能研究［J］.建筑电气，2020，39（01）：44-47.

36. 于一凡，张菁. 儿童友好型城市［J］. 人类居住，2021（01）：13.

37. 李娟梅. 幼儿园区角环境创设的有效性探讨［C］//.2020年中小学素质教育创新研究大会论文集.［出版者不详］，2020：85-86.

38. 吴丽芸，张文鹏，高源. 托育机构在促进婴幼儿认知学习能力发展中所起的作用——以自主探索为例［J］. 教育界，2020（41）：84-86.

39. 覃佳. 论创客意识视角下的幼儿园区角创设［J］. 求知导刊，2021（48）：8-10.

40. 徐鹏，杨涛. 幼儿园区角环境创设原则探究［J］. 成才之路，2021（26）：106-107.

41. 陈凤.2—3岁幼儿托育机构区角材料投放策略［J］. 教育观察，2021，10（12）：15-17.

42. 潘婷. 聚焦精细动作发展的小班生活操作区游戏推进策略——以"运珠达人"游戏为例［J］. 福建教育，2019（33）：40.

43. 许惠莲. 浅谈小班生活区活动材料投放的策略［J］. 新课程·上旬，2014（12）：47.

44. 张凌云. 小班生活区材料投放策略［J］. 教育导刊（下半月），2017（12）：84-85.

45. 郑树国. 刷出一口好牙齿［J］. 父母必读，2009（01）：35.

46. 菁菁. 我国首个专门针对儿童牙刷的国家标准颁布实施——《儿童牙刷》国家标准内容详解［J］. 中国质量技术监督，2015（02）：17.

47. 周圣洁，柯梦博. 公共场所母婴室供需特征分析与发展策略探索——以广州市为例［J］. 统计与管理，2017（10）：59-62.

48. 王东. "丧偶式育儿"的类型、影响及本质［J］. 北京教育学院学报（社会科学版），2021，35（04）：29-33.

49. 邵洁，等. 婴幼儿养育照护专家共识［J］. 中国儿童保健杂志，2020，28（09）：1063-1068.

50. 胡忠红，李春忠. 试论幼儿良好的心理环境创设策略［J］. 教育观察，2020，9（24）：96-97.

51. 丁骞，等. 我国农村地区婴幼儿家庭环境质量现状与影响因素研究［J］. 陕西学前师范学院学报，2021，37（01）：1-8.

52. 张秋菊，阳德华. 家庭婴幼儿安全感建立思考［J］. 教育与教学研究，2015，29（04）：121-124.

53. 徐红.0—3岁婴幼儿家庭早期教育环境的创设［J］. 大众心理学，2010（04）：25-26.

54. 吴丽芸，张文鹏，高源. 托育机构在促进婴幼儿认知学习能力发展中所起的作用——以自主探索为例［J］. 教育界，2020（41）：84-86.

55. 林秀锦. 美国幼儿园的家园共育［J］. 保育与教育，2013（05）：4.

56. 许书枝，刘勇. 社会心理环境的优化与和谐人际关系的构建［J］. 莱阳农学院学报（社会科学版），2006（03）：75-77.

57. 姜妮，李允. 高校英语教师职业倦怠的表现、原因及对策［J］. 英语广场，2021（31）：88-90.

58. 徐浩，雷振. 婴幼儿早教机构师资现状及存在的问题研究［J］. 课程教育研究（学法教法研究），2019（16）：60-61.

59. 黄芳. 积极探求消解教育焦虑的职教对策［J］. 江苏教育，2022（12）：73-74.

60. 王晓岚，丁帮平. 美国学前教育师资培养的方式、特点以及启示［J］. 学前教育研究，2010（10）：49-54.

61. 梁慧娟，冯晓霞. 北京市幼儿教师职业倦怠的状况及成因研究［J］. 学前教育研究，2004（05）：32-35.

62. 边丽君，肖燕萍. 婴幼儿早期阅读环境科学性的实践研究［J］. 学前教育研究，2005（02）：37-39.

63. 陈虹利. 创设良好家庭环境培养幼儿阅读兴趣［J］. 课程教材教学研究（幼教研究），2015

（Z1）：21—22.

64. 罗茜.面向留守儿童的乡村公共图书馆阅读空间环境设计［J］.中国建筑装饰装修，2022（01）：160—161.

65. 戴晓月.婴幼儿睡眠现状的调查分析［J］.南通大学学报（医学版），2013，33（02）：153—154.

66. 陈大宁.细心呵护——给宝宝更换尿布的方案［J］.启蒙（0—3岁），2006（06）：26—28.

67. 郭亚琴.早期阅读在幼儿语言发展中的作用［J］.读写算（教研版），2014（06）：135.

68. 肖阳.0—3岁婴幼儿早期阅读特点与指导原则［J］.上海托幼，2021（09）：18—19.

三、学位论文

1. 赵丹丹.保定市早教机构空间与设施现状研究［D］.河北大学，2020.

2. 谢渊.3—6岁幼儿知觉推理能力发展的研究［D］.河南大学，2016.

3. 李曼曼.H市A儿童之家环境创设个案研究［D］.贵州师范大学，2017.

4. 倪陶.托育机构生活活动保育质量评价指标体系的构建研究［D］.西南大学，2021.

5. 李慧慧.被忽视幼儿同伴交往能力及影响因素研究——以深圳市J幼儿园为例［D］.深圳大学，2018.

6. 王子妮.中美公共图书馆婴幼儿阅读服务比较研究［D］.黑龙江大学，2021.

7. 张全超.大班幼儿参与主题墙创设的调查研究［D］.哈尔滨师范大学，2021.

8. 徐志慧.中班幼儿参与物质环境创设的行动研究——以如皋市X幼儿园Z班为例［D］.扬州大学，2020.

9. 马金悦.东乡族村落幼儿园美感教育活动的行动研究［D］.西南大学，2020.

10. 黄园婷.上海市早教机构对0—3岁婴幼儿早期阅读活动组织和实施的现状研究［D］.华东师范大学，2010.

11. 聂文龙.上海市社区早期儿童服务中心办学理念调查与对策研究［D］.华东师范大学，2013.

12. 刘书艳.幼儿阅读家庭环境调查研究［D］.福建师范大学，2017.

四、电子文献

1. 国家卫生健康委.国家卫生健康委关于印发托育机构设置标准（试行）和托育机构管理规范（试行）的通知［R/OL］.（2019—10—16）［2022—01—18］.http://www.gov.cn/xinwen/2019-10/16/content_5440463.html.

2. 国家卫生健康委.国家卫生健康委关于印发托育机构保育指导大纲（试行）的通知［R/OL］.（2021—01—12）［2021—09—30］.http://www.nhc.gov.cn/rkjcyjtfzs/s7785/202101/deb9c0d7a44e4e8283b3e227c5b114c9.shtml.

3. 国家卫生健康委.国家卫生健康委办公厅关于印发托育机构婴幼儿伤害预防指南（试行）的通知［R/OL］.（2021—01—20）［2021—09—30］.http://www.nhc.gov.cn/rkjcyjtfzs/s7786/202101/1567222bc85843408693850915575885.shtml.

4. 住房城乡建设部.住房城乡建设部关于发布行业标准《托儿所、幼儿园建筑设计规范》的公告［R/OL］.（2016—04—20）［2022—06—04］.https://www.mohurd.gov.cn/gongkai/fdzdgknr/tzgg/201605/20160518_227480.html.

5. 深圳市卫生健康委员会.市卫生健康委关于印发深圳市托育机构设置指南的通知［R/OL］.（2021—04—22）［2022—06—04］.http://wjw.sz.gov.cn/gkmlpt/content/8/8714/post_8714766.html.

6. 上海市教育委员会.上海市教育委员会印发《上海市婴幼儿教养方案（试行）》［R/OL］.（2008—05—09）［2022—01—09］.http://edu.sh.gov.cn/web/xxgk/rows_content_view.html?article_

code=402022008002.

7. María Guadalupe Arreguín. Environmental Education for Toddlers and Their Caretakers as a Context for Language Development: Opportunities and Challenges[EB/OL]. (2020-05-07) [2022-02-06]. https://files.eric.ed.gov/fulltext/EJ1298026.pdf：p11-p13.

致　谢

　　本书编写出版得益于复旦大学出版社的牵头，并在出版社的大力协助与支持下得以完成。在撰写本书的过程中，不仅得到了复旦大学出版社夏梦雪编辑的大力支持，还得到了参与本书编写的一线教师及托育机构管理者的积极配合。此外，三亚纽约儿童俱乐部的园长庄鸣、三亚运动宝贝早教中心的俞佳敏、上海婴智贝佳蒙特梭利双语早教和日托中心的张欣佳园长及汤晓雯老师、三亚新爱婴鹿想托育中心的盛含英园长、成都 Little Kids 未来儿童成长中心的陈萌园长以及海口番贝贝托育中心的黄子洋园长和金川老师、杭州孩盟国际幼托中心的李怡斐园长、欧阳敏老师和李爽老师拍摄或提供了托育机构的大量照片、视频及相关信息资料；杭州市滨江区国信嘉园幼儿园江昕怡老师，为本书引荐了杭州孩盟国际托育中心的负责人；海南热带海洋学院的文攀老师和蒋秀云博士、乐山市城区曹瑞琪的爸爸、三亚市符果优的妈妈为本书提供了家中婴幼儿生活环境的图片；曹惠容的学生林小莹（目前在三亚市第二幼儿园工作）以及本书编委韩飞艳分别拍摄并提供了有关三亚市图书馆和内蒙古鄂尔多斯市东胜区少儿图书馆的相关图片或视频，在此表示衷心的感谢。

图书在版编目(CIP)数据

托育机构环境创设/曹惠容,郭殷主编. —上海:复旦大学出版社,2022.9(2024.7 重印)
ISBN 978-7-309-16203-5

Ⅰ.①托… Ⅱ.①曹… ②郭… Ⅲ.①幼儿园-环境-设计 Ⅳ.①G617

中国版本图书馆 CIP 数据核字(2022)第 091261 号

托育机构环境创设

曹惠容 郭 殷 主编
责任编辑/夏梦雪

复旦大学出版社有限公司出版发行
上海市国权路 579 号 邮编:200433
网址:fupnet@ fudanpress. com   http://www.fudanpress.com
门市零售:86-21-65102580   团体订购:86-21-65104505
出版部电话:86-21-65642845
杭州日报报业集团盛元印务有限公司

开本 890 毫米×1240 毫米   1/16   印张 10.75   字数 310 千字
2024 年 7 月第 1 版第 4 次印刷

ISBN 978-7-309-16203-5/G · 2365
定价:42.00 元

如有印装质量问题,请向复旦大学出版社有限公司出版部调换。